RESEÑAS PROFE

Puede que *Tener los pies en la tierra* sea uno de los libros más útiles que existen sobre el tratamiento de la disociación clínica. Esta guía, que se fundamenta en un extenso estudio de investigación clínica, es muy recomendable para quienes busquen una orientación concreta y basada en la evidencia en este campo. El libro de trabajo que la acompaña es igualmente recomendable, ya que proporciona información detallada y empática, y ejercicios para los pacientes que se enfrentan a problemas disociativos.

— **John Briere,** Doctor, Profesor Emérito de Psiquiatría, Keck School of Medicine, University of Southern California, autor de *Treating Risky and Compulsive Behavior in Trauma Survivors.* NY: Guilford (2019)

Tener los pies en la tierra supone una enorme contribución al campo del trauma: es el primer libro sobre trauma y disociación escrito por autores que son tanto académicos como clínicos. Construyen una sólida base de pruebas de investigación que brinda una comprensión de la disociación combinada con aplicaciones prácticas que pueden integrarse fácilmente en la psicoterapia o servir como tratamiento independiente. ¡Buen trabajo!

— **Janina Fisher**, Doctora, autora de *Cómo sanar la fragmentación interna de los sobrevivientes de trauma y superar la alienación interior* y *La transformación del legado vivo del trauma*

Tener los pies en la tierra proporciona recursos inestimables sobre el tratamiento de los trastornos disociativos relacionados con el trauma. Los autores son unos excelentes educadores que han utilizado su experiencia como investigadores y clínicos para crear una visión general muy legible de la disociación junto con pautas de tratamiento y ejercicios. Sus innovadores estudios TOP DD aportan apoyo empírico a su enfoque. Una gran contribución.

— **Christine A. Courtois**, Doctora, miembro de la American Board of Professional Psychology, psicóloga licenciada, consultora/formadora, autora y coeditora de *The Treatment of Complex Traumatic Stress Disorders* (2020)

Tener los pies en la tierra

Tener los pies en la tierra

Cómo superar los obstáculos en el tratamiento del trauma con el programa Finding Solid Ground

Bethany L. Brand
Hugo J. Schielke
Francesca Schiavone
Ruth A. Lanius

Traducción del inglés de
Antonio Aguilella Asensi

learn together, heal together

Gracias por comprar este libro.
Estás apoyando el trabajo de los autores y permitiendo a la editorial y a toda la cadena de suministro de libros continuar con su trabajo. Cuando compras un libro sostienes la cadena de valor del conocimiento y permites la publicación de libros minoritarios. Cuando pirateas un libro destruyes su valor y amenazas los puestos de trabajo de quienes han trabajado en él.

Nota importante: este libro no pretende ser sustituto de un consejo o tratamiento médico. Cualquier persona con una afección que requiera atención especializada debe consultar un profesional cualificado. Las normas de la práctica clínica y los protocolos cambian con el tiempo, y ninguna técnica o recomendación está garantizada como segura o efectiva en todas las circunstancias. Este libro pretende ser un recurso de información general para los profesionales que ejercen en el campo de la psicoterapia y la salud mental y no sustituye a la formación adecuada, la revisión por pares o a la supervisión clínica. Ni Editorial Eleftheria ni los autores pueden garantizar la completa exactitud, eficacia o idoneidad de cualquier recomendación particular en todos los aspectos. Debido a la posibilidad de error humano, ni los autores, ni la editorial, ni ninguna otra parte que haya participado en la preparación o publicación de esta obra garantiza que la información contenida en ella sea exacta o completa en todos sus aspectos, y no son responsables de los errores u omisiones o de los resultados obtenidos del uso de dicha información. Se recomienda a los lectores que confirmen la información contenida en este libro con otras fuentes.

LIBRERÍAS:

THEMA: MKMT Psicoterapia; MKLD Trastornos mentales y psiquiátricos

BISAC: PSY022070 Psicología / Psicopatología / Trastorno de identidad disociativo

TEMAS: Psicología clínica/TEPT/ Trastorno de identidad disociativo

Título original: *Finding Solid Ground. Overcoming Obstacles in Trauma Treatment*
Copyright © Oxford University Press 2022
Bethany L. Brand, Hugo J. Schielke, Francesca Schiavone, Ruth A. Lanius.

Finding Solid Ground. Overcoming Obstacles in Trauma Treatment was originally published in English in 2022. This translation is published by arrangement with Oxford University Press. Editorial Eleftheria is solely responsible for this translation from the original work and Oxford University Press shall have no liability for any errors, omissions or inaccuracies or ambiguities in such translation or for any losses caused by reliance thereon.

Tener los pies en la tierra. Cómo superar los obstáculos en el tratamiento del trauma con el programa Finding Solid Ground se publicó originalmente en inglés en 2022. Esta traducción se publica por acuerdo con Oxford University Press. Editorial Eleftheria es la única responsable de esta traducción a partir de la obra original y Oxford University Press no tendrá responsabilidad alguna por los errores, omisiones o inexactitudes o ambigüedades de dicha traducción ni por las pérdidas causadas por confiar en ella.

Barcelona, España

www.editorialeleftheria.com

Primera edición: diciembre de 2024

Traducción: Antonio Aguilella Asensi

Maquetación: Ana Córdoba Pérez

Diseño de cubierta: Juan Mauricio Restrepo

ISBN: 978-84-128997-3-3

DL: B 23211-2024

LISTA DE ABREVIATURAS

ALNS	autolesiones no suicidas
DSS	estados disociativos del self
ECA	ensayos clínicos aleatorizados
OTDE	otro trastorno disociativo especificado
SCID-D	entrevista clínica estructurada para trastornos disociativos
SGP	sustancia gris periacueductal
TD	trastorno disociativo
TDC	terapia dialéctico-conductual
TDNE	trastorno disociativo no especificado
TEPT	trastorno por estrés postraumático
TEPT-C	trastorno por estrés postraumático complejo
TEPT-D	subtipo disociativo del trastorno por estrés postraumático
TID	trastorno de identidad disociativo
TLP	trastorno límite de la personalidad
TOP DD	Tratamiento de Pacientes con Trastornos Disociativos
TRT	trastorno relacionado con el trauma

CONTENIDO

PRÓLOGO

Frank Putnam

En 2020 se cumplió el 40º aniversario de la tercera edición del *Manual diagnóstico y estadístico de los trastornos mentales*, comúnmente conocido como "DSM-III" (1980). Su enfoque descriptivo, multiaxial, teórico y basado en los síntomas para el diagnóstico psiquiátrico supuso un cambio significativo con respecto a la nosología anterior, que se basaba en teorías obsoletas sobre la formación de las reacciones de la personalidad, por lo que su presentación fue recibida con una mezcla de gritos de aclamación y de alarma por parte del sistema establecido. La delimitación de constelaciones sintomáticas específicas, independientemente de la teoría o la etiología, ayudó a los clínicos a centrarse en los pacientes que tenían delante.

En la Primera Guerra Mundial, a los efectos psicológicos agudos del combate se los etiquetaba como "neurosis de guerra", y en la Segunda Guerra Mundial se los denominaba "fatiga/neurosis de combate", por lo que existía la necesidad de diagnósticos psiquiátricos que abarcaran las respuestas emocionales, cognitivas, somáticas y conductuales retardadas y/o crónicas a un trauma pasado. En Estados Unidos, esto fue, en gran medida, una respuesta a la cada vez mayor concienciación sobre los graves problemas de salud mental de los veteranos de la guerra de Vietnam, que a menudo afloraban años después de su regreso. Para abordar este déficit, el DSM-III introdujo el diagnóstico de trastorno de estrés postraumático (TEPT) y detalló un perfil clínico más preciso del trastorno de personalidad múltiple, posteriormente rebautizado como trastorno de identidad disociativo (TID) en el DSM-IV (1994). El reconocimiento por parte del DSM-III de los trastornos postraumáticos de aparición tardía inauguró un nuevo campo de investigación y práctica clínica, aunque durante años tuvo que luchar por ganar legitimidad y recursos.

Cuarenta años después ya casi nadie cuestiona la existencia de los trastornos postraumáticos, aunque persiste un acalorado debate sobre sus subtipos. A medida que se fueron estudiando otras formas de trauma no relacionadas con el combate (por ejemplo, violación, maltrato infantil, primeros intervinientes y catástrofes naturales), quedó claro que existe una gama de respuestas postraumáticas en las que influyen de forma compleja variables como la edad, el sexo, el tipo o tipos de trauma y su duración, y la relación con el agresor o agresores, además de factores como el grado de apoyo social, las interacciones sinérgicas entre distintos tipos de trauma y las diferencias individuales. Uno de los procesos psicológicos postraumáticos que influye decisivamente en la presentación clínica y la respuesta al tratamiento es el grado de disociación del paciente. La reciente incorporación del diagnóstico TEPT de subtipo disociativo al DSM-5, por ejemplo, es un reflejo del aumento de la importancia que se atribuye a la disociación a la hora de influir en las características clínicas de los trastornos relacionados con el trauma (TRT).

A pesar de la falta inicial de concienciación profesional y del escepticismo generalizado sobre la existencia de los trastornos disociativos, en las últimas cuatro décadas estas afecciones se han ido desmitificando mediante el conocimiento. La disociación se mide ahora con la misma precisión psicométrica que la depresión y la ansiedad. Los estudios epidemiológicos en la población general y las muestras clínicas señalan que los trastornos disociativos son afecciones psiquiátricas comunes (véase el capítulo 1 de este libro). Los altos niveles de disociación se correlacionan con la refractariedad a los tratamientos estándar en una variedad de afecciones psiquiátricas, entre las que se encuentran el TEPT, los trastornos alimentarios y el trastorno límite de la personalidad.

La disociación patológica está estrechamente vinculada a una historia de trauma grave. Esta relación etiológica entre un trauma grave y el consiguiente aumento de los niveles de disociación se da en una amplia gama de tipos de trauma en todas las culturas y épocas. Los traumas graves, repetitivos y, a menudo, tempranos, como el abuso sexual en la infancia, se reconocen como una causa necesaria, pero no suficiente, de los trastornos disociativos.

Los estudios longitudinales de díadas formadas por una madre o un padre y su hijo o hija esbozan una trayectoria disociativa generacional en la que ciertos déficits parentales en el cuidado (junto con traumas en las primeras etapas vitales) se asocian con el apego de tipo D en los bebés.

A su vez, el apego de tipo D en la infancia predice mayores niveles de disociación en la adolescencia y en los primeros años de la edad adulta, lo que se asocia a una desregulación emocional y a un deterioro de las funciones ejecutivas. Este deterioro está relacionado con las dificultades para aprender de las experiencias vitales, con los problemas para controlar las emociones fuertes y con la incapacidad para consolidar una concepción unificada del self. Los adultos con altos niveles de disociación son más propensos a emplear tácticas de crianza severas que se asocian con tener descendencia de tipo D. Por lo tanto, en mayor medida que para muchos otros trastornos psiquiátricos, existe una etiología y una teoría del desarrollo con base empírica sobre cómo el trauma temprano y el deterioro de los cuidados producen disociación patológica y fragmentación de la identidad. Pocos trastornos psiquiátricos pueden alcanzar niveles equivalentes de pruebas para sus supuestas etiologías y trayectorias de desarrollo.

La investigación sobre la neurobiología subyacente de los TRT en general y de los trastornos disociativos en particular ha sido notablemente productiva, a pesar de los precarios niveles de financiación. Los estudios mediante imagen cerebral hallan patrones de activación que diferencian la hiperactivación clásica del TEPT de las respuestas disociativas a los recuerdos traumáticos (véase el capítulo 3 de este libro). Múltiples estudios que utilizan una serie de tecnologías de imagen han detectado diferencias de estado cerebral fiables asociadas a los estados de identidad de sujetos individuales con TID. La investigación de varios tipos de trauma ha descubierto que la activación experimental de respuestas disociativas al recuerdo de traumas pasados está asociada con una disminución de la activación autónoma, especialmente una disminución de la frecuencia cardíaca. Esto coincide con las teorías que equiparan las reacciones disociativas humanas con los comportamientos de "congelación" observados en animales jóvenes, como cervatillos y crías de conejo, en respuesta a los depredadores.

Los efectos postraumáticos sobre la memoria, las asociaciones cognitivas y el razonamiento lógico están bien documentados en diferentes formas de trauma. La desregulación emocional manifestada por cambios rápidos en el afecto y el estado mental produce alteraciones en la conceptualización continua del self que lleva a cabo un individuo. Según estudios longitudinales y transversales, los traumas graves en la primera infancia alteran el desarrollo a largo plazo de los sistemas hormonales suprarrenales y gonadales, así como las respuestas agudas a los factores estresantes. El abuso sexual prepuberal, por ejemplo, acelera el inicio de la pubertad en las mujeres. Incluso los genes de una víctima pueden verse alterados por el trauma a través de mecanismos epigenéticos, como la metilación del ADN inducida por el estrés. Estos cambios genéticos provocados por el trauma pueden transmitirse generacionalmente, lo que contribuye genéticamente a los trágicos ciclos de la violencia familiar.

Los avances en el tratamiento y la prevención de los TRT, especialmente los trastornos disociativos, se han quedado rezagados con respecto a los avances científicos cognitivos, neurobiológicos y del desarrollo. Existen tratamientos para el TEPT clásico que han sido probados mediante ensayos clínicos aleatorizados (ECA), entre los que se encuentran las psicoterapias, los modelos de exposición y desensibilización y las farmacoterapias. Sin embargo, hasta hace poco, los modelos de tratamiento para el TID y otros trastornos disociativos se limitaban, en el mejor de los casos, al nivel descriptivo de series de casos que normalmente reflejaban la experiencia de la práctica de un único clínico.

Mediante el seguimiento sistemático del progreso de cientos de díadas paciente-terapeuta independientes con evaluaciones longitudinales, los estudios del Tratamiento de Pacientes con Trastornos Disociativos (TOP DD) han expandido significativamente nuestro conocimiento terapéutico de los trastornos disociativos. Aunque no son ECA de referencia, los resultados de los estudios de la Red TOP DD se basan en evaluaciones repetidas e independientes de pacientes y terapeutas con herramientas de medida estándar de autoinforme y de informe del terapeuta. Después de ver una serie de vídeos orientados a la seguridad, los pacientes de la Red TOP DD que puntuaban en los rangos más altos de las evaluaciones de la disociación (que anteriormente se asociaban con el fracaso clínico) mostraron mejorías clínicamente relevantes en comportamientos como las autolesiones no suicidas, el número de hospitalizaciones y el grado de control emocional y de los impulsos. En contraste con estudios previos, los pacientes con niveles más altos de disociación mostraron tasas más rápidas de mejoría que los sujetos con niveles más bajos (pero aún anormales) de disociación, lo que indica una especificidad de los enfoques terapéuticos TOP DD para pacientes altamente disociativos.

Tener los pies en la tierra: cómo superar los obstáculos en el tratamiento del trauma con el programa Finding Solid Ground y el libro de trabajo que lo acompaña convierten las lecciones de los estudios TOP DD en un enfoque terapéutico coherente. Como es probable que los pacientes disociativos lean este texto, está salpicado de estímulos motivacionales para practicar las intervenciones probadas del estudio TOP DD. Además, los autores añaden su propia experiencia terapéutica de años de trabajo con pacientes con TRT disociativos. Individualmente, todos ellos han logrado reconocimiento por sus contribuciones a este campo. Juntos, los autores presentan un enfoque terapéutico inclusivo y exhaustivo de los TRT disociativos. Aunque todavía queda mucho por aprender, esta obra y su libro de trabajo traducen 40 años de progreso en un nuevo enfoque generalizable, basado en la evidencia, para el tratamiento de los TRT disociativos, superando muchas de las limitaciones inherentes a las series de casos clínicos individuales anteriores.

PREFACIO

Este libro surgió de nuestra determinación de ayudar a las personas con reacciones y síntomas complejos relacionados con el trauma, un grupo de pacientes a los que el campo de la salud mental a menudo ignora, no comprende o no presta la debida atención. Este libro describe el programa educativo Finding Solid Ground y el enfoque de tratamiento para personas que han experimentado traumas interpersonales y, a causa de ello, luchan con reacciones y síntomas relacionados con el trauma, como las reacciones disociativas.

UN PROGRAMA PARA SUPERVIVIENTES Y PROVEEDORES DE TRATAMIENTO BASADO EN LA INVESTIGACIÓN Y PERFECCIONADO POR ESTA

El programa Finding Solid Ground se basa en lo que tanto nosotros como nuestros colegas en el campo del trauma hemos aprendido durante décadas de tratamiento e investigación, lo que incluye nuestra serie de estudios sobre el Tratamiento de Pacientes con Trastornos Disociativos (estudios TOP DD; más información en TOPDDstudy.com).

Hemos desarrollado este programa, esta obra y el libro de trabajo que la acompaña para abordar la alarmante brecha existente entre el limitado número de terapeutas que han sido formados en el tratamiento de reacciones complejas relacionadas con el trauma y el vasto número de individuos que desean y necesitan un tratamiento urgente. Esta brecha es especialmente pronunciada en el caso de los pacientes que luchan contra la disociación relacionada con el trauma. A menudo hablamos con personas que habían intentado encontrar un terapeuta que entendiera la disociación relacionada con el trauma y que pudiera ayudarlas con ella, pero que se topaban con el hecho de que "nadie en mi zona sabe cómo tratar la disociación" o de que "los terapeutas que saben cómo tratar la disociación están tan ocupados que no pueden aceptar nuevos pacientes".

De esta necesidad urgente nació la idea de crear un programa en línea en el que pudieran participar tanto los pacientes como sus terapeutas y que ayudara a estabilizar las luchas de los pacientes, a la vez que enseñara a los terapeutas un enfoque para estabilizarlos. Los investigadores de TOP DD, algunos de los cuales somos autores de esta obra y del libro de trabajo que la acompaña, somos investigadores además de terapeutas con experiencia en el tratamiento de individuos disociativos gravemente traumatizados. Basándonos en nuestra investigación sobre el tratamiento y en nuestra experiencia clínica, y con los comentarios de los supervivientes del trauma, desarrollamos un estudio educativo de investigación en línea en el que los terapeutas y los pacientes disociativos podían participar durante dos años al que llamamos estudio de la Red TOP DD.

Los resultados del estudio fueron muy alentadores. Como se explicará con más detalle en el capítulo 4, los pacientes participantes mostraron mejorías significativas en los síntomas y en su vida diaria. Específicamente, mostraron disminuciones significativas en los síntomas de TEPT y disociación, aumentos importantes en la capacidad de regulación de las emociones y reducciones en las autolesiones (denominadas autolesiones no suicidas, ALNS, a lo largo de este libro), en los intentos de suicidio y en las hospitalizaciones (Brand et al., 2019). Se demostró que los individuos que habían estado practicándose ALNS durante 6 meses podían estabilizarse y mejorar drásticamente su seguridad (muchos de ellos se habían infligido ALNS cientos de veces). Ningún estudio de tratamiento había conseguido mejoría con individuos que luchaban con una disociación tan frecuente y severa junto con ALNS, TEPT, depresión y dificultades relacionadas. Además, tanto los pacientes como los terapeutas participantes demostraron grandes cambios en el conocimiento relacionado con la estabilización al finalizar el estudio (Schielke y Brand, 2019), lo que brinda una validación del enfoque del programa educativo conjunto para pacientes y terapeutas. (Un breve aviso a modo de actualización de la investigación: aunque los participantes mostraron avances significativos y refirieron mejoría tras la participación en el programa, solo los estudios que utilizan la asignación aleatoria de los participantes a un grupo de control y a un grupo de tratamiento pueden demostrar de manera convincente que la intervención causó cambios. Teniendo esto en cuenta, estamos llevando a cabo investigaciones adicionales para determinar con certeza si estos cambios pueden atribuirse a la participación de los pacientes en el programa educativo.)

Dado que para nosotros es importante seguir aprendiendo de las personas a las que pretendemos ayudar (el lema de TOP DD es “Trabajar juntos, aprender juntos, sanar juntos”), los materiales se han perfeccionado a partir de los comentarios de los pacientes y terapeutas que participaron en el estudio de la Red TOP DD y de los participantes en posteriores grupos presenciales de tratamiento de los síntomas del trauma que hicieron uso de ellos. El programa educativo perfeccionado se denomina programa Finding Solid Ground. Los ejercicios y las fichas informativas se presentan en el libro de trabajo que acompaña a esta obra, *Tener los pies en la tierra: libro de trabajo del programa Finding Solid Ground* (Schielke et al., 2022).

LOS OBJETIVOS DEL PROGRAMA FINDING SOLID GROUND Y DE ESTE LIBRO

Nuestro objetivo principal al publicar esta obra y el libro de trabajo que la acompaña es ayudar a los pacientes traumatizados y a sus terapeutas a encontrar una base sólida para colaborar con éxito en la curación y recuperación del trauma. Compartimos esta información para ayudar a los terapeutas a proporcionar estímulo y orientación basados en la investigación mientras sus pacientes aprenden a manejar y reducir las reacciones y síntomas complejos relacionados con el trauma, incluida la disociación.

El libro de trabajo del programa Finding Solid Ground presenta información y técnicas que pueden aumentar la capacidad de los pacientes para gestionar los síntomas y las reacciones relacionados con el trauma de forma centrada en la recuperación, y ayudarlos a desarrollar una curiosidad compasiva hacia sí mismos a medida que van comprendiendo cómo autoayudarse a estar y sentirse más seguros. Y lo que es más importante, presenta esta información en una secuencia destinada a ofrecer a los pacientes la información más práctica y útil en primer lugar, y de una forma diseñada para que sea lo más comprensible, fácil de seguir y manejable posible, dados los numerosos retos y dinámicas entrelazados que implica el tratamiento de estas personas desatendidas.

Nuestro objetivo específico con este libro es abordar las implicaciones de la terapia individual y grupal, y la aplicación de esta información para que los proveedores puedan contar con una base sólida frente a los desafíos a veces aparentemente abrumadores que sus pacientes (y, por lo tanto, ellos mismos) afrontan en este trabajo. Con este fin, nos hemos esforzado por hacer que este libro y el libro de trabajo del programa sean prácticos y accesibles para que tanto los terapeutas como los pacientes puedan beneficiarse de ellos independientemente de su nivel de experiencia o conocimiento sobre el trauma y la disociación, de un modo que esperamos sea aplicable en muchas culturas. (Nota: los estudios TOP DD se han llevado a cabo con participantes de todo el mundo, por lo que el enfoque ha demostrado cierta evidencia de aplicabilidad transcultural.)

El trauma es abrumador y aterrador. La mayoría de las personas con disociación recurrente han sufrido múltiples traumas a lo largo del tiempo que les han causado desregulación y angustia de forma repetida. Muchas de estas personas experimentaron el trauma por primera vez en la infancia, y la angustia emocional y fisiológica generada se repitió y reverberó continuamente en sus vidas. Aunque las reacciones relacionadas con el trauma pueden haber aumentado y disminuido a lo largo de los años (a menudo en respuesta a la retraumatización o al progreso en la recuperación, respectivamente), tienden a seguir resonando toda la vida en forma de emoción "desbordante" ("sentir demasiado") o momentos de "desconexión" que se traducen en congelación o en otras formas de disociación ("sentir demasiado poco") cuando se enfrentan a recordatorios internos o externos del trauma. En estos estados, las personas con historias traumáticas complejas corren el riesgo de sumirse en recreaciones conductuales y/o comportamientos poco saludables, arriesgados o inseguros. Consideramos que son intentos de gestionar situaciones que pueden haberse percibido —y pueden seguir percibiéndose— como una amenaza vital. Los problemas de seguridad son intentos de autorregulación; a veces también son intentos de regular las relaciones con los demás. Por lo tanto, son adaptaciones al trauma que pueden ser especialmente difíciles de cambiar cuando el trauma sigue ocurriendo o cuando los recordatorios del trauma siguen resultando abrumadores.

Como veremos en estos libros, esta es la razón por la que el programa Finding Solid Ground hace hincapié en ayudar a los supervivientes a (1) aprender y utilizar habilidades de afrontamiento centradas en la recuperación y la curación (para reducir la angustia) y (2) trabajar para satisfacer sus necesidades sanas de forma segura (para aumentar la salud y la seguridad). Este trabajo se aborda a través de un prisma de compasión hacia las razones comprensibles por las que los supervivientes pueden haber desarrollado y mantenido adaptaciones impulsadas por el trauma que les ayudaron a sobrevivir en el pasado, junto con el objetivo de identificar y alejarse de las adaptaciones que ahora los exponen a un mayor riesgo de retraumatización y/o prolongan involuntariamente su dolor y sufrimiento.

LAS CUATRO COMPETENCIAS BÁSICAS

El programa Finding Solid Ground considera los comportamientos insanos e inseguros y los patrones de relación a partir de una visión basada en el trauma y el apego: a menudo, estos patrones y comportamientos han sido fuertemente moldeados por relaciones disfuncionales o abusivas. Las relaciones tempranas, en particular, son especialmente influyentes en nuestras vidas; cuando los cuidadores u otros adultos descuidan o abusan de los niños, estos desarrollan una autopercepción basada en el trauma y en las expectativas de los demás y empiezan a considerar el abuso, la negligencia y los patrones poco saludables como algo esperado y/o inevitable. Ver los problemas de los supervivientes de traumas a través de este prisma aclara por qué cambiar estos patrones es a menudo tan difícil.

El programa Finding Solid Ground presenta los fundamentos y los pasos para desarrollar habilidades de recuperación centradas en la curación mediante cuatro capacidades cruciales e interrelacionadas; todas son fundamentales para la curación de traumas complejos, especialmente para las personas disociativas:

- *Enraizarse* cuando se empieza a sentir demasiado o demasiado poco para evitar la angustia emocional y/o la disociación.
- *Separar el pasado del presente* (Rothschild, 2000; Loewenstein, 2006), lo que abarca la contención de imágenes intrusivas, recuerdos y sensaciones corporales, e interrumpir las recreaciones cognitivas y conductuales relacionadas con el trauma (por ejemplo, creencias basadas en el trauma y "guiones" conductuales).
- *Regular las emociones* (como el uso autocompasivo del enraizamiento y otras habilidades centradas en la recuperación) como alternativa a comportamientos poco saludables, arriesgados o inseguros, disociación, reacciones relacionadas con el trauma que ya no son necesarias y/o evitación habitual de las emociones.
- *Conseguir que las necesidades sanas se satisfagan de forma segura* mediante el uso de habilidades de recuperación centradas en la curación y el desarrollo de planes de gestión de la angustia para ayudar a los pacientes a reconocer e interrumpir los patrones de comportamiento arriesgado, insano o inseguro que ya no son adaptativos.

Es crucial que los terapeutas y las personas que han experimentado un trauma se den cuenta de que, para algunos pacientes, disminuir el uso de métodos poco saludables para lidiar con los sentimientos, los recuerdos y los síntomas relacionados con el trauma puede ser aterrador y puede parecer francamente peligroso, incluso más peligroso que utilizar métodos de afrontamiento arriesgados o inseguros como las ALNS. Para las personas que nunca han conocido la seguridad, la idea de ponerse a salvo puede parecer totalmente inconcebible, y el mero hecho de conseguir más seguridad puede parecer un engaño y/o parecer imposible. Muchas de estas personas pueden sentir que no tienen derecho a sentirse bien o a tener una vida buena, segura y estable.

La buena noticia es que el enfoque descrito en el programa Finding Solid Ground ha ayudado a muchas personas a realizar estos cambios. Estos son algunos de los comentarios de los participantes en el estudio:

- "Descubrir que muchas otras personas tienen los mismos síntomas que yo me ayuda a creer más firmemente en que estos síntomas son consecuencia de un trauma".
- "¡Es como si os hubierais basado en mis problemas para crear el programa! Me hace sentir muy acompañado".
- "Me ha sorprendido lo personal y alentador que es este programa".
- "Este programa me hace creer que es posible curarse de un trauma".

En resumen, hemos desarrollado este programa, esta obra y el libro de trabajo que lo acompaña para proporcionar una base que ayude a los pacientes traumatizados y a sus terapeutas a encontrar un terreno sólido en el que colaborar para conseguir más seguridad, para sanar y para recuperarse del trauma. Este trabajo puede ayudar a los pacientes traumatizados a trabajar de forma manejable para recuperar todo lo que son (en lugar de verse a sí mismos estrictamente en relación con su historia traumática y concebirse a través de ella), para aumentar su capacidad de sentirse en paz y seguros, y para crear una vida con la que puedan sentirse bien. Trabajando, aprendiendo y sanando juntos, pacientes, terapeutas e investigadores pueden ayudar a las personas que han sufrido traumas a tener los pies en la tierra.

AGRADECIMIENTOS

Hemos podido tratar, investigar, consultar y proporcionar formación sobre el trabajo con individuos con historias de trauma interpersonal porque hemos tenido la increíble suerte de comenzar nuestras carreras con la formación de algunos de los maestros contemporáneos en el campo del trauma. En primer lugar, no habríamos podido desarrollar y llevar a cabo los estudios TOP DD sin la sabia aportación, el apoyo constante, la perspicacia estadística y la profundidad de conocimientos sobre el tratamiento del trauma y la disociación que encontramos entre nuestro "equipo ideal" de colaboradores y consultores de TOP DD, así que queremos mostrar nuestra profunda gratitud y nuestro reconocimiento a Suzette Boon, Catherine Classen, Paul A. Frewen, Ellen K. K. Jepsen, Willemien Langeland, Richard J. Loewenstein, Amie Myrick, Clare Pain, Frank W. Putnam, Karen Putnam y Kathy Steele. Este asombroso grupo de investigadores son clínicos experimentados, magníficos escritores e infalibles compañeros y amigos. También estamos en deuda con los colegas y mentores que más profundamente nos han inspirado, supervisado, apoyado y enseñado, especialmente Pamela Alexander, Judith Armstrong, Christine Courtois, Nel Draijer, Barton Evans, Catherine Fine, Richard Kluft, Richard Loewenstein, Frank Putnam, Joyanna Silberg, Kathy Steele y Bessel van der Kolk.

Hemos podido seguir aprendiendo y profundizando en nuestros conocimientos gracias a los debates colegiados, las asociaciones de investigación y las consultas con clínicos e investigadores increíblemente dotados, sabios y compasivos. Les debemos nuestra gratitud. Nuestro trabajo clínico con personas traumatizadas y nuestra conceptualización de la evaluación y el tratamiento, nuestras publicaciones y nuestra investigación han sido fuertemente moldeados e influenciados por muchos colegas inspiradores, autores e investigadores que son demasiado numerosos para nombrarlos. Algunas de estas personas son Su Baker, Peter Barach, Ruth Blizard, John Briere, Dan Brown, Laura Brown, Lisa Butler, Eve Carlson, Richard Chefetz, James Chu, Constance Dalenberg, Paul Dell, Martin Dorahy, Brad Foote, Julian Ford, Steve Frankel, Jennifer Freyd, David Gleaves, Steve Gold, Naomi Halpern, Judith Herman, Ingunn Holbæk, Elizabeth Howell, Phil Kinsler, Peter Levine, Roberto Lewis-Fernández, Giovanni Liotti, Karlen Lyons-Ruth, Alfonso Martínez-Taboas, Warwick Middleton, Andrew Moskowitz, Ellert Nijenhuis, John O'Neil, Simone Reinders, Colin Ross, Vedat Sar, Alan Schore, Daniel Siegel, Daphne Simeon, Eli Somer, David Spiegel, Joan Turkus, Onno van der Hart y Eric Vermetten.

Hemos aprendido muchísimo de las personas con las que hemos trabajado durante décadas. Su creatividad, resistencia y valentía frente a la profundidad de su dolor y sus luchas nos han conmovido e inspirado más allá de lo que podemos expresar con palabras. Gracias por asumir el riesgo de confiar en nosotros para trabajar codo a codo en vuestros viajes de curación y por ayudarnos a aprender cómo ser de más ayuda para vosotros y para los demás. Nos sentimos honrados por el tiempo que hemos pasado con vosotros y esperamos sinceramente compartir lo que hemos aprendido con otras personas que también han sentido la angustia de haber sufrido daño y abandono.

También estamos profundamente en deuda con los participantes en nuestros estudios TOP DD, esos pacientes y terapeutas trabajadores y reflexivos que rellenaron horas de encuestas, que vieron nuestros vídeos educativos, que completaron los ejercicios prácticos y que nos dieron valiosísimos comentarios a lo largo del camino que nos sirvieron para dar forma y para mejorar el programa Finding Solid Ground y los estudios de investigación TOP DD.

También nos gustaría expresar nuestra sincera gratitud a un nutrido grupo de personas que conviven con el impacto del trauma y la disociación, y que revisaron nuestros materiales y nos dieron acertadas sugerencias para hacer el programa más beneficioso y fácil de usar. Sus aportaciones han contribuido a que este programa sea útil para personas de todo el mundo.

En un plano más personal, nos gustaría dar las gracias de todo corazón a nuestros más queridos amigos y familiares, que han soportado nuestra charla entusiasta (¿y quizá a veces interminable?) sobre esta investigación y este libro, y que han tolerado las veces que hemos desaparecido en nuestros despachos para dedicarnos a ello. Gracias por no habernos abandonado durante lo que seguramente debió de pareceros un largo viaje.

CAPÍTULO 1

LOS TRASTORNOS RELACIONADOS CON EL TRAUMA Y LA DISOCIACIÓN

Ocultos a plena vista a un gran coste

En este capítulo, proporcionamos una breve visión general de las relaciones entre los trastornos relacionados con el trauma (TRT) y la disociación, describimos la prevalencia y las presentaciones de la disociación entre los supervivientes al trauma, y abordamos los retos que contribuyen a que los TRT y los trastornos disociativos (TD) estén "ocultos a plena vista". Cabe destacar que a lo largo de este libro utilizamos el término "trastornos relacionados con el trauma" (TRT) como un término global que abarca a aquellos que tienen un TD diagnosticable relacionado con el trauma, lo que significa que la disociación suele ser grave, frecuente e incapacitante. Así, nuestro uso del término TRT en este libro incluye a individuos con trastorno por estrés postraumático (TEPT), con trastorno por estrés agudo, con el subtipo disociativo del TEPT (TEPT-D), con TEPT complejo (TEPT-C), y a personas con trastornos disociativos (TD) relacionados con el trauma. Dado que muchos autores consideran que el trastorno límite de la personalidad (TLP) es un TRT debido a la frecuente presencia de trauma, maltrato infantil y problemas de apego en esta población, incluimos también a las personas con antecedentes traumáticos en la categoría de TRT.

PREDICCIÓN DE TRASTORNOS RELACIONADOS CON EL TRAUMA

La disociación predice los trastornos relacionados con el trauma. Una revisión de 1.647 estudios que examinaban los factores de riesgo del TEPT (Ozer et al., 2003) descubrió que la presencia de uno o más síntomas de disociación durante o inmediatamente después de un acontecimiento traumático (es decir, la *disociación peritraumática*) era el factor predictivo estudiado más sólido para que se cumplieran los criterios para un diagnóstico de

TEPT, por encima de la amenaza vital percibida, del ajuste psicológico previo y del trauma previo. Se ha observado que las reacciones disociativas, como la sensación de aturdimiento o entumecimiento en el momento de un accidente de tráfico, por ejemplo, predicen la gravedad de los síntomas del TEPT tres años después (Mayou et al., 2002). La investigación también sugiere que la disociación que está presente más de un mes después de un acontecimiento traumático es un predictor aún más fuerte de TEPT (Halligan et al., 2003; van der Velden y Wittmann, 2008) y que la disociación persistente desempeña un papel en la continuidad del TEPT (Ehlers, 2006; Ehlers y Clark, 2000). Del mismo modo, la mayoría de los casos de TD complejos se desarrollan en respuesta a un trauma, normalmente en el contexto de un individuo vulnerable que tiene un apego inseguro.

RESPUESTAS A POSIBLES SITUACIONES TRAUMÁTICAS

La mayoría de las personas responden inicialmente al peligro mostrando una "congelación orientativa" asociada a una disminución de la frecuencia cardiaca, durante la cual localizan la amenaza y recaban más información sobre ella. A continuación, ejecutan una serie de estrategias de supervivencia para poner fin a la situación amenazante con el mínimo daño posible. Schauer y Elbert (2010) se refieren a esta progresión de estrategias de autoprotección como la *cascada defensiva*. Como veremos con más detalle en el capítulo 3, estas reacciones son el resultado de vías neurológicas programadas. En otras palabras, las personas no eligen conscientemente tener estas respuestas defensivas. El uso de estas defensas se ve afectado por traumas previos que la persona pudiera haber experimentado. Algunas de estas defensas están íntimamente relacionadas con la sintomatología disociativa.

La mayoría de las personas que no han estado expuestas previamente a un trauma responderán inicialmente con intentos activos de protegerse (a menudo denominados "lucha o huida", aunque lo habitual es que ocurran en orden inverso, es decir, "huida o lucha"; véase, por ejemplo, Schauer y Elbert, 2010). Sin embargo, cuando estas respuestas no son posibles o cuando el individuo ha aprendido que es poco probable que sean efectivas, lo más probable es que utilice defensas inmovilizadoras, es decir, aquellas que implican falta de movimiento y/o desconexión emocional (es decir, disociación) en lugar de un compromiso activo con la amenaza. Puede producirse una inmovilidad tónica, similar a fingir la muerte (es importante destacar que se trata de un tipo de inmovilidad diferente a la congelación orientativa inicial, durante la cual el individuo intenta orientarse hacia la amenaza y localizarla). La inmovilidad tónica se asocia con una elevada excitación, una mayor reactividad autónoma y un aumento del tono muscular, lo que impide que el individuo mueva todo su cuerpo o partes de él (Nijenhuis et al., 1998b; Schauer y Elbert, 2010). La investigación con animales indica que los depredadores pueden desinteresarse de las presas muertas, lo que permite que la presa escape si el depredador desvía su atención del animal. Si la amenaza es ineludible, esta secuencia puede continuar con el colapso/cierre emocional, que implica una mayor activación parasimpática, pérdida del tono motor, anestesia y apnea (para más detalles, véase el capítulo 3).

También hay dos posturas relacionales que se dan con frecuencia ante situaciones altamente estresantes/potencialmente traumáticas de las que no se puede escapar o que no se pueden interrumpir, y que pueden coexistir con la disociación y, de hecho, beneficiarla: "seguir la corriente" de lo que ocurre para reducir el riesgo de sufrir un daño mayor (*sumisión*) y, especialmente ante la exposición prolongada o repetida al trauma por parte de una persona o grupo de personas, la *identificación* con la perspectiva del agresor o agresores junto con la disociación de la perspectiva de la propia persona (es decir, lo que se conoce como "síndrome de Estocolmo"). Estas reacciones de autoprotección, que permiten a la persona seguir sintiendo que tiene capacidad de acción cuando se la arrebatan, pueden confundir tanto a los observadores como a los supervivientes del trauma y pueden llevar a una injusta "culpabilización de la víctima" y/o a la autoinculpación.

La inmovilidad tónica y el cierre/colapso emocional guardan paralelismos con los estados disociativos (Kluft, 1985; Nijenhuis et al., 1998a; Spiegel, 1984). Los estados disociativos profundos pueden estar asociados con alteraciones en la codificación, consolidación, almacenamiento y recuperación de la memoria, lo que puede contribuir a la fragmentación y compartimentación de la memoria traumática a lo largo del tiempo (Spiegel, 1991; Spiegel et al., 2011). Los investigadores están cada vez más interesados en investigar el papel de estas respuestas inmovilizadoras en la sintomatología relacionada con el trauma; por ejemplo, la Escala de Inmovilidad Tónica Postraumática (STOP, por sus siglas en inglés, Scale for Tonic Immobility Occurring Post Trauma) es una nueva medida de evaluación con buenas propiedades psicométricas que fue diseñada para ayudar a los clínicos a evaluar la inmovilidad tónica (Lloyd et al., 2019).

Debido a las numerosas investigaciones que demuestran que la mayoría de los trastornos de personalidad complejos se desarrollan en respuesta a un trauma infantil, casi todos los casos de trastornos de personalidad complejos se consideran trastornos traumáticos infantiles; el trastorno de identidad disociativo (TID) es el que se ha relacionado más estrechamente con el abuso y la negligencia en la infancia. Casi todos los individuos con TID (entre el 95% y el 97%) refieren un antecedente grave y crónico de abuso sexual o físico en la infancia, o ambos, normalmente perpetrado por cuidadores (por ejemplo, Putnam et al., 1986; Ross et al., 1991). La fuerte conexión entre el abuso infantil grave y el TID también se ha puesto de manifiesto en estudios clínicos y epidemiológicos en Australia, Canadá, Estados Unidos, Países Bajos, Alemania, Turquía y Puerto Rico. En cambio, el trastorno de despersonalización/desrealización suele estar relacionado con el abuso emocional más que con el abuso físico o sexual, aunque a veces comienza durante un ataque de pánico o como reacción a una droga, y no se resuelve ni siquiera cuando el ataque de pánico o la intoxicación han remitido (Simeon y Loewenstein, 2009). Existe un mayor riesgo de amnesia disociativa con la exposición repetida a experiencias infantiles adversas, entre las que se encuentran los traumas y la violencia grave y frecuente (Dalenberg et al., 2007)[1].

DIFICULTADES DE APEGO Y TRT

Las dificultades de apego también contribuyen al desarrollo de TRT complejos, entre los que se encuentran los TD. Resumimos este trabajo en la sección siguiente (los siguientes autores abordan en detalle la conexión entre apego, disociación y trauma: Barach, 1991; Blizard, 2003; Brown y Elliott, 2016; Liotti, 1992, 1999; y Pasquini et al., 2002).

John Bowlby (1969) propuso que el sistema de apego es un mecanismo innato mediante el cual los niños buscan la proximidad a un cuidador como forma de protegerse del peligro. Bowlby (1980) teorizó que los bebés desarrollan modelos de apego (o representaciones internas) de los patrones de

1 El hecho de que el trauma pueda causar disociación es la premisa del modelo traumático de la disociación. Algunos autores cuestionan este modelo argumentando que la disociación está causada por una variedad de características cognitivas, que incluyen la propensión a la fantasía, la sugestionabilidad y la exageración de los síntomas; esta perspectiva se denomina modelo de fantasía de la disociación. En extensas revisiones se ha descubierto que la evidencia de la investigación respalda el modelo traumático y se ha observado que la investigación del modelo de fantasía generalmente no incluye participantes con TD o emplea herramientas de medida que no han sido validadas para su uso con personas con TD. El lector interesado tiene a su disposición revisiones rigurosas de estos modelos mediante metaanálisis y diseños de investigación controlados (Dalenberg et al., 2012, 2014; c.f. Lynn et al., 2014).

relación que surgen entre ellos y los cuidadores principales, y señaló que los niños suelen buscar la proximidad a un cuidador principal, especialmente cuando están angustiados. Posteriormente, los investigadores desarrollaron métodos y entrevistas para evaluar e identificar los estilos de apego en niños y adultos.

Mary Ainsworth (Ainsworth et al., 1978) diseñó la Situación Extraña como procedimiento experimental para evaluar y clasificar los estilos de apego de los niños en función de su respuesta a la separación del cuidador. Los niños con un apego seguro se sentían angustiados por la separación, pero los cuidadores podían consolarlos cuando regresaban. Los bebés inseguros-evitativos no protestaban ante la separación ni buscaban consuelo a la vuelta del progenitor. Los bebés inseguros-ambivalentes estaban angustiados y se resistían a que los consolaran, y a veces parecían enfadados. Aunque el patrón mostrado por los bebés con apego seguro es el más adaptativo, los tres patrones de comportamiento representan respuestas organizadas e internamente coherentes a la separación.

Sin embargo, algunos niños se comportaban de formas que no eran fáciles de clasificar en una única estrategia organizada. Main y Hesse (1990) describieron un tipo adicional de apego inseguro denominado "apego desorganizado" (a veces denominado apego "tipo D"), que se desarrolla cuando un niño busca consuelo y protección en un cuidador principal que le asusta o al que el niño asusta sin darse cuenta (normalmente, el cuidador en estos casos tiene un historial traumático no resuelto y, por lo tanto, es propenso a asustarse por las emociones y/o por los demás). A partir de estas experiencias desorganizadoras pueden desarrollarse modelos de trabajo internos contradictorios de los cuidadores. Un individuo desorganizado mantiene puntos de vista profundamente contradictorios acerca de una figura de apego. Puede pensar: "Mi madre me protege y es predecible y cariñosa", algo que entra en plena contradicción con otra creencia que también mantiene: "Mi madre es impredecible y me causa un dolor y una humillación extremos." Hesse y Main (2000) describieron una variedad de estos comportamientos que caracterizan el estilo desorganizado, entre los que se encuentran las muestras simultáneas o secuenciales de comportamientos contradictorios (por ejemplo, acercarse al cuidador caminando de espaldas o acercarse y luego retroceder), los movimientos incompletos, mal dirigidos o asimétricos, la confusión o la desorientación y expresiones de aprensión con respecto al progenitor. Así pues, el niño puede mostrar desorganización al necesitar escapar del cuidador y, al mismo tiempo, buscar protección en él.

En la Entrevista de Apego Adulto, cuyo objetivo es clasificar el estilo de apego en los adultos, se considera que tienen un estilo de apego seguro quienes valoran las relaciones y pueden describir a sus cuidadores de forma organizada y coherente, con ejemplos que aclaran sus sentimientos positivos o negativos hacia el cuidador. Por el contrario, las personas con un apego inseguro pueden mostrarse "desdeñosas" o "preocupadas" con respecto a las relaciones de apego. Además de estos estilos de apego, se considera que los adultos que muestran un trauma no resuelto o la pérdida de una figura de apego tienen un "apego no resuelto".

Hay una serie de comportamientos en los niños durante la Situación Extraña que parecen tener naturaleza disociativa, como los desorganizados (por ejemplo, períodos de trance o ensimismamiento, acciones contradictorias ejecutadas secuencial o simultáneamente), así como los codificados como "no resueltos" (por ejemplo, miradas fijas, discurso incoherente, intrusión de contenido traumático descontextualizado) o como que "no pueden clasificarse" (por ejemplo, cambios bruscos entre narraciones coherentes y episodios de desdén o preocupación) en la Entrevista de Apego Adulto. Se ha teorizado que el apego desorganizado y no resuelto proporciona una base para el desarrollo de estados disociativos del self (DSS por sus siglas en inglés, *dissociative self-states;* Barach, 1991; Blizard, 2003; Liotti, 1992), y que algunos casos representan cambios entre estados del self (Liotti, 2004).

La investigación verifica que los problemas de apego están fuertemente vinculados al trauma y la disociación. El apego desorganizado y no resuelto, la comunicación familiar problemática y la negligencia se han relacionado con la disociación tanto en niños como en adultos (Byun et al., 2016; Lyons-Ruth et al., 2006; Ogawa et al., 1997), lo que incluye los TD. En una revisión de más de 200 estudios sobre el apego en adultos se descubrió que "los adultos con experiencias de abuso o TEPT tenían en su mayoría un apego no resuelto" (Bakermans-Kranenburg y van Ijzendoorn, 2009).

El estudio longitudinal de referencia sobre el apego (Carlson, 1998; Ogawa et al., 1997) evaluó cuidadosamente a 186 madres de alto riesgo y a sus bebés durante tres décadas y descubrió claramente que los TD en adultos se daban en casos en los que los bebés con apego desorganizado estaban expuestos a abusos infantiles posteriores. El apego desorganizado en los bebés se asoció en la infancia y la adolescencia con la disociación, que normalmente disminuía en la edad adulta, a menos que el niño sufriera abusos físicos o sexuales, en cuyo caso la disociación tendía a convertirse en una compartimentación rígida de las experiencias disociativas y desembocaba en la aparición de estados de personalidad disociativos distintos en la edad adulta.

En un estudio de 60 pacientes diagnosticados con TID mediante la Entrevista Clínica Estructurada para Trastornos Disociativos (SCID-D por sus siglas en inglés, *Structured Clinical Interview for Dissociative Disorders*) se descubrió que más del 90% tenían apego desorganizado, así como estados no resueltos relacionados con traumas o pérdidas (Brown y Elliott, 2016). Los autores concluyeron: "Hemos llegado a entender cada estado de personalidad alterada como una expresión de una necesidad de apego insatisfecha específica en un paciente con apego desorganizado grave, y los cambios de un estado de personalidad alterada a otro estado de personalidad como manifestaciones secuenciales de estas necesidades de apego insatisfechas" (Brown y Elliott, 2016).

Un estudio de 17 personas que obtuvieron indemnizaciones por abusos físicos y sexuales en el orfanato católico en el que se criaron arroja luz sobre los vínculos entre apego, trauma y disociación (Brown y Elliott, 2016). A cada individuo se le practicaron 16 horas de pruebas por parte de un experto forense, el doctor Daniel Brown. Estos individuos experimentaron formas similares de abuso a manos del personal del orfanato, en el que había muchos trabajadores que ya tenían denuncias previas de abuso sexual. Alrededor del 60% de los adultos tenían un apego inseguro, principalmente del tipo desorganizado, y procedían sobre todo de familias caóticas marcadas por la violencia, el alcoholismo o un progenitor que gestionaba un negocio de drogas o prostitución desde el hogar. El 40% que tenía un apego seguro procedía de familias católicas cariñosas, numerosas, pobres y que normalmente se veían obligadas a dejar a sus hijos en el orfanato tras la muerte o discapacidad del padre. El estudio descubrió que, a pesar de que todos los adultos habían sufrido abusos repetidos y a menudo sádicos en el orfanato, el apego variaba en función de los primeros cuidados familiares. Para aumentar la potencia de los análisis, la muestra del orfanato se comparó con un grupo de 28 adultos que habían recibido las mismas evaluaciones exhaustivas como parte de evaluaciones forenses para litigios contra diferentes presuntos agresores sexuales infantiles (Brown y Elliott, 2016). En la muestra combinada de 45 pacientes, tres cumplían criterios SCID-D para TID y 17 para trastorno disociativo no especificado (TDNE). Los individuos con TD mostraron significativamente más desorganización en sus entrevistas de apego, y la despersonalización y desrealización fueron más prevalentes en aquellos con apego inseguro en comparación con aquellos con apego seguro. El papel del apego y la negligencia en la etiología de los TD se ha constatado transculturalmente. Por ejemplo, en un estudio de estudiantes universitarios turcos, la negligencia emocional predijo un diagnóstico de TD (incluido el TID; Şar et al., 2006). En un estudio en Sudáfrica, la negligencia emocional por parte de los padres biológicos o hermanos fue el predictor más fuerte de un diagnóstico adulto de un TD, incluyendo TID, en pacientes psiquiátricos (Krüger y Fletcher, 2017).

En un resumen de este y de otros estudios, Brown y Elliott (2016) señalaron que "los datos muestran claramente que el apego desorganizado agravado por el abuso infantil posterior predice el desarrollo de trastornos disociativos en la edad adulta" (Carlson, 1998; Liotti, 1992; Ogawa et al., 1997). Esto sugiere que es crucial abordar en el tratamiento los patrones de apego en las relaciones, incluso la que se establece entre el terapeuta y el paciente.

CONCEPTUALIZACIÓN DE LA DISOCIACIÓN Y LOS TRT

¿Qué es la disociación?

La disociación se define de múltiples maneras y es un fenómeno complejo. Para centrarnos en el tratamiento y ser pragmáticos y accesibles, no revisaremos aquí la multitud de definiciones y teorías sobre la disociación y los TD, ni el desarrollo histórico de estas teorías; existen excelentes resúmenes (por ejemplo, Dell y O'Neil, 2009; Simeon y Loewenstein, 2009). Entre las teorías más destacadas sobre la disociación relacionada con el trauma, se encuentran el modelo conductual separado de Frank Putnam (1997), el modelo estructural de la disociación (Nijenhuis y van der Hart, 2011), el "modelo 4-D" de la disociación (Frewen y Lanius, 2015) y el modelo corticolímbico de la disociación (Fenster et al., 2018; Lanius et al., 2010).

Nuestra conceptualización clínica de los síntomas disociativos de los pacientes traumatizados, nuestra investigación y los fundamentos del enfoque terapéutico aquí descrito se basan en estos modelos teóricos. Un individuo que está "disociado" se encuentra en un estado separado de conciencia, o como apunta Putnam, en un "estado conductual separado". Por lo tanto, a lo largo de esta obra y del libro de trabajo, nos referimos a menudo a "estados" disociativos.

El trauma crea estados de angustia que difieren sorprendentemente de los estados normales del ser (Frewen y Lanius, 2015; Lanius et al., 2010; Putnam, 1989, 1997, 2016). Los estados basados en el trauma difieren en términos de intensidad y en tipos de activación fisiológica, emoción, patrones neurobiológicos, nivel de autoconciencia y conciencia de los demás (que a veces se denominan "capacidades metacognitivas" o "reflexivas"), acceso a la memoria autobiográfica y patrones de pensamiento, percepción y comportamiento (Frewen y Lanius, 2015; Lanius et al., 2010; Putnam, 1997, 2016).

A medida que maduran, se supone que los niños desarrollan gradualmente la conciencia y el control sobre lo que inicialmente son cambios incontrolados de estado. Es habitual que un bebé o un niño pequeño pase rápidamente de estar alerta y juguetón a quejarse, llorar o tener una rabieta cuando se siente abrumado por la angustia fisiológica y emocional del hambre o el agotamiento intensos. La rapidez de este tipo de cambio de estado y el intenso descontrol de las emociones y del comportamiento son normales en niños muy pequeños, pero no son típicos de niños mayores o adultos. Los niños mayores y los adultos no suelen cambiar de estado tan rápida o intensamente ni con ese nivel de descontrol.

El maltrato interfiere en el desarrollo del control del niño sobre sus estados conductuales, así como en la integración y organización de estos estados traumáticos. El maltrato puede crear estados no integrados de angustia extrema que pueden inmiscuirse de forma impredecible en el pensamiento, el comportamiento y las emociones de la persona, incluso décadas después de que el maltrato haya terminado. Por ejemplo, un superviviente adulto puede sentirse repentinamente aterrorizado y querer correr y esconderse con urgencia. A veces, el adulto no tiene ni idea de qué ha causado su terror absoluto, lo que le hace sentirse débil, vulnerable y/o "loco". Las personas con TD graves pueden asustarse tanto que pasan a un estado traumatizado y luego se comportan como un niño aterrorizado. Pueden verse debajo de una mesa como si aún fueran niños intentando escapar de un adulto abusivo. En ese estado traumatizado pueden perder el control sobre lo que hacen. Después, puede que recuerden claramente haberse escondido, puede que solo lo recuerden vagamente o puede que no lo recuerden en absoluto (es decir, que tengan amnesia disociativa).

La amnesia disociativa se produce cuando el trauma crea estados dependientes del trauma que pueden conducir al desarrollo de "formas profundas de aprendizaje y recuperación de la memoria que dependen del estado" (Putnam, 1997). Dicho de otro modo, es posible que el superviviente adulto no recuerde lo que hizo o cómo se sintió cuando se encontraba en un estado traumatizado una vez que vuelve a un estado no traumatizado debido a que la memoria es menos accesible entre estados. Como resultado, un niño maltratado puede desarrollar una concepción del self que no está integrada. Es decir, a medida que el niño madura, puede retener "estados conductuales separados" en lugar de integrar esos estados. El niño puede compartimentar y evitar pensar en "esa cosa mala que le pasó a ese niño malo", distanciándose así de la profunda traición, vergüenza, dolor, ira y terror que experimentó durante el abuso e incluso el recuerdo del maltrato. Con el tiempo, sobre todo si la traumatización se repite y el niño no recibe consuelo ni protección por parte de sus cuidadores, la alteración del desarrollo del niño puede amplificarse. El niño puede desarrollar dificultades para acceder a los recuerdos sobre sí mismo y presentar estados disociativos del self cada vez más elaborados y divergentes en lugar de integrados. En casos de maltrato grave y temprano, estos estados pueden volverse elaborados y complejos y, en última instancia, convertirse en TID (Putnam, 1997, 2016).

Las diversas conceptualizaciones de los síntomas disociativos relacionados con el trauma "convergen en torno al concepto de que la disociación implica una incapacidad para integrar o asociar la información y la experiencia de una forma normalmente esperable" (Putnam, 1997). En consonancia con esta idea de falta de integración, la quinta edición del *Manual diagnóstico y estadístico de los trastornos mentales* (DSM-5) define la disociación como "una interrupción y/o discontinuidad en la integración normal de la conciencia, la memoria, la identidad, la emoción, la percepción, la representación corporal, el control motor y el comportamiento" (American Psychiatric Association [APA], 2013).

Los estados disociativos van desde el distanciamiento leve no patológico, como el que se produce durante las experiencias atléticas, religiosas y artísticas más intensas (Butler, 2006; Butler et al., 1996), pasando por la desrealización o la despersonalización que se producen de forma transitoria con el estrés, hasta las formas patológicas más crónicas de disociación, entre las que se encuentran el TEPT y los TD. El concepto de un continuo de disociación que varía en severidad es más adecuado para los individuos que no caen en el extremo más severo del continuo, a veces denominado "taxón disociativo". El taxón disociativo abarca a las personas con los trastornos disociativos más graves, entre los que se incluyen el TID y algunas formas de "otro trastorno disociativo especificado" (OTDE; anteriormente denominado "trastorno disociativo no especificado" [TDNE] en el DSM-IV-R [APA, 2000]; Waller y Ross, 1997). Lo más habitual es que los pacientes con OTDE/TDNE experimenten fragmentación de la identidad sin amnesia entre los estados del self. Algunos autores se refieren a las personas con el subtipo disociativo del TEPT como pertenecientes a un taxón disociativo (Lanius et al., 2014), aunque preferimos reservar el término "taxón disociativo" para aquellas con puntuaciones elevadas en la subescala del taxón de la Escala de Experiencias Disociativas (DES, por sus siglas en inglés, *Dissociative Experiences Scale;* véase el capítulo 2), que con frecuencia también son diagnosticados con un TD.

El DSM-5 describe la disociación como una "alteración y/o discontinuidad" entre una variedad de procesos psicológicos. Los ejemplos de lo que puede alterarse en cada uno de estos procesos psicológicos aclaran lo amplia que puede ser la gama de experiencias disociativas. La disociación puede alterar la *percepción*, como cuando el entorno parece lejano, borroso, surrealista, bidimensional o distorsionado de algún otro modo; esto se conoce como "desrealización". La disociación perceptiva también puede dar lugar a un tipo de desapego de uno mismo (es decir, sentirse entumecido o desconectado del propio cuerpo o de las emociones, como sentir que el propio cuerpo no te pertenece o verte desde fuera, como en una película), lo que se denomina "despersonalización". Una persona traumatizada puede entrar en un estado de trance durante el cual puede ser menos sensible o incluso no responder a lo que ocurre a su alrededor; esto es un ejemplo de alteración de la *conciencia.* En cuanto a la alteración de la *memoria,* puede manifestarse con amnesia parcial o total de un acontecimiento traumático o con incapacidad de recordar lo que se ha hecho durante minutos, horas o incluso días. La disociación también puede dar lugar a una falta de integración entre la identidad y la memoria, lo que se conoce como "compartimentación" (Holmes et al., 2005). Los cambios bruscos de emociones, como cuando una persona pasa inexplicablemente de estar tranquila a estar aterrorizada o de estar muy enfadada a hacer tonterías, podrían deberse a alteraciones disociativas de las *emociones.* Sentirse como si uno tuviera una identidad fragmentada (por ejemplo, comportarse, sentir y/o pensar de forma tan diferente que uno se siente como si fuera casi una persona distinta) en lugar de tener una sensación cohesiva y unificada con respecto a uno mismo ejemplifica una alteración de la *identidad.* Las *representaciones corporales* disociativas ocurren cuando una persona percibe que su cuerpo es mucho más joven o más viejo, o más grande o más pequeño, o de un sexo diferente. Las alteraciones disociativas del *control motor* y de la *conducta* suelen ocurrir simultáneamente. Por ejemplo, una persona con un TD puede experimentar falta de control sobre sus movimientos, como verse a sí misma autolesionándose y querer detener el comportamiento, pero es incapaz de hacerlo. Estas experiencias disociativas pueden ser tan confusas y aterradoras que el individuo puede evitar pensar en ellas y contárselas a los demás, incluidos los profesionales de la salud mental, por miedo a parecer "loco". El distanciamiento disociativo puede conceptualizarse como un proceso o mecanismo ("Me estoy disociando"), mientras que la compartimentación puede conceptualizarse como un resultado del proceso de distanciamiento o disociación estructural ("Yo no dije esas palabras de enfado, fue otra parte de mí"). En este libro, utilizamos el término "disociación" para referirnos al acto de disociar, independientemente de que se experimente como un estado de trance o como despersonalización o desrealización. Cuando nos refiramos al proceso de movimiento entre DSS que se produce en el TD más complejo, lo diremos explícitamente. Cuando nos refiramos al trastorno que implica DSS unido a periodos de amnesia, nos referiremos específicamente al TID.

PREVALENCIA Y COMORBIDEZ DE LOS TRT

Existe un elevado número de trastornos y síntomas psiquiátricos concurrentes ("comórbidos") entre las personas que han sufrido un trauma. El Estudio Nacional de Comorbilidad en EE. UU. estableció sólidas relaciones entre la exposición al trauma, el TEPT, la depresión, el abuso de sustancias y el suicidio (Kessler, 2000; Kessler et al., 1995). Esta comorbilidad hace que la evaluación y el tratamiento de los TRT sean más difíciles y que, por lo general, requieran un tratamiento más prolongado.

A continuación, se presentan los diagnósticos "primarios" precisos más frecuentes asignados por el DSM-5 a personas con historias traumáticas más complicadas, ordenados de menor a mayor gravedad. (Nota: abordaremos los errores comunes de diagnóstico en el capítulo 2).

El subtipo disociativo del TEPT (TEPT-D)

Introducido en el DSM-5 (APA, 2013), el TEPT-D hace referencia a las personas que presentan despersonalización y/o desrealización, además de otros síntomas indicativos de un diagnóstico de TEPT. La prevalencia del TEPT-D oscila entre el 6% y el 30% de los individuos con TEPT (Armour et al., 2014a, 2014b; Blevins et al., 2014; Steuwe et al., 2012; Wolf et al., 2012a, 2012b), y los individuos con TEPT-D pueden distinguirse de aquellos con TEPT utilizando una variedad de métodos (Ginzburg et al., 2006; Waelde y Fairbank, 2005; Wolf et al., 2012a), entre los que se encuentran los patrones de neuroimagen (revisión de Lanius et al., 2010). En una muestra de la Organización Mundial de la Salud (OMS) de 25.018 pacientes de 16 países (Stein et al., 2013), se descubrió que el 14,4% de los individuos con TEPT cumplían criterios para TEPT-D. En esta muestra internacional, el TEPT-D se asoció con la exposición a adversidades en la infancia y a traumas previos, con el inicio del TEPT en la infancia, con antecedentes de trastorno de ansiedad por separación y fobia, y con el sexo masculino. Los individuos con TEPT-D demostraron un grave deterioro de sus roles y un elevado riesgo suicida. Aunque en este estudio de población general la incidencia del TEPT-D era mayor en varones, los estudios clínicos suelen encontrar una mayor prevalencia en mujeres (Steuwe et al., 2012; Wolf et al., 2012a).

Aunque el diagnóstico del DSM-5 y la mayoría de las investigaciones relacionadas con el TEPT-D se han centrado únicamente en la despersonalización y la desrealización, creemos que es importante que los clínicos y los investigadores amplíen la evaluación de los síntomas disociativos y evalúen toda la gama de posibles fenómenos disociativos. Por ejemplo, la amnesia acompaña frecuentemente al TEPT-D y se ha descubierto que está fuertemente asociada con la disociación en este trastorno (Steuwe et al., 2012). Aunque algunos autores se refieren a los individuos con TEPT-D como individuos con "alta" disociación, resulta más preciso considerar que los individuos tienen una disociación *moderada* en comparación con las muestras de TEPT sin disociación elevada y con las muestras de TD que tienen síntomas disociativos graves y recurrentes.

En la Clasificación Internacional de Enfermedades-11 (CIE-11; OMS, 2020) de la OMS, se incluye un TRT denominado TEPT complejo (TEPT-C). El TEPT-C se incluyó ante la evidencia de que muchas personas que han sufrido traumas complejos experimentan una gama de dificultades más amplia que las incluidas en el TEPT. Tal y como se conceptualiza actualmente, el TEPT-C no incluye específicamente síntomas disociativos comunes (por ejemplo, desrealización, despersonalización ni amnesia de parte del acontecimiento traumático o de su totalidad), aunque abarca recuerdos intrusivos y reexperimentaciones del trauma, que son de naturaleza disociativa. A pesar de no incluir expresamente una serie de síntomas disociativos, la investigación ha demostrado que los altos niveles de disociación marcan una diferencia muy considerable entre el TEPT y el TEPT-C (Hyland et al., 2018). Aunque el TEPT-C ha sido reconocido por muchos expertos en trauma durante décadas (por ejemplo, Herman, 1997), actualmente no está incluido en el DSM-5.

Trastorno límite de la personalidad

El TLP está relacionado con la exposición al trauma y con la disociación. Hasta el 80-96% de las personas con TLP refieren haber sufrido maltrato en la infancia (Battle et al., 2004; Korzekwa et al., 2009a; Sack et al., 2013; Zanarini et al., 1989). Entre el 35% y el 79% de las personas con TLP presentan TEPT comórbido (Sack et al., 2013; Zanarini et al., 1998), una tasa considerablemente mayor que entre los individuos con otros trastornos de la personalidad (Golier et al., 2003). Existe solapamiento entre las presentaciones complejas del TEPT, incluido el TEPT-D, y el TLP (por ejemplo, Brand y Frewen, 2017).

Existen considerables similitudes entre el TLP y los TD, lo que puede llevar a un infradiagnóstico de los TD. Los criterios sintomáticos del DSM-5 para el TLP engloban estados disociativos ante el estrés que están bien documentados (Ludascher et al., 2010; Stiglmayr et al., 2001, 2008). Los criterios del TLP también incluyen "alteraciones de la identidad" y "autoimagen inestable". Algunos individuos con TLP experimentan tanto disociación estructural como estados alterados de conciencia relacionados con el trauma (Frewen et al., 2014). En algunos casos, estos síntomas implican un proceso disociativo, como se evidencia en la frecuente comorbilidad entre TLP y TD (Ellason et al., 1996; Şar et al., 2003, 2006). Los TD son comórbidos entre el 41% y el 72% de las personas con TLP (Conklin et al., 2006; Sack et al., 2013; Şar et al., 2003, 2006; Zittel Conklin y Westen, 2005), y los estudios han hallado que entre el 53% y el 72,5% de los pacientes que inician tratamiento para TLP tienen un TD comórbido (Şar et al., 2006; Zittel Conklin y Westen, 2005), y un 11% cumple criterios de TID (Zittel Conklin y Westen, 2005). Los diagnósticos erróneos debidos al solapamiento de síntomas pueden explicar algunos casos de comorbilidad. Los individuos que cumplen todos los criterios tanto para TLP como para TID son más sintomáticos y presentan un mayor deterioro que las personas con cualquiera de los dos diagnósticos por separado (Ross et al., 2014). También se estableció que una disociación más grave era un indicador pronóstico negativo para el tratamiento del TLP (Kleindienst et al., 2011).

Los trastornos disociativos

El DSM-5 describe cinco diagnósticos de TD: (1) trastorno de despersonalización/desrealización, (2) amnesia disociativa (que incluye la fuga disociativa), (3) TID, (4) OTDE y (5) trastorno disociativo no uniforme (TDU). (En el DSM-IV, los fenómenos OTDE y UTD se habrían categorizado como TDNE.) El trastorno de despersonalización/desrealización implica sentimientos recurrentes o persistentes de desvinculación de uno mismo y/o del entorno, al tiempo que se comprende la realidad de su situación. La amnesia disociativa se caracteriza por una "incapacidad para recordar información autobiográfica importante, normalmente de naturaleza traumática o estresante, que es inconsistente con el olvido ordinario" (APA, 2013). El TID implica una "alteración de la identidad caracterizada por dos o más estados de personalidad distintos", que en algunas culturas puede denominarse posesión, combinada con periodos recurrentes de amnesia disociativa. OTDE es la designación que se da a las presentaciones en las que el paciente no cumple todos los criterios de otro TD. El DSM-5 define cuatro subtipos de OTDE; en este libro, nos centraremos en el OTDE-1, que definiremos a continuación.

Aunque son menos frecuentes que el TEPT-D, los TD no son raros. La prevalencia de cualquier TD a lo largo de la vida oscila aproximadamente entre el 9% y el 18%, y se estima que el TID afecta aproximadamente al 1,5% de la población general (Johnson et al., 2006; Ross, 1991; Şar et al., 2007). La prevalencia de los TD entre los pacientes psiquiátricos hospitalizados es de aproximadamente el 19%, y la prevalencia media de TID es del 4%, según una revisión que utilizó tasas de prevalencia medias ponderadas (Friedl et al., 2000). Las tasas de TID no parecen variar entre Europa y Norteamérica (Friedl et al., 2000).

La comorbilidad es común entre los pacientes con TD. La depresión es resistente al tratamiento y supone el diagnóstico comórbido más frecuente en las personas con TID (Ellason et al., 1996; Johnson et al., 2006). El TLP es comórbido entre el 30% y el 70% de las personas con TID (Boon y Draijer, 1991; Dell, 1998; Ellason et al., 1996; Horevitz y Braun, 1984; Korzekwa et al., 2009a, 2009b; Şar et al., 2003). El TEPT-C (Courtois y Ford, 2009; Ford y Courtois, 2009), el abuso de sustancias (Ellason et al., 1996; Evren et al., 2008; Karadag et al., 2005), la autodestructividad y el riesgo suicida (Brand et al., 2009b, 2019b; Foote et al., 2008; Putnam et al., 1986), los trastornos de ansiedad resistentes al tratamiento (Morrison et al., 2003) y los trastornos alimentarios (Gleaves y Eberenz, 1995; Johnson et al., 2006) son otros trastornos comórbidos observados en pacientes con TD. Además de los múltiples trastornos psiquiátricos, los pacientes con TD suelen presentar altos niveles de victimización adulta reciente, así como frecuentes problemas médicos graves (Espirito-Santo y Pio-Abreu, 2009; Myrick et al., 2013; Şar et al., 2007; Saxe et al., 1994; Webermann et al.,

2014). En resumen, los TD se caracterizan por altos niveles de disociación junto con una serie de síntomas psicológicos y dificultades conductuales (Brand et al., 2009c, 2016a; Lyssenko et al., 2018) que a menudo requieren un tratamiento prolongado que implica múltiples hospitalizaciones.

Los participantes del estudio naturalista TOP DD padecían TD, además de muchos otros trastornos: el 89% también tenía TEPT, el 83% tenía un trastorno del estado de ánimo, el 54% tenía un trastorno de la personalidad del clúster B, el 51% tenía un trastorno de la personalidad del clúster C, el 50% tenía un trastorno de ansiedad, el 30% tenía un trastorno alimentario y el 22% tenía un trastorno por consumo de sustancias (Brand et al., 2009b). Además, estos pacientes frecuentemente presentan síntomas psiquiátricos que pueden parecer extraños o imposibles y llegar confundirse con psicosis, lo que conduce a diagnósticos incorrectos de esquizofrenia u otros trastornos psicóticos (Schiavone et al., 2018). Esta complejidad psiquiátrica puede ser desconcertante para los terapeutas, ya que pueden no saber en qué trastorno centrarse o cómo priorizar la multitud de problemas y síntomas psiquiátricos del paciente.

Lo que puede resultar más útil en estos casos es entender que estos pacientes sufren un conjunto de déficits básicos que trascienden las categorías diagnósticas (por ejemplo, apego inseguro, dificultad para regular las emociones, disociación y desconexión del cuerpo) y que, sin embargo, comparten una etiología común derivada de experiencias crónicas y repetidas de victimización, a menudo infligidas por importantes figuras de apego durante períodos clave del desarrollo. Ayudar repetidamente a los pacientes a darse cuenta de estos patrones y a aprender formas sanas de afrontar estas luchas innumerables pero a menudo interconectadas, como se describe en este programa, puede llevar a mejorar gradualmente estos déficits.

EL INFRADIAGNÓSTICO DE LA DISOCIACIÓN COMPLEJA Y SUS MÚLTIPLES COSTES

A pesar de ser (como poco) tan prevalentes como muchos otros tipos de enfermedades mentales, los TRT complejos (y especialmente su sintomatología disociativa) son poco reconocidos. En consecuencia, la mayoría de las personas con estos trastornos no reciben un tratamiento dirigido específicamente a los síntomas disociativos que los sustentan. Por ejemplo, el 29% de los pacientes de una clínica de los Estados Unidos fueron diagnosticados con trastornos disociativos mediante una entrevista estructurada, aunque, según los historiales médicos, solo el 5% había sido diagnosticado de un trastorno disociativo (Foote et al., 2006). En una muestra de 613 pacientes ambulatorios admitidos consecutivamente en Suiza, solo al 3,6% (1 de 28) de los pacientes que cumplían los criterios para un TD se les había asignado un diagnóstico de TD en sus historiales médicos (Mueller et al., 2007). Este patrón de infrarreconocimiento del TD y de falta de tratamiento centrado en la disociación también se encuentra en muestras no clínicas. Aunque casi el 20% de las mujeres de una muestra comunitaria representativa de Turquía cumplían los criterios para tener un TD en algún momento de sus vidas, solo un tercio de ellas había recibido tratamiento de salud mental, lo que llevó a los autores a concluir: "La mayoría de los casos de trastornos disociativos en la comunidad siguen sin ser reconocidos ni atendidos" (Şar et al., 2007).

Estos resultados son especialmente descorazonadores, dado que las personas con síntomas disociativos a menudo sufren un alto grado de deterioro. Los síntomas disociativos están estrechamente relacionados con el deterioro en una serie de trastornos psiquiátricos. Un estudio longitudinal que evaluó los predictores de deterioro encontró que la disociación estaba entre los predictores más fuertes de deterioro entre los pacientes con síntomas de trastornos del estado de ánimo, por consumo de sustancias, de ansiedad, disociativos, somatomorfos y de personalidad (Tanner et al., 2019). En una muestra representativa a nivel nacional de jóvenes alemanes, el 34% de los jóvenes diagnosticados con TDNE refirieron una productividad laboral reducida; el 10% no podía trabajar en absoluto debido a problemas psicológicos (Lieb et al., 2000). A pesar de este nivel de deterioro, solo el 16% había recibido tratamiento de salud mental. De forma similar, en una muestra aleatoria de adolescentes y adultos jóvenes en los Países Bajos, los que padecían TD tenían el mayor nivel de deterioro funcional de todos los trastornos estudiados, y sin embargo solo el 2,3% de los que padecían una TD habían sido remitidos a tratamiento psiquiátrico (Ferdinand et al., 1995). Los adultos con TD también suelen estar bastante deteriorados. Las tasas de deficiencia de las personas con TD eran un 50% más altas que las de otros trastornos psiquiátricos evaluados en una muestra representativa de residentes de Nueva York; después de estudiar la edad, el sexo y los trastornos concurrentes, las personas con TD seguían estando significativamente deprimidas (Johnson et al., 2006). Tras hallar resultados similares en un estudio suizo, los autores argumentaron que los TD debían considerarse un tipo de "enfermedad mental grave" porque el TID y los TDNE/OTDE contribuían al deterioro funcional más allá del impacto de los trastornos coexistentes no disociativos (Mueller-Pfeiffer et al., 2012). Los niveles extraordinariamente altos de discapacidad que pueden acompañar a los TRT complejos empeoran en gran medida la calidad de vida de las personas con TRT e impactan negativamente en sus seres queridos. En los casos en los que no se reconoce el impacto del trauma y se retrasa el diagnóstico y el tratamiento de los trastornos relacionados con el trauma, el sufrimiento de los pacientes se prolonga innecesariamente. Durante este tiempo, además de sufrir los síntomas, pueden involucrarse en relaciones en las que se vuelven a traumatizar, y sus hijos pueden correr un mayor riesgo de padecer problemas emocionales, negligencia, abuso y otros aspectos negativos (Cicchetti et al., 2015; Folger et al., 2017; Narang y Contreras, 2005; Noll et al., 2009; Yeager y Lewis, 1996).

El riesgo suicida es uno de los mayores peligros a los que se exponen las personas con TD (Foote et al., 2008). En una revisión de 53.769 ingresos psiquiátricos de soldados estadounidenses, se descubrió que el número de días de hospitalización de los pacientes ingresados con un diagnóstico de TD en los últimos 12 meses se asociaba con un riesgo muy alto de suicidio en el año siguiente al alta (razón de momios = 5,6; Kessler et al., 2015). Además, muchos pacientes con TD presentan múltiples trastornos médicos (International Society for the Study of Dissociation, 2011). Como resultado de la amplia gama de síntomas complejos y graves, es probable que el curso del tratamiento sea más prolongado en comparación con los pacientes con TRT "únicamente" agudo o clásico.

En resumen, aunque los TRT complejos son prevalentes, a menudo no se diagnostican ni se tratan con precisión, lo que hace que estas personas estén infravaloradas e insuficientemente atendidas, a pesar de que muchas luchan contra un abanico de síntomas crónicos y trastornos psicológicos, están muy deterioradas y corren riesgo de discapacidad y suicidio.

¿Cuáles son los costes económicos?

Además de los importantes costes emocionales, psicológicos y muy personales asociados a tener un TRT complejo, puede haber inmensos costes económicos asociados a los TRT, y costes económicos y personales especialmente elevados para los pacientes con TD (Brand et al., 2012a; Ferry et al., 2015; Langeland et al., 2020; Lloyd, 2011, 2015; Myrick et al., 2017a). Por otro lado, el hecho de no diagnosticar y tratar adecuadamente los TD da lugar a importantes retos para los sistemas sanitarios debido a los costes de la atención sanitaria y la discapacidad. Mansfield et al. (2010) descubrieron que los pacientes con TD que eran cónyuges de personal militar en servicio activo utilizaban los servicios de salud mental en mayor medida que los individuos diagnosticados con cualquiera de los otros 16 trastornos psiquiátricos que estudiaron. Además, los estudios han descubierto que los pacientes con TD pasan una media de 6 a 12 años en tratamiento antes de ser diagnosticados correctamente (por ejemplo, Boon y Draijer, 1993a; Loewenstein y Putnam, 1990; Putnam et al., 1986). Durante ese tiempo, suelen recibir costosas evaluaciones, participan en tratamientos largos e ineficaces y son hospitalizados en múltiples ocasiones (por ejemplo, Boon y Draijer, 1993a; Loewenstein y Putnam, 1990). Los pacientes con TD también intentan suicidarse con frecuencia (Foote et al., 2008). Se calcula que cada intento de suicidio individual entre los pacientes psiquiátricos generales cuesta entre 2.000 y 68.000 dólares si se tienen en cuenta los costes directos, como la atención ambulatoria, las pruebas médicas, las cirugías y el tratamiento psiquiátrico (Yang y Lester, 2007).

Algunos estudios preliminares han calculado que un diagnóstico preciso de los TD, seguido de un tratamiento adecuado centrado en el trauma y la disociación, disminuiría sustancialmente el coste de los tratamientos de los pacientes con TD, incluso en los casos en los que los pacientes están gravemente deteriorados (Fraser y Raine, 1992; Lloyd, 2011; Ross y Dua, 1993). Por ejemplo, los investigadores de TOP DD descubrieron que el tratamiento traumatológico fásico para el TD se asociaba con una reducción de la carga de la enfermedad para los pacientes con TD en una amplia gama de dominios clínicos (Brand et al., 2009b, 2013). Ese estudio demostró un ahorro sustancial de costes durante 30 meses de tratamiento, en gran parte debido a la reducción de la necesidad de tratamiento hospitalario (Myrick et al., 2017a). Los estudios de casos respaldan el ahorro que puede producirse cuando se realiza un diagnóstico de TD y se proporciona un tratamiento adecuado. Por ejemplo, se compararon los costes de atención de salud mental de dos pacientes antes y después del diagnóstico y tratamiento del TID en el Servicio Nacional de Salud del Reino Unido (Lloyd, 2015). Ambos pacientes mostraron ahorros sustanciales una vez reconocido y tratado el TID: un paciente cuyo diagnóstico no había sido reconocido durante años mostró una reducción global de costes del 68% en los 4 años de terapia (Lloyd, 2015). Los costes globales se redujeron en un 25% para la segunda persona después de que el TID fuera diagnosticado y tratado.

¿A QUÉ SE DEBE LA FALTA DE RECONOCIMIENTO Y DE ATENCIÓN DE LOS TRT?

El tema del trauma suscita fuertes sentimientos y debates en la sociedad, lo que alcanza al ámbito de la salud mental. En su libro clásico sobre el TEPT complejo, Judith Herman (1997) señalaba que a los ciclos de interés por el trauma les ha seguido el desinterés e incluso el rechazo de su prevalencia y su impacto. Entre los factores que contribuyen a los ciclos de concienciación seguidos de negación del trauma figuran una ausencia temprana de investigación sobre la prevalencia y el impacto del abuso infantil y otros traumas, lo que ha contribuido a una falta de comprensión sobre el papel causal que desempeña el trauma en el desarrollo de la psicopatología y a una falta de formación sistemática sobre el trauma para los profesionales. Uno de los puntos de inflexión más importantes en el campo de la salud mental se produjo con la inclusión del TEPT y de un capítulo sobre los TD en el DSM en 1980. La incorporación de estos diagnósticos relacionados con el trauma dio lugar a una mayor atención científica y clínica. En este clima de mayor concienciación sobre el trauma, la investigación sobre los TRT, la disociación y los TD ha comenzado a florecer, aunque todavía se necesita con urgencia más investigación sobre los TD (Dalenberg et al., 2007; Dorahy et al., 2014).

En ocasiones, la voluntad de reconocer el trauma infantil y la disociación resultante se ha visto amortiguada por la preocupación acerca de la posibilidad de falsas denuncias de abuso infantil y la reticencia a interferir con las familias en la crianza de los niños. A finales de los años ochenta y principios de los noventa, por ejemplo, los medios de comunicación prestaron mucha atención a lo que los periodistas, e incluso algunos investigadores, denominaron una "caza de brujas" de abusadores de niños. Esta supuesta caza de brujas recibió mucha atención mediática. Sin embargo, según una investigación exhaustiva y bien documentada de Ross Cheit (Cheit y Krishnaswami, 2014), pocos casos de abusos en guarderías y escuelas infantiles eran, de hecho, falsos. Lamentablemente, debido a que el número de acusaciones falsas de abuso infantil en guarderías y centros de día se infló enormemente en los informes de los medios de comunicación, la *narrativa* de que las denuncias falsas de abuso sexual infantil eran comunes se afianzó en la mente de muchos en la población general. La investigación de Cheit documenta que incluso algunos conocidos investigadores de la memoria, periodistas y abogados exageraron la prevalencia de falsos "recuerdos recuperados" (a los que los expertos se suelen referir como "recuerdos retardados" o disociados) de abusos, lo que llevó a muchos a creer que los falsos recuerdos son mucho más frecuentes de lo que indican las investigaciones.

Aunque la prevalencia de falsos recuerdos de abuso infantil en centros de cuidado infantil fue en gran medida exagerada, la "narrativa de la caza de brujas" continúa manteniéndose viva en algunas discusiones mediáticas, académicas y de libros sobre disociación y abuso infantil. Los investigadores que han analizado estos libros han concluido consistentemente que gran parte de la información sobre el maltrato infantil, los recuerdos de abuso infantil y los TD es inexacta, sesgada, sensacionalista y/o no tiene una base empírica (Brand et al., 2019a; Kissee et al., 2014; Wilgus et al., 2015). Los libros de texto de psicología de pregrado y posgrado no suelen cubrir convenientemente los TRT y los TD, y muchos incluyen información inexacta o sensacionalista en lugar de investigación basada en la evidencia (Brand et al., 2019a; Wilgus et al., 2015). Algunos autores de libros de texto de psicología solo presentan investigaciones que muestran que los recuerdos pueden ser inexactos, pero obvian investigaciones que documentan que los recuerdos retardados de abuso infantil tienen la misma probabilidad de ser exactos que inexactos (Dalenberg, 1996, 2006; Williams, 1995). De hecho, muchos de los autores más prominentes que anteriormente cuestionaron la exactitud de los recuerdos tardíos de abuso han admitido recientemente que ahora están "abiertos a la posibilidad de que algunos recuerdos recuperados sean genuinos" (Lynn et al., 2014). Existen revisiones recientes de este debate (por ejemplo, Brand et al., 2017a, 2017b, 2018; Dalenberg et al., 2012, 2014; Lynn et al., 2014; Merckelbach y Patihis, 2018).

En un clima en el que muchos académicos y libros de texto tienden a presentar descripciones sensacionalistas de los TD y solo un lado del debate sobre la exactitud de los recuerdos de abuso infantil, hay menos debate, formación e investigación de mente abierta sobre el abuso infantil y su impacto, lo que incluye la disociación y los TD. Una de las consecuencias de esta presentación sesgada es que las personas que ya han sido víctimas en la infancia y/o en la edad adulta pueden sufrir durante más tiempo TRT, mala calidad de vida y muchas otras secuelas del trauma. También corren el riesgo de encontrarse con profesionales de la salud mental y de la atención sanitaria que cuestionen la validez de sus síntomas y sus TD (Nester, Hawkins y Brand, 2022). Por ejemplo, el 80% de los pacientes australianos diagnosticados con un TD refirieron que habían experimentado actitudes escépticas o antagónicas por parte de los clínicos sobre su diagnóstico de TD o síntomas disociativos (Leonard et al., 2005). Los supervivientes de abusos en la infancia a menudo experimentan incredulidad, se les culpa del abuso o sufren una falta de compasión y/o protección si tienen el valor de revelar el abuso. Por ejemplo, el 52% de las mujeres que revelaron a uno de sus padres que habían sufrido abusos incestuosos en la infancia refirieron que el abuso continuó durante un año o más después de la revelación (Roesler y Wind, 1994), y muchas recibieron reacciones que las culpaban a ellas en lugar de al abusador (McTavish et al., 2019; Roesler y Wind, 1994; Romano et al., 2019). Los supervivientes de traumas no deberían encontrarse con reacciones perjudiciales cuando buscan ayuda de los mismos profesionales que se supone que deben ayudarlos, no agravar aún más su angustia.

Desafortunadamente, pocos clínicos reciben la formación sistemática necesaria sobre trauma complejo, disociación y TD, a pesar de indicar que necesitan, quieren y se benefician de dicha formación (Cook et al., 2017; Hepworth y McGowan, 2013; Kumar et al., 2019), por lo que no es de extrañar que los clínicos tengan dificultades para diagnosticar con precisión estos trastornos (Dorahy et al., 2017). Además, muchos clínicos afirman que cuentan con poca o ninguna formación sobre cómo indagar sobre una historia de abuso en la infancia (por ejemplo, Hepworth y McGowan, 2013; Lab et al., 2000), y Lab et al. (2000) descubrieron que el 70% del personal psiquiátrico, psicológico y de enfermería que trabajaba en un hospital universitario no había recibido formación para trabajar con personas que habían sufrido abuso sexual en la infancia.

Es comprensible que esta falta de formación reduzca la probabilidad de que los clínicos confíen en su capacidad para indagar sobre el trauma de forma sensible y con base empírica y sean capaces de ayudar a sus pacientes a gestionar cualquier reacción que surja. Dado que la formación sobre traumas es escasa incluso entre los profesionales de la salud mental y de la atención sanitaria, no es sorprendente que a muchos pacientes no se les pregunte sobre la exposición al trauma y que solo un pequeño porcentaje de los historiales médicos incluyan dichos episodios (Rossiter et al., 2015). Por ejemplo, en un estudio reciente se observó que al 51% de 100 mujeres ingresadas en una unidad psiquiátrica de Melbourne no se les había preguntado por antecedentes traumáticos (Xiao et al., 2016).

Dado que la exposición al trauma en la infancia se ha relacionado con un mayor riesgo de padecer la mayoría de los tipos de trastornos psiquiátricos, esta falta de formación e indagación es preocupante (Brand et al., 2019a). El equivalente en el campo de la medicina sería que no se preguntara a los pacientes sobre antecedentes de tabaquismo; el tabaquismo está relacionado causalmente con tantos trastornos médicos que al no preguntar sobre ello podría considerarse que se está proporcionando un tratamiento por debajo del estándar de atención. En última instancia, los pacientes traumatizados y nuestros sistemas de atención sanitaria pagan el precio de la falta de formación sistemática sobre el trauma en el ámbito de la salud mental. Nos unimos a otros expertos en el llamamiento a la formación sistemática en trauma para los profesionales de la salud mental, incluida la evaluación de la exposición al trauma y los TRT, y el tratamiento de los innumerables síntomas y problemas que se encuentran entre las personas traumatizadas, como los TRT (Brand, 2016; Brand et al., 2019a; Courtois y Gold, 2009; Hepworth y McGowan, 2013). La evaluación cuidadosa de la exposición al trauma y el TEPT relacionado y los síntomas disociativos deben convertirse en la práctica estándar en las evaluaciones de salud mental. De hecho, todas las entrevistas clínicas deben incluir la evaluación rutinaria de la historia del trauma y las dificultades relacionadas con el trauma, como la disociación y los TD, entre otras, al igual que se ha convertido en rutina para evaluar el riesgo de suicidio y el abuso de sustancias.

Los expertos en trauma (por ejemplo, Courtois y Gold, 2009) instan a los terapeutas a obtener una formación especializada con pacientes con TRT, porque sin ella pueden producirse errores graves y resultados negativos en el tratamiento. El enfoque descrito en estos libros pretende apoyar dichos esfuerzos de formación y ofrecer una guía basada en la evidencia para la evaluación y el tratamiento de las reacciones complejas relacionadas con el trauma, entre las que se encuentra la disociación. Los casos complejos y crónicos de TEPT tienen un mayor riesgo de complicaciones (Courtois y Ford, 2009; Courtois et al., 2009), y las personas que disocian con frecuencia pueden requerir un tratamiento más prolongado que aquellas sin una alta disociación, independientemente de si el individuo está siendo tratado por un trastorno basado en el trauma o no (Jepsen et al., 2013; Lynch et al., 2008; Michelson et al., 1998; Rufer et al., 2006). Por ejemplo, en un estudio de tratamiento hospitalario, los pacientes con TRT mostraron reducciones en los síntomas de TEPT y algunos aspectos de la disociación, pero los síntomas sugestivos de TID no mejoraron (por ejemplo, amnesia y fragmentación de la identidad; Jepsen et al., 2014). Los autores sugirieron que es probable que el tratamiento tenga que dirigirse de lleno a la amnesia y la fragmentación de la identidad con el fin de incidir en esos síntomas. En consonancia con estos hallazgos y con el consenso de los expertos, el programa Finding Solid Ground incluye información y enfoques dirigidos a abordar los altos niveles de disociación y a ayudar a las personas con DSS a mejorar las relaciones con sus estados disociativos (y la comunicación y colaboración entre ellos). En el capítulo 7 abordamos el trabajo con los DSS y en el capítulo 9 proporcionamos una visión general de los contenidos del libro de trabajo.

CONCLUSIÓN

La prevalencia de los TRT, entre los que se encuentran los TD, es alta, al igual que la gravedad de los síntomas, el deterioro funcional y los costes económicos asociados al trauma complejo y la disociación. Las personas con TRT están infradiagnosticadas e insuficientemente atendidas por una multitud de razones, por ejemplo, que la mayoría de los profesionales de la salud mental tienen poca formación en su evaluación y tratamiento. Como resultado de esta atención insuficiente y de luchar contra una miríada de síntomas crónicos y trastornos psicológicos, las personas con TD y otros TRT pagan un precio inaceptablemente alto en términos de funcionamiento y calidad de vida. Además de ayudar a las personas con TRT a reducir su sufrimiento y mejorar su calidad de vida, hay razones para creer que la mejora de la concienciación y la implementación de la evaluación y el tratamiento reducirían los costes de nuestros sistemas de atención.

A pesar de los retos inherentes al reconocimiento de los TRT y los TD, existen enfoques con base empírica para la evaluación y el tratamiento de estos trastornos. En ellos se centrará el resto de este libro.

CAPÍTULO 2

EVALUACIÓN DE LA DISOCIACIÓN, DE LOS TRASTORNOS RELACIONADOS CON EL TRAUMA Y DE LOS TRASTORNOS DISOCIATIVOS

INTRODUCCIÓN

La evaluación de los trastornos relacionados con el trauma (TRT) y de los trastornos disociativos (TD) no se enseña ampliamente, y valorar de forma precisa los síntomas disociativos puede ser particularmente difícil si no se cuenta con la formación adecuada. Los clínicos que no han sido formados en la evaluación de los TRT y los TD pueden atribuir sus síntomas a psicosis, trastorno bipolar, trastorno límite de la personalidad (TLP) o falsedad. Como resultado, el TRT y el TD son frecuentemente infradiagnosticados y mal diagnosticados, lo que impide que estas personas poco reconocidas y sin embargo altamente sintomáticas reciban un tratamiento adecuado y oportuno (Brand, 2016; Dorahy et al., 2014; Grubaugh et al., 2011).

En este capítulo, ofrecemos una visión práctica de la evaluación de los síntomas disociativos y relacionados con el trauma, como las medidas de autoinforme y las herramientas de evaluación estructuradas, que pueden complementar la entrevista clínica; la evaluación de comorbilidades comunes; métodos para distinguir el TRT y el TD de diagnósticos con cuadros similares; y posibles explicaciones alternativas para experiencias aparentemente disociativas. También proporcionaremos una visión general de los posibles retos y escollos en el uso de instrumentos de evaluación psicológica "generales" que no han sido validados con individuos con historias de trauma complejas.

EVALUACIÓN PRECISA Y BASADA EN EL TRAUMA DE LOS TRT

Las preguntas sobre el trauma deben incluirse en todas las entrevistas de evaluación clínica y forense. Las personas con antecedentes traumáticos no suelen revelar sus traumas si no se les pregunta específicamente. Sin embargo, para permitir el desarrollo de una alianza de trabajo razonable antes de entrar en temas de los que puede resultar muy difícil hablar, recomendamos secuenciar el contenido de la entrevista de modo que las preguntas relacionadas con el trauma se formulen hacia el final (en la sección "Evaluación del historial traumático" proporcionamos más información sobre cómo hacerlo).

Aunque no todos los pacientes que cumplen los criterios de un TRT experimentan síntomas disociativos, para garantizar un diagnóstico preciso y un tratamiento adecuado, la evaluación del TRT debe incluir la detección de la disociación. Las personas que cumplen los criterios del subtipo disociativo del trastorno de estrés postraumático (es decir, el TEPT-D, tal como explica el clasificador del TEPT "con síntomas disociativos"), por ejemplo, pueden verse involuntariamente abrumadas y posiblemente perjudicadas si se las trata con los protocolos habituales para el cuadro "clásico" de hiperactivación y reexperimentación del TEPT. Mientras que algunos trabajos sobre tratamiento específico del TEPT sugieren que los pacientes con el subtipo disociativo responden igualmente bien al tratamiento basado en la exposición sin estabilización previa de la disociación, este corpus de trabajo no aborda la subpoblación de aquellos con trastornos disociativos complejos (por ejemplo, trastorno de identidad disociativo [TID] y otro trastorno disociativo especificado [OTDE]; Cloitre et al., 2012a; Resick et al., 2012, Schiavone et al., 2018a). Si, basándose en el cribado, hay razones para creer que la disociación forma parte de las dificultades del paciente, el clínico debe evaluar la presencia de un posible TID comórbido.

El clínico debe prestar mucha atención a la experiencia del paciente y mantener la relación terapéutica durante la evaluación, recordando que pedir a las personas que hablen de experiencias relacionadas con el trauma significa pedirles que piensen en experiencias que pueden resultarles abrumadoras. Los pacientes con historias traumáticas pueden temer, con razón, que esto les suponga un detonante. Esto puede llevarlos a evitar o restringir el proceso de evaluación o a negar experiencias para protegerse de sentirse abrumados.

En consecuencia, mantener la curiosidad y estar en sintonía con la experiencia del paciente durante todo el proceso de evaluación y trabajar con él para gestionar la posible angustia son requisitos previos para una evaluación precisa de los TRT y los TD. El evaluador debe estar especialmente atento a los signos de reexperimentación y/o activación desregulada. Es importante estar alerta no solo a los síntomas de hiperactivación (por ejemplo, temblores, hiperventilación, cara enrojecida), sino también a la presencia de disociación o hipoactivación (por ejemplo, respiración entrecortada, mirada fija, palidez, postura desplomada). Si se produce alguna de estas situaciones, el evaluador debe detenerse y ayudar al paciente a que se tranquilice utilizando uno o todos los métodos siguientes:

- Reorientar al paciente a la fecha y año actuales y al lugar en el que se encuentra.
- Recordar al paciente que el trauma no está ocurriendo en el momento presente.
- Animar al paciente a mirar alrededor de la habitación y a nombrar y describir los objetos o colores que ve (en el apéndice B se proporciona más información sobre el enraizamiento. Además, en el libro de trabajo que acompaña a esta obra se puede encontrar información adicional sobre las técnicas de enraizamiento).

Si el paciente sigue teniendo dificultades después de reorientarse hacia el presente, hay que considerar la posibilidad de pedirle que enumere cosas y situaciones (especialmente acontecimientos positivos y/o puntos fuertes) que son diferentes en el aquí y ahora del allí y entonces (en el módulo 2 del libro de trabajo, "Separar el pasado del presente", hay más orientación al respecto).

EVALUACIÓN DEL HISTORIAL TRAUMÁTICO

La presencia de un episodio traumático es necesaria para el diagnóstico de un TRT, y conocer el alcance de la historia traumática de un paciente puede ayudar a los terapeutas a planificar y llevar a cabo un tratamiento eficaz. Al mismo tiempo, es importante recordar a los pacientes (y educarlos al respecto) que hablar sobre detalles de experiencias traumáticas puede ser extraordinariamente desregulador y puede desencadenar síntomas relacionados con el trauma (entre los que se encuentran la reexperimentación, los flashbacks y otras formas de disociación) y/o emociones intensas que perduran después de que la persona abandone la consulta. Esta desregulación también puede llevar a una persona que adopta conductas de riesgo destinadas a distraerse y a reducir la angustia (por ejemplo, consumo de sustancias o autolesiones) a adoptar dichas conductas. Por lo tanto, las conversaciones sobre los detalles del trauma solo se recomiendan después de que el paciente haya desarrollado habilidades de afrontamiento saludables adecuadas para la tarea de gestionar el proceso inherentemente desestabilizador de hablar sobre experiencias abrumadoras. Por esta razón, hablar de los detalles del trauma solo se recomienda cuando está clínicamente indicado o es legalmente necesario (como en un contexto forense) y debe incluir un plan sobre cómo gestionará la persona la posible desregulación. Además, la indagación sobre la historia traumática debe realizarse en una fase tardía del proceso de evaluación, después de haber preguntado sobre temas menos difíciles y de que se haya desarrollado un grado razonable de compenetración.

Los pacientes que no reciben orientación sobre la importancia de espaciar cuidadosamente las conversaciones sobre el trauma pueden sentirse obligados o presionados a revelar detalles de su historia traumática. Proporcionar educación sobre las fases del tratamiento del trauma (por ejemplo, explicar que la primera fase del tratamiento se centra en aprender formas saludables de gestionar los síntomas y las emociones) puede ayudar a los pacientes a aprender la importancia del autocuidado en la curación del trauma. Los clínicos deben subrayar la importancia de permanecer en el presente mientras se habla del pasado y animar activamente a los pacientes a compartir solo la cantidad de detalles que puedan tolerar.

Para reducir la posible reticencia de los pacientes a participar en la evaluación por miedo a que sea un desencadenante (y el riesgo de que hablar sobre el trauma sea también un desencadenante), recomendamos educar al paciente de forma adecuada como parte del proceso del consentimiento informado. Esto implica trasladar a los pacientes que *no* se les pedirá que hablen de los detalles del trauma, que al final de la evaluación se les harán preguntas sobre categorías o tipos de trauma (y las razones para ello) y que deben avisar al terapeuta si empiezan a sentirse abrumados y necesitan parar o tomarse un descanso.

Según nuestra experiencia, la mayoría de las personas que experimentan síntomas agudos relacionados con el trauma se sienten aliviadas al oír esta información. Sin embargo, algunas personas pueden interpretar que "no quieres saber nada al respecto" de su trauma. Esto puede desencadenar una reacción relacionada con el trauma hacia el terapeuta: "Eres igual que todas las demás personas que no me escuchan ni se preocupan por mí." La posibilidad de que se produzcan reacciones relacionadas con el trauma en el proceso de evaluación subraya la importancia de informar a las personas traumatizadas sobre este enfoque y sus fundamentos antes de empezar a hacer preguntas.

Sin embargo, algunas personas pueden empezar a hablar de experiencias traumáticas en respuesta a preguntas sobre la infancia, las relaciones y/o la historia laboral, y puede resultar difícil hacer una pausa, interrumpir o redirigir debido a reacciones relacionadas con el trauma. Si un paciente comienza a compartir detalles extensos sobre el trauma en cualquier punto de una entrevista (lo que podría significar que se está "atascando" cada vez más y comenzando a revivir el pasado), es preciso interrumpirlo de forma considerada y animarlo a hablar de su historia "con titulares" (Loewenstein, 2006), es decir, a grandes rasgos. Por ejemplo, un evaluador podría decir: "En lugar de entrar en detalles, lo que puede hacer que te sientas abrumado o incluso puede causarte dificultades más tarde, hoy vamos a hablar 'con titulares'. En otras palabras, si imaginaras el trauma como un artículo periodístico, ¿cuál sería el titular? No tienes que compartir toda la historia ahora mismo". (Y si es preciso un recordatorio, se puede añadir: "Intenta contarme solo el titular del artículo, pero omite los detalles").

Recomendamos que los evaluadores se centren inicialmente en identificar si el paciente ha experimentado un trauma, utilizando preguntas amplias y abiertas, y que gradualmente sean más específicos si el paciente reconoce el trauma y puede tolerar más preguntas. El evaluador puede preguntar sobre las categorías de trauma y, si es tolerable, las edades de incidencia. Es recomendable hacer pausas de vez en cuando para preguntar al paciente cómo se encuentra y para ayudarle a mantener el enraizamiento. Hay que preguntar sobre experiencias infantiles de abuso físico, sexual y emocional, de negligencia y de intimidación, así como de victimización en la edad adulta (por ejemplo, agresión sexual, violencia interpersonal o acoso) y de trauma no interpersonal (por ejemplo, accidentes de coche, desastres naturales, incendios). Una forma de garantizar una cobertura exhaustiva de las categorías es utilizar una medida estandarizada de exposición al trauma (como veremos en la sección siguiente). También es útil indagar sobre cualquier antecedente de abuso de sustancias y enfermedad mental en cuidadores y familiares.

A continuación, incluimos ejemplos de preguntas generales sobre las relaciones de apego y las experiencias de cuidado que también pueden ayudar a identificar la historia de trauma:

- ¿A quién acudías de niña cuando estabas enfadada, herida o enferma? ¿Cómo respondía esa persona normalmente?
- ¿Cómo se aplicaba la disciplina en tu casa cuando eras pequeño? Si rompías una norma, ¿cuáles eran las consecuencias?
- ¿Has tenido alguna experiencia sexual que te haya hecho sentir incómoda o asustada?
- ¿Has tenido alguna otra experiencia que haya desbordado tu capacidad de afrontamiento?

Cabe la posibilidad de que algunos pacientes no identifiquen como abusivas ni siquiera las experiencias adversas más graves de su infancia, especialmente si las personas de su entorno las enmarcaron como "normales". Por eso puede ser útil utilizar frases como "disciplina" y "experiencias sexuales incómodas", así como preguntar más directamente sobre abusos y traumas. Si se sospecha de una historia de trauma o el paciente la refiere, el clínico puede hacer una pregunta abierta del estilo "¿Cómo crees que te afectó?" y luego pasar a una exploración más estructurada de los síntomas del TEPT, tal vez utilizando un instrumento de detección, como la lista de verificación del TEPT para el DSM-5 (PCL-5, que se analiza más adelante), que está disponible gratuitamente en línea a través del Centro Nacional para el TEPT.

EVALUACIÓN DE LA DISOCIACIÓN

Si el paciente tiene antecedentes traumáticos, está justificada la evaluación de la disociación. Al evaluar la disociación, es importante analizar cada uno de sus tipos principales: despersonalización, desrealización, amnesia disociativa (que incluye episodios de fuga) y alteración de la identidad. A continuación, hablaremos de cada uno de ellos. Las consideraciones generales para cada tipo de síntoma disociativo son las siguientes:

- Asegurarse de que los síntomas referidos no se producen únicamente en el contexto de intoxicación o abstinencia de sustancias, traumatismo craneoencefálico, convulsiones u otras comorbilidades médicas.

- Aclarar las respuestas afirmativas solicitando ejemplos concretos para asegurarnos de que el paciente está describiendo una disociación patológica y no una disociación no patológica (por ejemplo, confundir la "hipnosis de la carretera" con la amnesia disociativa o fuga) y no está malinterpretando la terminología (por ejemplo, confundiendo las alucinaciones auditivas con los propios pensamientos).
- Aclarar la duración, la frecuencia y los detonantes de los síntomas mencionados.
- Dar al paciente la posibilidad de elegir y de controlar cuando sea posible. Algunos pacientes se sienten obligados a revelar más detalles de los que pueden tolerar compartir, a menos que se les anime explícitamente a prestar atención y a observar sus propios límites.
- Ayudar al paciente a regularse y/o a enraizarse si se siente abrumado o disociado, ya que los pacientes traumatizados pueden reaccionar a los clínicos con miedo u obediencia automática como resultado de traumas pasados.
- Ser consciente de la necesidad de evaluar la disociación varias veces durante el tratamiento, ya que los pacientes pueden ser más conscientes de los síntomas o estar más dispuestos a revelarlos después de que se haya establecido una relación terapéutica de confianza. Por el contrario, el tratamiento de los síntomas debería mejorar con el tiempo, por lo que la evaluación continua de la disociación también forma parte del seguimiento de los progresos de la terapia.
- Reflejar el propio lenguaje de los pacientes cuando describen la disociación (por ejemplo, términos diferentes para los estados disociativos del self o para las experiencias traumáticas), a menos que exista una justificación clínica clara para hacer lo contrario, como la preocupación de que hacerlo reforzaría la percepción de que los estados del self son, de hecho, personas independientes en lugar de aspectos de un individuo.

DESPERSONALIZACIÓN Y DESREALIZACIÓN

La despersonalización y la desrealización son experiencias de desconexión o desapego, ya sea de uno mismo (despersonalización) o del mundo (desrealización).

Preguntas sobre la despersonalización

- ¿Alguna vez te has sentido desconectada de sus emociones?
- ¿Alguna vez has sentido que tus pensamientos no son tuyos?
- ¿Alguna vez te has sentido desvinculado de tu cuerpo, como si una parte de él (o todo) no te perteneciera?
- ¿Has tenido alguna vez la experiencia de observarte a ti misma desde fuera de tu cuerpo (como si te vieras en una película)?

Preguntas sobre la desrealización

- ¿Alguna vez has tenido la sensación de que el mundo que te rodea es extraño, irreal o surrealista?
- ¿Alguna vez te has sentido como en un sueño?

AMNESIA DISOCIATIVA (INCLUIDAS LAS EXPERIENCIAS DE FUGA)

La amnesia disociativa se refiere a la pérdida de memoria que supera el nivel del olvido ordinario. Sin embargo, no todas las amnesias se deben a la disociación. En algunos casos, la amnesia puede deberse a la incapacidad de codificar un acontecimiento en la memoria, como podría ocurrir si alguien estuviera tan intoxicado que no pudiera codificar lo que hizo mientras bebía. La amnesia *disociativa* se refiere a la falta de recuerdo de acontecimientos que se codificaron en la memoria pero que no pueden recuperarse. No se debe a causas médicas u orgánicas, como una intoxicación o un traumatismo craneoencefálico. Puede adoptar muchas formas, como la amnesia para acontecimientos traumáticos, para periodos o acontecimientos vitales significativos (por ejemplo, la adolescencia o la boda), para determinados entornos (por ejemplo, la escuela) o para actividades cotidianas en el presente. Es importante determinar si los periodos amnésicos se produjeron únicamente en el pasado (por ejemplo, en torno al momento en que se produjo un trauma) o si forman parte de la experiencia cotidiana actual de la persona. Al evaluar la amnesia disociativa, el clínico también debe evaluar la presencia de estados de fuga, en los que una persona puede viajar a otro lugar y no recordar cómo llegó allí ni por qué fue.

Preguntas sobre la amnesia actual

- ¿Alguna vez tienes lagunas en la memoria o periodos en tu día a día que no puedes explicar?
- ¿Alguna vez te encuentras en un lugar y no sabes cómo has llegado hasta allí?
- ¿Alguna vez encuentras cosas entre tus pertenencias y no sabes cómo las has conseguido?
- ¿Alguna vez te han dicho que has hecho o dicho cosas que no recuerdas haber hecho o dicho?

Preguntas sobre la amnesia en el pasado

- ¿Hay determinados periodos de tu vida (o acontecimientos importantes) en el pasado que no recuerdas?
- ¿Tienes un recuerdo claro [de acontecimientos traumáticos pasados] o te faltan piezas?

ALTERACIÓN DE LA IDENTIDAD

La alteración de la identidad se refiere a cambios bruscos entre estados o aspectos del self no integrados. Estos estados del self ejercen influencia sobre los pensamientos y comportamientos del individuo, de modo que esos pensamientos y comportamientos se experimentan como extraños o "no míos". Aunque la experiencia de tener diferentes "lados", partes o aspectos de uno mismo es común a lo largo de la vida y no es patológica (por ejemplo, tener un "lado laboral" y un "lado hogareño"), en los TD complejos, los estados del self internos se experimentan normalmente como más distintos y más extraños, y como si ejercieran más control sobre el comportamiento del paciente en contra de sus deseos declarados de lo que ocurriría en alguien sin un TD. Estos estados del self pueden experimentarse como partes del self, como personalidades alternativas o, en algunas culturas en las que es algo culturalmente normativo, como experiencias de posesión sobrenatural. Los pacientes pueden referir una variedad de tipos de estados del self, como los estados de niño, los estados de abusador/perseguidor interiorizado, los estados de protector, los estados con género y/u orientación sexual diferentes o los estados no humanos.

Al evaluar la alteración de la identidad, es importante recordar que, contrariamente a las representaciones de los medios de comunicación que sugieren que los individuos con TID presentan estados de personalidad drásticos y cambios de estado obvios, esta visión del TID es un mito. Aunque los cuadros más llamativos se dan en aproximadamente el 5% de los pacientes con TID (Kluft, 2009), los pacientes con TID suelen presentar una complicada mezcla de síntomas psiquiátricos, principalmente síntomas disociativos más bien "ocultos", desapercibidos, combinados con TEPT, depresión, ansiedad, abuso de sustancias y trastornos de la alimentación, así como conductas autodestructivas y suicidas, y síntomas somatomorfos y de trastornos de la personalidad (por ejemplo, Brand et al., 2009b; Dell, 2002; Putnam et al., 1986; Rodewald et al., 2011).

Los clínicos también son raramente conscientes de que los individuos con TID experimentan niveles más altos de síntomas de primer rango (por ejemplo, inserción o emisión de pensamientos, oír voces, impulsos y acciones "inducidas") que los individuos con esquizofrenia, con la excepción de los pensamientos audibles y la emisión de pensamientos (Kluft, 1987; Ross et al., 1990). Por lo general, los clínicos están formados para asociar la audición de voces con la psicosis, a pesar de que investigaciones recientes muestran que el trauma infantil se asocia con frecuencia a la audición de voces (Longden et al., 2012). Los profesionales deben preguntar sobre la historia del trauma y la disociación, así como por los síntomas de psicosis, cuando evalúan a pacientes que refieren alucinaciones auditivas.

Aunque algunos pacientes con TD complejos experimentan sinceros periodos de amnesia durante los cuales otro estado del self asume el control total, también son posibles manifestaciones más sutiles de alteración de la identidad, que pueden pasar desapercibidas si el clínico no es consciente de la amplia gama de formas en que los estados disociativos del self pueden inmiscuirse en la conciencia del paciente. Una de ellas son los "fenómenos de influencia pasiva" (sensación de no tener pleno control sobre los pensamientos o la conducta), en los que los estados del self internos pueden influir en aspectos de la experiencia y las acciones del paciente sin asumir un control ejecutivo pleno. Estas intrusiones se experimentan a menudo de formas que pueden asemejarse a los síntomas de la psicosis, como sentimientos, pensamientos y acciones "inducidos" que ocurren aparentemente de la nada o fuera del control del paciente. Paul Dell ha categorizado las intrusiones disociativas como parcialmente excluidas de la consciencia (por ejemplo, oír voces, inserción/extracción de pensamientos, acciones/

impulsos "inducidos") o totalmente excluidas de la consciencia (por ejemplo, fugas, perder la noción tiempo) (Dell, 2006b; Dell y O'Neil, 2009). Las intrusiones también pueden experimentarse como alucinaciones visuales o auditivas. Algunos pacientes cuentan que oyen las voces de los estados disociativos del self desde dentro o desde fuera de su cabeza; como se verá en detalle más adelante, oír voces de niños sugiere particularmente un TD complejo más que psicosis (Dorahy et al., 2009).

Si una persona presenta estados disociativos del self, es importante evaluar el grado de autonomía de los distintos estados del self, teniendo cuidado de no atribuirles más autonomía de la que ya poseen. Por ejemplo, los pacientes pueden comentar que sus estados del self tienen nombre, pero no es aconsejable animarlos a que los nombren si aún no lo han hecho.

El clínico también debe estar atento a señales más sutiles que puedan indicar la presencia de disociación. Loewenstein (1991) describe una serie de ellas, entre las que se incluyen las siguientes:

- Microdisociaciones (desconectar brevemente o perder el hilo de la conversación).
- Contradicciones en el comportamiento o la apariencia (por ejemplo, cambios en el tono de voz, el patrón del habla, la mano, los gestos, la postura o la edad aparente).
- Parpadeo frecuente, aleteo o giro de los ojos (puede indicar la intrusión de otros estados del self).
- Mirada fija (puede indicar trance espontáneo).
- Referirse al self en primera persona del plural ("nosotros") o al cuerpo de forma distanciada y despersonalizada.

Si se observa alguno de estos fenómenos, recomendamos señalarlos consideradamente y preguntar al paciente sobre su experiencia subjetiva. Esta línea de interrogatorio puede aportar más información sobre otros estados del self o síntomas disociativos. Estas son algunas de las preguntas que se pueden hacer:

- ¿Alguna vez has tenido la sensación de que hay varias partes o lados de ti que son tan diferentes que los demás podrían pensar que "pareces otra persona"?

- ¿Alguna vez tienes pensamientos (o sentimientos o acciones) que parecen estar fuera de tu control o que no parecen tuyos?
- ¿Alguna vez has sentido que te están bloqueando o sacando los pensamientos de la cabeza?
- ¿Oyes voces alguna vez? En caso afirmativo, ¿parecen de niños? ¿De adultos? ¿Ambos? ¿Estás oyendo voces ahora, mientras hablamos? En caso afirmativo, ¿qué dicen?

Evaluar la alteración de la identidad puede ser especialmente difícil. Cuando la disociación de la identidad funciona según lo previsto, es posible que los pacientes no tengan mucha conciencia de estar disociándose. Si son conscientes de los signos de sus síntomas, puede que no sean conscientes de que dichas experiencias son anormales y que sería relevante informar sobre ellas. Por el contrario, pueden ser conscientes de sus síntomas, pero negarlos u ocultarlos activamente por vergüenza o por falta de seguridad en la relación terapéutica. Puede preocuparles que revelar tales síntomas les haga parecer "locos" y/o pueden haber experimentado que no han creído en ellos cuando han revelado síntomas disociativos. Dado el grado de trauma relacional experimentado por muchos pacientes disociativos, en ausencia de esfuerzos para cultivar la seguridad, puede que ni siquiera un interrogatorio hábil proporcione la información necesaria. Para consultar una entrevista semiestructurada que abarca una amplia gama de fenómenos disociativos (tanto observados como referidos) y comorbilidades comunes, véase Loewenstein (1991).

EVALUACIÓN DE LA DESREGULACIÓN

La desregulación de la excitación, la emoción y el comportamiento es un problema generalizado en los pacientes con TRT y TD (Brand y Lanius, 2014; Briere y Scott, 2015; Courtois y Ford, 2013; Frewen y Lanius, 2015; van der Kolk et al., 1996). Los pacientes pueden mostrarse alternativamente abrumados por la emoción y profundamente evasivos ante ella y/o pueden sucumbir a una variedad de comportamientos inseguros para calmar la emoción intensa o castigarse por tener emoción. La desregulación emocional a menudo se deriva de un trauma del desarrollo y de dificultades de apego, que pueden dar lugar a alguna de las siguientes "reglas" sobre las emociones o a su totalidad:

- Tener emociones es incorrecto, malo o un signo de debilidad.
- Tener emociones conllevará castigos o abusos por parte de los demás.
- Las emociones son inseguras y conducen a la violencia, la burla o el abandono.
- Las emociones no son de fiar.
- Las emociones no serán acogidas con empatía o comprensión por los demás.
- Los comportamientos inseguros o la disociación son las únicas formas de gestionar las emociones fuertes.

Como resultado de estas experiencias, muchos pacientes traumatizados son alexitímicos (incapaces de nombrar o identificar sus emociones). Es posible que no tengan un vocabulario emocional y/o que estén acostumbrados a anestesiar inmediatamente las emociones mediante la disociación o a distraerse mediante acciones impulsivas o el abuso de sustancias. Su grado de desconexión con su cuerpo puede impedir su capacidad para percibir señales somáticas de diversas emociones (por ejemplo, el malestar estomacal que indica ansiedad) con la suficiente antelación como para autorregularse con éxito antes de alcanzar un estado crítico. En pacientes con estados disociativos del self, algunas emociones pueden ser accesibles a algunos estados del self pero no a otros, y los estados del self pueden tener un rango limitado de expresión y tolerancia emocional.

Si los pacientes muestran indicadores no verbales de emoción durante la evaluación (por ejemplo, sonrisa, expresión facial triste, puños cerrados) o están describiendo una situación que se esperaría que provocara emoción, el clínico puede preguntar qué están sintiendo o qué sintieron en ese momento. Algunos pacientes pueden utilizar palabras como "disgustado" o "mal" y ser incapaces de identificar una emoción más específica, o pueden ser incapaces de responder a la pregunta por completo, lo que proporciona una valiosa información diagnóstica. En este caso, se les pueden ofrecer opciones sencillas (por ejemplo, triste, enfadado, contento, asustado) para ver si pueden identificar la emoción en una lista. También puede ser útil proporcionarles una hoja informativa con caras que muestren el "aspecto" de las emociones.

EVALUACIÓN DE LA SEGURIDAD

Las personas con antecedentes traumáticos significativos corren un mayor riesgo de tener ideas suicidas, de autolesionarse y de adoptar una serie de comportamientos poco saludables y/o inseguros como medio para reducir o distraerse de la angustia. Por lo tanto, las preguntas sobre este tipo de comportamientos son importantes para comprender cómo está gestionando un paciente actualmente la angustia, su nivel de riesgo y los comportamientos no saludables a los que hacer frente sustituyéndolos con habilidades de afrontamiento saludables, como las descritas en las fichas informativas del programa.

Es importante no juzgar cuando se habla de estos comportamientos. Los clínicos deben ser conscientes de que los comportamientos inseguros pueden ser la única forma (o la única forma fiable) que el paciente conoce de gestionar y sobrevivir a las emociones intensas, que pueden percibirse casi como una amenaza vital en algunos casos (Brand, 2001; Brand y Lanius, 2014). Puede ser útil hablar explícitamente de esto en las conversaciones con los pacientes, subrayando que, si bien estos comportamientos pueden no servir a sus mejores intereses a largo plazo, probablemente los ayudaron a sobrevivir y/o son las mejores estrategias que han descubierto hasta el momento, y que pueden aprender nuevas formas de gestionar las emociones abrumadoras que fomenten su salud y su recuperación, como las que se analizan en este programa. Cabe destacar que el estudio de investigación de la Red de Tratamiento de Pacientes con Trastornos Disociativos (TOP DD, el estudio de investigación en línea que evaluó el programa Finding Solid Ground) recomendó este enfoque para estabilizar las luchas de seguridad con participantes con TD. Este estudio se trata en detalle en el capítulo 4 de este libro. El programa Finding Solid Ground incluye materiales psicoeducativos, como vídeos en línea y ejercicios escritos y prácticos. Estos ejercicios y las fichas informativas relacionadas con los temas tratados en el estudio de la Red TOP DD están disponibles en el libro de trabajo que acompaña a esta obra. En general, los pacientes de la Red TOP DD mostraron una mejor regulación de las emociones, una disminución de la disociación y una reducción de las conductas autolesivas, entre otros aspectos positivos, como veremos en el capítulo 4 (Brand et al., 2019b).

Se debe preguntar directamente a los pacientes sobre una variedad de comportamientos potencialmente inseguros y su papel en la regulación de las emociones. Con frecuencia, sienten vergüenza por los comportamientos inseguros y, por lo tanto, es menos probable que hablen de ellos a menos que se les pregunte de forma compasiva y comprensiva. Entre los comportamientos sobre los que es importante preguntar se incluyen el consumo de alcohol, el consumo de sustancias (incluida la cafeína, la nicotina y el uso indebido de medicamentos recetados), los trastornos alimentarios (comer en exceso, restringir la ingesta, purgarse), las actividades de riesgo (relacionadas con el sexo, la conducción, etc.), la participación excesiva en actividades de distracción/entretenimiento, el hurto en tiendas u otras actividades ilegales, el gasto excesivo, la actividad sexual desregulada y las autolesiones (como cortarse, quemarse, golpearse y rascarse). Es importante determinar el contexto de estos comportamientos, de las emociones o situaciones que tienden a desencadenarlos y de las consecuencias (tanto emocionales como pragmáticas). Si el paciente no es consciente de los desencadenantes, el clínico puede volver a ofrecerle opciones para determinar si los comportamientos inseguros son desencadenados con más frecuencia por el miedo, la ira, la tristeza, la felicidad o la vergüenza (como comentaremos más adelante, las emociones positivas como la alegría o el orgullo también pueden ser potentes desencadenantes para las personas con TRT).

En pacientes con estados disociativos del self, es importante preguntar sobre el impacto de estos estados en sus comportamientos y en su seguridad, como autolesiones disociadas, riesgo de suicidio, agresividad hacia otras personas, consumo de sustancias y otros comportamientos de alto riesgo (Brand et al., 2019b). Esto debe incluir una evaluación de si el paciente recuerda haber participado en los comportamientos o si ocurren durante períodos de amnesia, y si tienen alguna idea acerca de qué estados del self pueden estar involucrados. También es importante intentar determinar si alguno de los estados del self está actuando sobre creencias distorsionadas acerca el impacto de las acciones de un estado del self en los otros o en "el cuerpo". Algunos pacientes altamente disociativos tienen estados del self que se experimentan tan separados que llegan a creer que pueden "matar" a otro estado del self y "tomar el control", sin reconocer que un intento de suicidio letal matará "el cuerpo" y todos los estados del self. Esta creencia puede mantenerse con una persistencia cercana al delirio en algunos individuos, por lo que aumenta significativamente el riesgo de que el paciente intente suicidarse. Por lo tanto, es imperativo evaluar cuidadosamente estos "delirios de separación" en el tratamiento.

Entre las preguntas que pueden resultar útiles figuran las siguientes:

- ¿Alguna vez has encontrado lesiones en tu cuerpo o pruebas de autolesiones sin saber cómo se produjeron?

- ¿Has oído alguna vez voces que te dicen que te hagas daño a ti mismo o a otra persona? ¿Haces alguna vez lo que te dicen?
- ¿Alguno de tus estados del self [se pueden emplear los propios términos del paciente] amenaza con hacer daño a otro? ¿Cómo?
- ¿Alguna vez pierdes la noción del tiempo mientras conduces o viajas en transporte público? ¿Qué ocurre en esos casos?

En pacientes con estados disociativos que tienen comportamientos inseguros, la conversación sobre estos comportamientos también puede proporcionar una oportunidad para modelar la curiosidad y la compasión por otros estados, lo que valida la función de supervivencia de los comportamientos inseguros a pesar de reconocer que no están siendo útiles para el paciente en general.

Una vez que se han identificado las conductas desreguladas características del paciente, deben controlarse la intensidad de los impulsos, la frecuencia de esos comportamientos y la gravedad de las consecuencias a medida que avanza el tratamiento. Deben explorarse los desencadenantes de las conductas desreguladas. También es importante vigilar si los pacientes que abusan de sustancias asisten a las sesiones bajo sus efectos y, en tal caso, abordarlo con el paciente. A medida que los pacientes aprenden, practican y llegan a dominar nuevas habilidades de afrontamiento centradas en la recuperación (y aquellos con estados disociativos del self aprenden a comunicarse y cooperar a través de sus estados del self), la frecuencia de estos comportamientos desregulados tiende a disminuir (Brand et al., 2019b).

PERFIL DE COMORBILIDAD

Los trastornos disociativos y relacionados con el trauma (como el TID y el OTDE), que se analizan a continuación, se asocian a una gama bastante amplia de posibles síntomas y trastornos comórbidos (American Psychiatric Association, 2013; Brand et al., 2009b; Spiegel et al., 2011). Es especialmente importante detectar la presencia de trastornos del estado de ánimo y de ansiedad, trastorno obsesivo-compulsivo, trastornos por consumo de sustancias, trastornos de la alimentación, trastornos somatomorfos y trastornos de la personalidad. A menudo es más fácil para los pacientes hablar de estos síntomas que de los relacionados específicamente con el trauma. Por lo tanto, la indagación sobre los síntomas relacionados con estos trastornos debe preceder a la evaluación del TRT.

HERRAMIENTAS DE EVALUACIÓN

Medidas de autoinforme

Como son rápidas y fáciles de administrar, las medidas de autoinforme son una herramienta importante en la evaluación del TRT y del TD. Sin embargo, es importante tener en cuenta que los instrumentos de autoinforme no son diagnósticos y solo deben utilizarse para identificar a los pacientes que precisan una evaluación adicional. Es crucial saber que las medidas de autoinforme pueden producir falsos positivos, lo que significa que algunos pacientes que puntúan por encima de las "puntuaciones de corte" típicas no cumplirán los criterios diagnósticos para el trastorno en cuestión. Algunos pacientes pueden malinterpretar los ítems, pueden respaldar experiencias disociativas en gran medida no patológicas o pueden tener otra afección psiquiátrica asociada a síntomas disociativos (por ejemplo, TEPT). Por estos motivos, cuando una persona obtiene un resultado positivo con las medidas de autoevaluación, está indicado realizar preguntas de seguimiento de los síntomas declarados (solicitando descripciones de las experiencias de los síntomas) y/o el uso de una entrevista diagnóstica formal (véase más adelante). A la inversa, las personas pueden referir síntomas insuficientes por diversas razones. Si observas lo que parecen ser indicios de TRT o síntomas de TD que no se confirman, pregunta a la persona sobre lo que ha observado de una forma abierta y curiosa que permita aclaraciones.

Lista de comprobación de acontecimientos vitales para el DSM-5 (LEC-5)

Hay docenas de medidas de exposición al trauma, pero en este capítulo solo analizaremos una de ellas. El LEC-5 es una de las medidas de exposición al trauma que recomendamos (Weathers et al., 2013). Es un instrumento de autoinforme que pregunta si una persona ha estado expuesta a 16 tipos de eventos que pueden desembocar en un TRT. También incluye un ítem destinado a captar si una persona ha estado expuesta a alguna experiencia "muy estresante" no incluida en sus primeros 16 ítems. Está disponible gratuitamente en línea a través del Centro Nacional para el TEPT.

Lista de comprobación del trastorno de estrés postraumático para el DSM-5 (PCL-5)

El PCL-5 (Blevins et al., 2015) es un instrumento de autoinforme de 20 preguntas que interroga a los encuestados sobre los criterios del DSM-5 para el TEPT "estándar". Está disponible gratuitamente en línea a través del Centro Nacional para el TEPT. Se ha sugerido que una puntuación de 33 indica un resultado de cribado positivo provisional, y las puntuaciones de 50 y superiores se consideran indicativas de un probable TEPT.

Sin embargo, cabe destacar que el PCL-5 no pregunta sobre los síntomas disociativos de despersonalización o desrealización, que es necesario evaluar para garantizar un cribado preciso del subtipo; la presencia de cualquiera de ellos indica que está indicado el especificador "con síntomas disociativos" (TEPT-D). Como tal, esta medida debe ir acompañada de una entrevista sobre síntomas disociativos y/o la administración de una medida para contrarrestarlos.

A continuación, repasaremos algunas de las muchas herramientas utilizadas para evaluar la disociación.

Escala de experiencias disociativas (DES)

El DES-II (Bernstein y Putnam, 1986) es una medida de autoinforme de 28 ítems que indaga sobre diversos síntomas disociativos, entre los que figuran la despersonalización, la desrealización, la absorción y la amnesia. Se pide a los pacientes que indiquen el porcentaje de veces que esto les ocurre, desde 0% (nunca) hasta 100% (siempre). Las puntuaciones de cada ítem se promedian para obtener una puntuación final entre 0 y 100 para los 28 ítems.

Una puntuación de corte de 30 se asoció a pacientes con TID ya diagnosticado entre una muestra de pacientes psiquiátricos generales (Carlson et al., 1993). La puntuación DES media de los pacientes con TID conocido fue de 42,8, significativamente superior a la de todos los demás pacientes, incluidos los que padecían TEPT. La mayoría de los pacientes con una puntuación DES superior a 30 que no estaban diagnosticados de TID (es decir, eran "falsos positivos") cumplían criterios para otro TD o para TEPT. Algunos de estos casos de falsos positivos con puntuaciones altas podrían haber cumplido criterios de TID si se hubieran realizado más pruebas, pero el estudio no incluyó una evaluación diagnóstica formal. Un subconjunto de ocho ítems del DES-II constituye la subescala de taxones del DES (Waller y Ross, 1997). El DES-II es gratuito y está disponible en www.isst-d.org/resources.

Inventario Multiescala de Disociación (MDI)

El MDI (Briere et al., 2005) es una medida de 30 ítems de seis formas de disociación: despersonalización, desrealización, alteración de la memoria (amnesia disociativa), desconexión del entorno, constricción emocional (disociación de las emociones) y disociación de la identidad (alteración de la identidad). El MDI es la única medida de autoinforme de disociación que está normalizada para la población y produce *puntuaciones T*, lo que la hace particularmente útil en la evaluación forense y otros contextos en los que el evaluador desea comparar el nivel de disociación referido por un individuo con el de la población general. El MDI es gratuito y está disponible en www.isst-d.org/resources.

Inventario Multidimensional de Disociación

El Inventario Multidimensional de Disociación 6.0 (MID-6) (Dell, 2006a) es una medida de autoinforme de 218 ítems de disociación patológica. No especifica un marco temporal para la experimentación de las experiencias disociativas, por lo que los clínicos deben interpretar los resultados teniendo en cuenta que el paciente puede no experimentar actualmente todos los ítems. El MID es la única medida de autoinforme que incluye escalas de validez (por ejemplo, actitud defensiva, síntomas raros, conducta de búsqueda de atención, conducta facticia y sufrimiento emocional). Al ser la medida de autoinforme de disociación más larga, evalúa una amplia gama de síntomas disociativos patológicos. En los casos en los que la subescala "Tengo TID" del MID-6 es elevada, el individuo puede estar demasiado interesado en tener TID como diagnóstico o puede sentir que el trastorno es un elemento crucial de su identidad. El MID y su guía de puntuación son gratuitos y están disponibles en www.mid-assessment.com.

Cuestionario de disociación somatomorfa (SDQ-20 y SDQ-5)

El SDQ-20 (Nijenhuis et al., 1996) es una medida de autoinforme de 20 ítems que evalúa las experiencias somáticas o "somatomorfas" asociadas con la disociación en el último año. Se suele considerar que una puntuación de 35 en el SDQ-20 indica un alto nivel de disociación somatomorfa. Por su parte, el SDQ-5 es un breve test de cinco ítems que puede ser útil para identificar posibles TD cuando se utiliza una puntuación de corte de 8 (Nijenhuis, 2010). El SDQ-5 y el SDQ-20 son gratuitos y están disponibles en www.isst-d.org/resources.

Escala de Inmovilidad Tónica Postraumática (STOP)

El STOP es una medida de autoinforme diseñada para evaluar las respuestas de inmovilidad tónica que persisten tras un traumatismo (Lloyd et al., 2019). Como veremos más adelante, la inmovilidad tónica es un mecanismo de defensa inmovilizador de etapa tardía que se activa cuando un individuo percibe que las defensas más activas (es decir, lucha o huida) no están disponibles o no funcionarán, como suele ser el caso en los tipos de abuso prolongado en la infancia experimentados por muchas personas con TRT. Se caracteriza por la activación simultánea de los sistemas nerviosos simpático y parasimpático. La activación crónica de este mecanismo de defensa puede ser la base de algunos síntomas observados en el TRT, como la tensión, la inmovilidad y algunos síntomas disociativos. Esta escala está disponible en los materiales suplementarios de Lloyd et al. (2019).

Entrevistas estructuradas y semiestructuradas

Entrevista Clínica Estructurada para los Trastornos Disociativos DSM-IV Revisada (SCID-D-R)

El SCID-D-R es una entrevista semiestructurada que los clínicos pueden utilizar para determinar si un individuo cumple los criterios para cualquiera de los diagnósticos de TD del DSM-IV-TR (amnesia disociativa, fuga disociativa, trastorno de despersonalización, TID y trastorno disociativo no especificado [TDNE]) (Steinberg, 1994, 2000). El SCID-D-R evalúa cinco grupos de síntomas disociativos (amnesia, despersonalización, desrealización, alteración de la identidad y confusión de la identidad). Debido a que el SCID-D-R requiere que los pacientes proporcionen ejemplos y elaboración, y debido a que los entrevistadores puntúan las observaciones del comportamiento disociativo, el uso de esta entrevista produce menos falsos positivos que confiar en las medidas de autoinforme. El ensayo de campo de Steinberg evaluó los grupos al inicio, a las 2 semanas y a los 6 meses. Los kappas ponderados tanto para la presencia como para la gravedad de los síntomas disociativos fueron de buenos a excelentes, al igual que el acuerdo entre los evaluadores sobre la presencia de un TD (Steinberg, 2000). En un reciente metaanálisis del SCID-D (es decir, la versión original de la Entrevista Clínica Estructurada para Trastornos Disociativos) y del SCID-D-R, se averiguó que tanto la puntuación global de la entrevista como cada una de las cinco subescalas (en particular, la amnesia y la alteración de la identidad) mostraban un fuerte efecto a la hora de diferenciar los TD de los que no lo son, estableciendo así que la entrevista tiene una sólida base empírica para la evaluación de los TD en contextos clínicos y forenses (Mychailyszyn et al., 2021). Nota: el SCID-D-R evalúa los TD según los criterios del DSM-IV-TR, pero las respuestas del paciente pueden utilizarse para determinar si cumple los criterios para un TD según los criterios del DSM-5. Existe una versión reeditada del SCID-D (Steinberg, en prensa) en proceso de publicación que incluirá las preguntas del SCID-D y del SCID-D-R que son necesarias para el diagnóstico de los TD, así como un número limitado de preguntas opcionales para ayudar a los entrevistadores noveles en el diagnóstico de los TD. La versión reeditada del SCID-D permitirá realizar diagnósticos basados en el DSM-5, así como en los criterios de la CIE-11 para los TD (Marlene Steinberg, comunicación personal, 1 de enero de 2020). El SCITD-R está disponible en www.isst-d.org/resources.

Lista de Entrevistas de Trastornos Disociativos (DDIS)

El DDIS (Ross, s.f.; Ross et al., 1989a) es una herramienta de entrevista semiestructurada que puede utilizarse para diagnosticar el OTDE, el TID y la amnesia disociativa. También proporciona información sobre síntomas secundarios y comorbilidades del TID (por ejemplo, abuso de sustancias, síntomas somáticos, episodios depresivos mayores y rasgos de TLP), así como antecedentes de abuso en la infancia. Los encuestados responden a preguntas relacionadas con los criterios DSM-IV o DSM-5 para los TID utilizando un formato de respuesta cerrada (sí o no). Aunque hay preguntas cerradas relacionadas con la mayoría de los criterios DSM para los TD, no se solicitan descripciones complementarias de los síntomas. Esto reduce el tiempo de administración y la cantidad de formación clínica necesaria, pero la ausencia de preguntas de seguimiento sobre los síntomas explicitados puede dar lugar a falsas clasificaciones, especialmente en casos de diagnóstico complicado. El DDIS tuvo una sensibilidad del 90% y una especificidad del 100% para el diagnóstico de TID cuando se aplicó a un grupo mixto de pacientes con TID, trastornos de la conducta alimentaria, trastorno de pánico y esquizofrenia (Ross y Ellason, 2005). Está disponible de forma gratuita en www.isst-d.org/resources.

DIAGNÓSTICO DIFERENCIAL DE LOS TRASTORNOS DISOCIATIVOS

Los TD se confunden a menudo con otros trastornos psiquiátricos, en particular con los trastornos psicóticos y los trastornos de la personalidad. Aunque estos trastornos tienen algunos puntos en común, también hay características distintivas que pueden ayudar en el diagnóstico diferencial. A continuación, vamos a repasar estos rasgos.

TID Y OTROS TD

El sello distintivo del TID y del OTDE-1 (es decir, otro trastorno disociativo especificado-1) es la presencia de alteración de la identidad debida a estados disociativos del self. El TID se caracteriza por la presencia de estados del self diferenciados y la existencia de amnesia completa entre los estados del self (aunque incluso los pacientes con TID pueden no ser consistentemente amnésicos para todas las acciones de todos los estados del self). El OTDE-1 se presenta de forma similar al TID, salvo que los estados del self no están tan completamente diferenciados (por ejemplo, pueden ser experimentados como el mismo individuo a diferentes edades) y/o la amnesia experimentada entre los estados del self puede ser más permeable (por ejemplo, puede haber una sensación de niebla o leve desvanecimiento en lugar de desplomarse o perder la noción del tiempo). Hay algunos pacientes con TID que al principio parecen tener OTDE-1, hasta que se aclara el alcance total de los síntomas experimentados. Tanto el TID como el OTDE-1 se asocian con altos niveles de una amplia gama de síntomas disociativos, entre los que se encuentran la despersonalización, la desrealización y la amnesia, pero estos síntomas no son específicos del TID y del OTDE-1. En ausencia de alteración de la identidad, estos síntomas son más consistentes con otro TD, como la amnesia disociativa o el trastorno de despersonalización o desrealización. Si existen síntomas de trauma y TEPT, también podría tratarse de TEPT-D.

Trastornos psicóticos

Algunos de los síntomas del TID y del OTDE-1 pueden confundirse con los de los trastornos psicóticos primarios. Como se describirá más adelante, hay algunos rasgos distintivos que pueden ayudar a hacer el diagnóstico diferencial y otros que son menos útiles (Dorahy et al., 2009; Ellason y Ross, 1995; Kluft, 1987; Laddis y Dell, 2012; Schiavone et al., 2018b).

Tanto los pacientes con TD complejos como aquellos con trastornos psicóticos pueden presentar lo siguiente:

- Síntomas disociativos.
- Historias de trauma.
- Síntomas de primer orden de Schneider, como escuchar voces que comentan o discuten, fenómenos de influencia pasiva (por ejemplo, pensamientos o comportamientos "inducidos") y retirada o difusión del pensamiento[2].

2 Antes se consideraban un sello distintivo de la esquizofrenia, pero la literatura reciente ha sugerido que, de hecho, pueden ser más comunes en el TID que en la esquizofrenia.

- Oír voces (desde dentro o desde fuera de la cabeza).

Sin embargo, existen varias diferencias generales en la fenomenología de los pacientes con TID y OTDE-1 en comparación con los pacientes psicóticos. Los pacientes con TID y OTDE-1 suelen presentar:

- Síntomas disociativos más graves.
- Ausencia de síntomas negativos (por ejemplo, afecto plano, amotivación o anhedonia).
- Experiencias de influencia pasiva (por ejemplo, pensamientos, sentimientos y comportamientos que parecen impuestos por una fuerza externa) en ausencia de creencias delirantes asociadas sobre el origen o la naturaleza de las experiencias (por ejemplo, delirios de que el propio cuerpo está siendo controlado por un dios o por una celebridad a través de las redes sociales).
- Alucinaciones auditivas que implican múltiples voces; normalmente se inician antes de los 18 años e incluyen voces infantiles.
- Alucinaciones no auditivas (por ejemplo, oler aguas residuales o sentir que algo se arrastra por la piel).

Por último, es posible que los individuos cumplan criterios tanto para un TD como para un trastorno psicótico, aunque no es frecuente. Sin embargo, cabe destacar que, según el DSM-5, los TD son más prevalentes que los trastornos psicóticos; además, no debe diagnosticarse un trastorno psicótico si la sintomatología se explica mejor a través de un TD.

Trastorno límite de la personalidad

Aunque los TLP y los TD complejos pueden coexistir, y a menudo lo hacen, también pueden confundirse entre sí. Tanto el TLP como el TID/OTDE-1 se asocian a traumas infantiles, confusión de identidad, síntomas disociativos, riesgo de suicidio crónico, desregulación de las emociones, descontrol de los impulsos, autolesiones y abuso de sustancias. Sin embargo, aunque los síntomas disociativos son comunes a ambos trastornos, suelen ser más graves en general en el TID/OTDE-1, y la verdadera amnesia disociativa para los acontecimientos del presente no es típica del TLP, mientras que es un sello distintivo del TID (Boon y Draijer, 1993b; Laddis et al., 2017). Los pacientes con TID también suelen referir una alteración de la identidad mucho más prominente y la presencia de estados del self marcadamente distintos (Laddis et al., 2017). Se cree que los cambios de identidad en el TLP están más relacionados con la desregulación de las emociones y el desbordamiento emocional intenso (por ejemplo, un self enfadado y un self feliz que se comportan de forma diferente) en contraposición a los estados del self más elaborados y egodistónicos que se observan en el TID y el OTDE-1, algunos de los cuales tienen recuerdos de conductas o traumas que el individuo no recuerda durante los cambios de estado.

Desde una perspectiva psicosocial, la historia traumática encontrada en el TID/OTDE-1 tiende a tener un inicio más temprano y a ser más grave y crónica que en el TLP (Boon y Draijer, 1993a). Los individuos con TID suelen tener un pensamiento más organizado, mayor capacidad para formar una alianza de trabajo y mayor capacidad de autorreflexión (Brand et al., 2009a). Los pacientes con TID y OTDE-1 pueden tener relaciones duraderas o pueden evitar cualquier tipo de relación a toda costa, pero no son tan propensos al caos relacional como los individuos con TLP. Sin embargo, corren el riesgo de mantener relaciones abusivas.

PRUEBAS PSICOLÓGICAS

Existen consideraciones importantes en la interpretación de pruebas psicológicas comúnmente utilizadas (por ejemplo, el Inventario Multifásico de Personalidad de Minnesota-2 [MMPI-2]) en pacientes con TID/OTDE. Se ha demostrado repetidamente que, a través de una amplia gama de instrumentos psicológicos, los individuos altamente traumatizados, entre los que se encuentran aquellos con TID/OTDE, tienden a producir perfiles que pueden malinterpretarse como inválidos o sugerir que están fingiendo debido a elevaciones en las escalas de validez, que abarcan síntomas relacionados con el trauma y la amplia gama de síntomas clínicos declarados (Brand et al., 2016b, 2017a, 2017b). Estas escalas suelen incluir ítems que se consideraban extraños o inusuales en la población general en el momento en que se desarrollaron muchas pruebas. Sin embargo, cuando estas escalas de validez se estudian más de cerca con personas traumatizadas, muchos de los ítems se solapan sustancialmente con síntomas disociativos conocidos (alteración de la identidad, despersonalización, desrealización, amnesia) o con otros fenómenos relacionados con el trauma, como la desconfianza en los demás, la depresión y escuchar voces relacionadas con la disociación. Muchos de los ítems referidos por individuos gravemente disociativos también se solapan sustancialmente con síntomas de disfunción del lóbulo temporal (por ejemplo, alucinaciones olfativas y visuales). Por lo tanto, se ha sugerido un vínculo entre los TRT, como el TID y el OTDE-1, y la disfunción del lóbulo temporal (Schiavone et al., 2018b). Por lo tanto, puede que, en algunos casos, estos perfiles aparentemente inválidos no indiquen que se está fingiendo. Más bien, pueden reflejar la existencia de síntomas genuinos, muchos de los cuales pueden estar vinculados al trauma, con un origen neurobiológico establecido. A la luz de esto, se debe tener precaución al interpretar los perfiles psicológicos de los pacientes con traumas complejos. Para una descripción detallada reciente de la orientación de los estudios pertinentes con respecto a la interpretación de medidas específicas, se puede consultar Brand et al. (2017a, 2017b, 2018).

EVALUACIÓN DEL PROGRESO DEL TRATAMIENTO

La respuesta de los pacientes al tratamiento del trauma puede evaluarse mediante el uso repetido de medidas de los síntomas, como el PCL-5 y el MDI (véase más arriba). La medición de los cambios en los síntomas es importante porque informa a los clínicos sobre la sintomatología del paciente, que puede afectar al funcionamiento diario e influir en el enfoque y el ritmo del tratamiento. Sin embargo, también es crucial que los terapeutas sean conscientes de una serie de capacidades adaptativas que pueden estar influidas por el trauma y el historial de apego. Para facilitar la planificación del tratamiento y el seguimiento del progreso en el tratamiento de las personas con TD complejos y/o severos, creamos los Cuestionarios de Progreso en el Tratamiento (PITQ; Schielke et al., 2017). El objetivo de estas medidas es determinar el progreso terapéutico en términos del desarrollo de capacidades adaptativas que se mejoran o se desarrollan con el tiempo en el tratamiento, para lo cual evalúan el progreso hacia objetivos de tratamiento identificados por expertos para síntomas y reacciones complejas relacionadas con el trauma (Brand et al., 2012b; International Society for the Study of Dissociation, 2011). Aunque las medidas se desarrollaron específicamente para personas con TD, la mayoría de las capacidades adaptativas evaluadas son relevantes para una amplia gama de supervivientes al trauma.

El Cuestionario de Progreso en el Tratamiento-Terapeuta (PITQ-t) es una medida completada por el terapeuta, mientras que el Cuestionario de Progreso en el Tratamiento-Paciente (PITQ-p) es una medida autoinformada por el paciente. Ambos están disponibles gratuitamente en http://topddstudy.com/pitq.php y en el apéndice A de este libro. Estas medidas tienen como objetivo evaluar la capacidad del paciente para gestionar su seguridad, síntomas, emociones, relaciones y bienestar.

Completar un PITQ-t permite a los terapeutas tener en cuenta múltiples áreas que pueden suponer un reto para los pacientes con TD, así como la fuerza relativa de una serie de habilidades identificadas por expertos que se tienen en cuenta en el tratamiento del TD y del trauma complejo. Esta información puede orientar la planificación del tratamiento.

El PITQ-p permite a los terapeutas evaluar rápidamente múltiples áreas de funcionamiento que a los pacientes con TD pueden parecerles un reto para el que necesitan ayuda. Los pacientes pueden completar periódicamente un PITQ-p para proporcionar información importante que puede centrar el tratamiento y la capacidad del terapeuta para individualizar el tratamiento de acuerdo con el nivel actual de capacidades de adaptación del individuo. Completar el PITQ-p anima a los pacientes a reflexionar sobre su progreso hacia los objetivos del tratamiento. Hemos comprobado que invitar periódicamente a los pacientes a completar el PITQ-p aumenta su conciencia de hasta qué punto están utilizando técnicas de afrontamiento saludables y, a menudo, los anima a aumentar el uso de las habilidades de afrontamiento saludables evaluadas por la medida (por ejemplo, el enraizamiento o distinguir el pasado del presente).

El PITQ-t y el PITQ-p han demostrado contar con una buena fiabilidad interna y relaciones concurrentes con medidas validadas de regulación emocional, TEPT, síntomas disociativos y calidad de vida (Schielke et al., 2017). Las puntuaciones más altas se asocian con pacientes que experimentan mayores niveles de emoción positiva y menores niveles de autolesiones, conductas peligrosas e impulsividad.

CONCLUSIÓN

En todos los contextos clínicos y forenses debe indagarse sistemáticamente sobre el trauma psicológico. Debido a que puede ser difícil para los pacientes hablar de ello, los entrevistadores deben evaluar la historia de trauma generalmente hacia el final de la entrevista y mostrándose sensibles a la posibilidad de que se produzca una desregulación. El paciente puede necesitar ayuda con el enraizamiento y la contención si se siente abrumado durante la evaluación. Si refiere una historia de trauma, la información recopilada de una combinación de autoinformes validados y/o herramientas administradas por el clínico será útil junto con una entrevista clínica exhaustiva para detectar y delinear la amplia gama de síntomas, incluida la disociación, que son comunes en los TRT. Es necesario explorar los comportamientos inseguros sin juzgarlos y abordar los problemas agudos de seguridad. Los clínicos deben ser conscientes de las comorbilidades comunes y los diagnósticos diferenciales de los síntomas disociativos y de algunos de los indicadores distintivos clave que permitirán un diagnóstico correcto de los TRT/TD. Una evaluación exhaustiva que tenga en cuenta el trauma permitirá un diagnóstico y un tratamiento oportunos de estos trastornos, que a menudo son muy perjudiciales.

CAPÍTULO 3

LA NEUROBIOLOGÍA DE LOS TRASTORNOS RELACIONADOS CON EL TRAUMA

Lo que los pacientes y los terapeutas deben saber

Como ya hemos apuntado, las personas que han sufrido traumas graves y repetidos suelen padecer una serie de síntomas físicos y emocionales graves. Algunos de estos síntomas son: sentirse crónicamente al límite, crónicamente entumecidos y planos, o alternar entre ambos; sentir como si los traumas vividos anteriormente estuvieran sucediendo de nuevo en el presente (volver a experimentar emociones y/o sensaciones); distanciarse o separarse de la realidad; dificultades con el pensamiento o la atención; experiencias sensoriales inusuales; y problemas físicos, como dolor, dificultad para respirar, problemas digestivos o problemas sexuales. Quienes no conocen los traumas complejos pueden llegar a la conclusión de que una constelación de síntomas tan grave y variada debe ser inexplicable, no tener relación alguna, ser exagerada o incluso ser algo completamente inventado. Muchos pacientes con trastornos relacionados con el trauma (TRT) han pasado años escuchando y creyendo este tipo de mensajes de los profesionales sanitarios y, posiblemente, de amigos y familiares. Esto a menudo los sume en un estado de confusión y angustia en el que pueden menospreciarse y faltarse al respeto a sí mismos y a sus experiencias. Pueden sentir que se lo están "inventando todo", que son "demasiado sensibles" o incluso que están "locos". Los terapeutas que trabajan con personas traumatizadas crónicamente deben disponer de un marco teórico coherente para comprender estos síntomas con el fin de educar a sus pacientes y orientar su respuesta a lo que puede parecer un nivel desconcertante de problemas de gran alcance.

Los terapeutas se basan en una variedad de antecedentes teóricos y modelos para comprender y explicar los TRT. Algunos de ellos ya incorporan explícitamente el cuerpo (Ogden et al., 2006a; van der Kolk, 2014). Resulta vital incorporar un enfoque neurobiológico, extraído de la literatura científica más reciente, para comprender y tratar verdaderamente el impacto duradero del trauma complejo; además, puede complementar muchos otros modelos y orientaciones, tanto explícitamente orientados al cuerpo como de otro tipo (Cozolino, 2017). Solo a través de un prisma psicoterapéutico que incorpore totalmente el trauma y la neurobiología, los terapeutas y los pacientes pueden comprender plenamente la razón y la forma en que traumas ocurridos décadas atrás continúan acechándolos y resonando a través de su respuesta emocional y fisiológica cotidiana a los factores estresantes y las relaciones actuales, lo que tiene un fuerte impacto en su percepción de sí mismos, de los demás y del mundo. Esta perspectiva también puede ayudar tanto al terapeuta como al paciente a comprender por qué el cambio puede producirse tan lentamente y a mantener la esperanza frente a los contratiempos y obstáculos.

Como veremos más adelante, la literatura científica demuestra cada vez más que la gama de síntomas experimentados por los pacientes con TRT se explica bien por los cambios en el cerebro que, como se ha demostrado repetidamente, se dan en estos pacientes. Es esencial que los terapeutas tengan al menos una comprensión básica de las estructuras y procesos que subyacen a los síntomas comunes relacionados con el trauma y que sean capaces de explicarlos a los pacientes en un lenguaje sencillo. Proporcionar una introducción accesible a la neurobiología del TRT es con frecuencia una intervención importante, por lo que en el programa Finding Solid Ground abordamos de forma muy asequible la neurobiología del trauma. La educación sobre este aspecto puede reducir la vergüenza de los pacientes, ya que confirman que los síntomas son comprensibles, que no se "inventan" conscientemente y que no son exclusivos. Mientras que algunos pacientes pueden sentirse desalentados por la idea de que hay algo "mal" en su cerebro, esta información también puede infundir esperanza, ya que descubren que pueden ayudar a su cerebro a curarse del trauma con tratamiento, en particular si practican técnicas de autocuidado y gestión de síntomas. A medida que aprenden lo importante que es para ellos trabajar activamente para ayudar a sus cerebros y cuerpos a curarse del trauma utilizando los métodos saludables de afrontamiento que enseñan los terapeutas y el programa Finding Solid Ground, suele aumentar su motivación para practicar estos métodos. Con este fin, en este capítulo repasaremos la literatura reciente sobre la neurobiología de los TRT. Prestaremos especial atención a su relevancia clínica y a cómo puede guiar a los terapeutas en la conceptualización y comprensión de los cuadros relacionados con el trauma. Hemos intentado que esta información fuera fácil de entender, aunque hay que admitir que supone un reto dada la complejidad del sistema nervioso humano. Terminaremos cada sección con un recuadro de puntos clave escrito en un lenguaje comprensible para el paciente que ayudará a los terapeutas a destilar los aspectos más importantes de cada sección y a comunicar estos puntos a sus pacientes de forma accesible.

NEUROBIOLOGÍA BÁSICA Y EL MODELO DEL CEREBRO TRIÚNICO

El sistema nervioso, formado por el encéfalo, la médula espinal y los nervios de todo el cuerpo, es responsable de casi todo lo que hacemos, desde tareas complicadas (como resolver problemas o fantasear) hasta cosas sencillas (como sacudir una pierna en respuesta a un golpecito en la rodilla). El sistema nervioso se divide en dos componentes: el central y el periférico. Ambos componentes son esenciales para dirigir y mantener los síntomas relacionados con el trauma. A continuación, haremos un breve repaso de ambos y destacaremos su relevancia para los TRT.

El sistema nervioso periférico está formado por las partes del sistema nervioso que se encuentran fuera del encéfalo y de la médula espinal, como los nervios que se comunican con el corazón, el estómago, los músculos y otras partes del cuerpo. Una parte del sistema nervioso periférico, denominada sistema nervioso autónomo, controla funciones básicas del cuerpo como la frecuencia cardiaca, la respiración, la digestión y la sudoración. El sistema nervioso autónomo ayuda a regular el nivel de activación, que puede considerarse, a grandes rasgos, como la diferencia entre un estado tenso de alta energía y uno de baja energía (a menudo se piensa que es un estado relajado, pero, como veremos más adelante, también puede representar otro tipo de respuesta de supervivencia al trauma). Los cambios entre estos dos estados son gestionados por las dos divisiones del sistema nervioso autónomo: la rama simpática, cuya activación suele aumentar la tensión y la energía para facilitar la actividad (como la lucha o la huida), y la rama parasimpática (a menudo denominada "descanso y digestión"), que suele disminuir la tensión y la energía (Kandel et al., 2000). En el contexto del TRT, el sistema nervioso autónomo participa en la puesta en marcha de la respuesta fisiológica/somática al peligro: cuando se activa, el sistema nervioso simpático produce un aumento de la frecuencia cardiaca, una respiración más rápida, sudoración y temblores (algo necesario si nos preparamos para huir o contraatacar), mientras que el sistema nervioso parasimpático coordina la respuesta opuesta, incluida la ralentización de los latidos del corazón y la respiración (algo necesario si intentamos escapar del peligro haciéndonos el muerto). Como veremos, puede producirse cualquiera de estas dos respuestas ante una amenaza, dependiendo de su naturaleza, de las experiencias pasadas de una persona en particular y de las estrategias de supervivencia que se hayan percibido como más eficaces durante traumas anteriores. Comprender estas dos divisiones del sistema nervioso y sus efectos generalizados en el organismo puede ayudar al clínico a notar más rápidamente los cambios sutiles en el nivel de excitación de sus pacientes y a entender cómo intervenir en función de qué parte del sistema esté hiperactiva.

> *Ejemplo clínico.* Una paciente empieza a hablar de un recuerdo de una agresión pasada y se angustia. No responde cuando le preguntas qué le ocurre. Observas que tiene la cara enrojecida, le tiemblan las manos, parece tensa y respira muy deprisa. Te das cuenta de que todos estos cambios corporales tienen la misma explicación subyacente —el sistema nervioso simpático se está activando— y de que su nivel de activación es demasiado alto para procesarlo eficazmente. Le pides que haga un ejercicio de respiración profunda para regular su respiración, lo que ayuda a su cuerpo a calmarse mediante la activación del sistema nervioso parasimpático. Esta activación revierte algunos de los cambios fisiológicos y puedes continuar la sesión.
>
> Por el contrario, otra paciente, que también refiere un recuerdo de una agresión, se queda muda y muy pálida, se desploma y parece respirar de forma muy superficial. Te das cuenta de que estos signos indican que su nivel de activación es demasiado bajo y la involucran en una actividad que la lleva a mover sus extremidades y a ponerse de pie, lo que ayuda a contrarrestar los cambios fisiológicos de la activación parasimpática.
>
> En ambos casos, reconocer los cambios característicos asociados a la activación de las dos ramas del sistema nervioso periférico permite formular una hipótesis más acertada sobre qué extremo de activación está experimentando el paciente y elegir mejor una intervención para contrarrestarlo. En otras palabras, las intervenciones que son óptimas para tratar y resolver niveles altos de activación pueden no ser eficaces para regular niveles bajos de activación, y viceversa.

El sistema nervioso central está formado por la médula espinal, que transmite señales entre el encéfalo y el cuerpo, y el propio encéfalo, que se compone de varias zonas: el tronco encefálico, que está en la base del encéfalo y conecta el cerebro con la médula espinal; el cerebelo, tradicionalmente asociado a la coordinación motora, pero que también desempeña otras funciones; y el cerebro y su capa más externa, la corteza cerebral, que se dividen en cuatro lóbulos: frontal, parietal, occipital y temporal. Aunque todas estas áreas interactúan y la mayoría de las cosas que hacen las personas requieren la intervención de múltiples áreas cerebrales, existen algunas asociaciones generales entre ciertos tipos de actividades y determinadas partes del cerebro. Los lóbulos frontales se asocian normalmente con el pensamiento complejo (como la planificación anticipada) y la personalidad; los lóbulos parietales, con la interpretación de la información de los cinco sentidos, especialmente el tacto; los lóbulos occipitales, con la vista; y los lóbulos temporales, con la audición, el lenguaje, la memoria y las emociones. Aparte de la corteza cerebral, el cerebro también contiene varias estructuras subcorticales (debajo de la corteza), entre las que se encuentran las estructuras del sistema límbico (mucha gente ha oído hablar de la amígdala, que es una de las partes del sistema límbico) (Kandel et al., 2000). Estas estructuras se suelen asociar con la generación de emociones, aunque, como veremos más adelante, cada vez se cree más que otras áreas del cerebro son igualmente importantes.

Hay muchas formas de concebir cómo interactúan las distintas partes del cerebro para producir la experiencia humana. El modelo del cerebro triúnico de MacLean (1990), que resulta especialmente útil para comprender el TRT, divide las partes del cerebro en tres subsistemas que interactúan y que, según propone, evolucionaron en secuencia: el complejo reptiliano, el complejo paleomamífero y el complejo neomamífero. Cada subsistema se compone de varias áreas del cerebro que, según su modelo, evolucionaron más o menos al mismo tiempo.

El complejo reptiliano incluye el tronco encefálico y el mesencéfalo, tiene una amplia gama de funciones y estructuras, y abarca muchas áreas relevantes para el TRT, como la sustancia gris periacueductal, que participa en el comportamiento defensivo, así como en algunos sistemas emocionales básicos (hablaremos de esto más adelante en este capítulo). El complejo reptiliano, el subsistema más primitivo, controla las necesidades básicas de supervivencia del ser humano. Esto incluye funciones necesarias para la vida, como la respiración y el ritmo cardíaco (a través del sistema nervioso autónomo, como se ha comentado anteriormente), así como algunos aspectos de las respuestas emocionales, especialmente las respuestas rápidas a las emociones básicas, y algunos aspectos de nuestra capacidad para darnos cuenta y responder a situaciones peligrosas, incluso antes de ser conscientes de ellas (desencadenantes "subliminales").

El complejo paleomamífero, que incluye el sistema límbico, es responsable de coordinar respuestas emocionales más complicadas (aunque todavía relativamente rápidas), como las emociones sociales implicadas en el apego y el vínculo social.

El complejo neomamífero, que incluye la corteza cerebral, es responsable del pensamiento más complicado, como la planificación y el pensamiento abstracto o el lenguaje simbólico (uso de palabras para representar conceptos) (MacLean, 1990; Panskepp, 2004).

Los subsistemas del cerebro triúnico que hemos descrito anteriormente no funcionan por separado, sino que están muy interconectados. Por ejemplo, en el contexto de emociones dolorosas pero manejables producidas por otras áreas del cerebro, el complejo neomamífero, responsable del pensamiento y la planificación, puede proporcionar a menudo un contexto y un lenguaje para la emoción que permita utilizarla para proporcionar información sobre cómo responder adecuadamente a una situación (por ejemplo, un sentimiento de ira puede utilizarse como señal de que es necesario poner un límite, y una persona puede decidir entonces cómo hacerlo con calma y reflexión). La corteza cerebral también puede "bajar el volumen" de las emociones pensando en ellas y analizando su contexto, lo que conduce a una disminución biológica de la respuesta emocional en las áreas del cerebro donde se produjo la emoción (esto también se conoce como "procesamiento descendente"). Sin embargo, esto también puede ocurrir al revés ("procesamiento ascendente"), algo especialmente relevante en los pacientes con TRT. Las áreas subcorticales, que incluyen elementos de los complejos reptiliano y paleomamífero, pueden responder rápidamente a elementos del entorno de una persona, como los recordatorios de traumas pasados (lugares, olores, personas, etc.), y dirigir todo el sistema, lo que lleva a una "desconexión" del complejo neomamífero y a respuestas potentes impulsadas por emociones fuertes. Un superviviente de un trauma puede responder huyendo repentinamente o explotando de ira, respuestas que pueden haber sido importantes para la supervivencia durante el trauma pero que ya no le sirven en el presente. Esta desconexión de las partes pensantes del cerebro provoca un deterioro significativo de la capacidad de los pacientes para regular la intensidad de sus emociones, expresar sus experiencias con palabras y responder de forma flexible, planificada y lógica a las situaciones estresantes. En su lugar, pueden aparecer comportamientos impulsivos, como arrebatos de ira o huidas repentinas, que los propios pacientes no pueden explicar o comprender conscientemente. Esta incapacidad para dar sentido a su propio comportamiento, o para entender por qué pueden haber actuado de un modo que parece fuera de lugar a pesar de "saber" intelectualmente que otra reacción sería más eficaz, puede ser increíblemente angustiosa para los pacientes, lo que la convierte en un área concreta en la que la psicoeducación basada en la neurobiología puede ser tremendamente útil para disminuir la angustia y el autojuicio.

> *Ejemplo clínico.* Una paciente está en el baño cuando su pareja se acerca por detrás y le toca el hombro inesperadamente. Para ella es muy importante no ejercer nunca la violencia contra nadie, pero de repente le empuja contra la pared y sale corriendo de la habitación. Más tarde, siente una intensa vergüenza y no puede explicar por qué se ha comportado de forma agresiva, cuando sabe que su pareja es una persona segura que no pretendía hacerle ningún daño. Debes explicarle que, a veces, las áreas subcorticales de su cerebro pueden responder con extrema rapidez a señales relacionadas con traumas pasados, hasta el punto de que su corteza cerebral no es capaz de inhibir la reacción defensiva automática que proviene de un área cerebral más primitiva. Puedes ayudarla a ver que, aunque ella es responsable de ayudar a su sistema nervioso a recuperarse del trauma, sus acciones en ese momento no eran un reflejo de su personalidad y no significan que sea una persona violenta. Esto reduce su vergüenza y confusión.

En las personas con TRT, también puede haber respuestas disociativas que impliquen una desconexión excesiva de las emociones y las sensaciones físicas, lo que lleva a un cierre disociativo, entumecimiento o colapso en respuesta a una amenaza. Una vez más, los pacientes pueden ser incapaces de explicar conscientemente o dar sentido a estas reacciones, ya que se producen por debajo del nivel de conciencia, lo que lleva a una mayor confusión y angustia tanto para el paciente como para los que lo rodean. Por lo tanto, muchos de los comportamientos y respuestas que se observan en el TRT pueden verse no como estrategias razonadas para responder a acontecimientos del presente, sino como respuestas defensivas inconscientes y primitivas ante la percepción de una amenaza inminente para la supervivencia (exista o no tal amenaza en el presente). Entender estas reacciones como respuestas defensivas permite entender de dónde vienen y abordarlas sin juzgarlas ni avergonzarnos.

> *Ejemplo clínico.* Un paciente tiene un desacuerdo con su pareja. Su pareja levanta la voz, y el paciente se desploma en una silla y deja de responder verbalmente. Su pareja se enfada más con él, creyendo que la ignora a propósito, lo que provoca más tensión en su relación. Más tarde, el paciente insiste en que no podía hablar ni moverse en ese momento, pero no puede explicar por qué. En la siguiente sesión, puedes educar al paciente sobre las respuestas defensivas y ayudarle a explicar a su pareja que, en momentos de angustia, las respuestas de supervivencia se activan mediante áreas cerebrales más primitivas que no están bajo control consciente. Esto ayuda a ambos a interpretar su comportamiento desde una óptica sensible al trauma y reduce el conflicto entre ellos.

PUNTOS CLAVE

El cerebro, la médula espinal y los nervios periféricos, que conforman el sistema nervioso, son responsables de coordinar casi todo lo que ocurre en nuestras mentes y cuerpos, desde cosas sencillas, como hacer que tu rodilla se estire cuando alguien te da un golpecito en ella, hasta cosas complicadas, como soñar despierto o planear cómo llegar al supermercado. El sistema nervioso central está formado por el cerebro y los nervios de la médula espinal. Todos los demás nervios, incluidos los que se comunican con partes del cuerpo como los músculos, el estómago, el corazón y los pulmones, están en el sistema nervioso periférico. El sistema nervioso periférico controla lo que ocurre en nuestros órganos y músculos. Se llama *periférico* porque está fuera del sistema nervioso central y recibe instrucciones de él. Cuando ocurre algo que puede ser peligroso, nuestro sistema nervioso periférico puede hacer cambios para prepararnos para huir o defendernos. Por ejemplo, se nos tensan los músculos, abrimos los ojos de par en par, se nos calienta la piel, se nos acelera el corazón y empezamos a respirar más deprisa. La parte del sistema nervioso periférico que hace esto es el sistema nervioso simpático. Como veremos más adelante, el sistema nervioso de cada persona ha aprendido a reaccionar de forma diferente ante un trauma. Mientras que algunas personas reaccionan volviéndose muy enérgicas y listas para luchar o huir, los sistemas nerviosos de otras personas han aprendido que es más seguro simplemente desconectarse. A menudo, las personas que han sufrido muchos traumas desde una edad muy temprana reaccionan cerrándose en banda. El sistema nervioso periférico también ayuda a desconectarse, haciendo que la frecuencia respiratoria y el ritmo cardíaco sean muy lentos, que la piel palidezca y que los músculos se debiliten. La parte del sistema nervioso periférico que provoca esta parada es el sistema nervioso parasimpático.

El sistema nervioso central, especialmente el cerebro, es responsable de coordinar este tipo de reacciones y también de crear pensamientos, emociones y planes y procesar la información de los cinco sentidos. Las diferentes partes del cerebro se especializan en diversos tipos de actividades. Algunas partes del cerebro, como el cerebro reptiliano, son muy antiguas y evolucionaron muy pronto. Estas partes del cerebro se encargan de controlar funciones corporales básicas, como comer, dormir y respirar, pero también son responsables de reaccionar rápidamente ante señales de peligro y emociones como el terror y el miedo. Además, el cerebro reptiliano, junto con el límbico, interviene en procesos emocionales más complejos, como la búsqueda de otras personas para relacionarse. Por último, las partes del cerebro que han evolucionado más recientemente son las que intervienen en los pensamientos complicados, la planificación y la toma de decisiones. Esto es importante porque las personas que han sufrido un trauma suelen ser autocríticas y creen que deberían ser capaces de "pensar las cosas de otra manera" o "ser racionales". Sin embargo, pensar es solo una pequeña parte de lo que el cerebro y el sistema nervioso saben hacer, y solo una pequeña parte de la información que dirige nuestras reacciones. Cuando zonas anteriores del cerebro reaccionan ante el peligro, las personas pueden actuar de formas que no tienen sentido para ellas, o para las que no tienen palabras. Podemos entenderlo mejor si reconocemos que estas reacciones están dirigidas por otras partes del cerebro.

LA CASCADA DEFENSIVA

Como se ha señalado anteriormente, muchos síntomas del TRT pueden considerarse intentos instintivos de defenderse de lo que la mente y el cuerpo de una persona consideran amenazas vitales (independientemente de que existan o no amenazas objetivas en el presente), y no tanto una forma voluntaria de relacionarse con el mundo. Schauer y Elbert (2010) proponen el modelo de la cascada defensiva como una forma de entender cómo las personas intentan sobrevivir ante un trauma o los recuerdos de un trauma. Sugieren que la mayoría de las personas que no han sido condicionadas por un trauma previo para responder a un trauma de una manera específica notarán primero una amenaza a nivel subconsciente y responderán con una congelación orientativa inicial, que es un breve periodo de inmovilidad durante el cual un individuo intenta averiguar cuál es el peligro y dónde está. A continuación, prueba con una serie ordenada de estrategias de supervivencia adicionales para poner fin a la situación de amenaza con el mínimo daño para su persona.

Si percibe que podría escapar, se produce un esfuerzo por luchar o huir ante la agresión caracterizado por una explosión de energía y actividad en el sistema nervioso simpático. Estas respuestas se denominan respuestas "movilizadoras" porque implican un aumento de la actividad y el movimiento. Si se han intentado estas estrategias y han fracasado, o si la persona percibe que escapar es imposible (por ejemplo, si ya está herida físicamente o si el agresor está demasiado cerca o es demasiado fuerte para permitirle huir), se produce un cambio hacia las defensas inmovilizadoras, que se caracterizan por la falta de movilidad. Primero, hay un periodo de inmovilidad tónica (falta de movilidad tensa y de alta energía), en el que los sistemas simpático y parasimpático trabajan al mismo tiempo, y después una respuesta predominantemente parasimpática llamada colapso/apagón emocional, que se caracteriza por una baja energía, ausencia de dolor y entumecimiento emocional. En una situación de trauma abrumador e ineludible, entumecerse y separarse de la experiencia traumática de este modo es una estrategia de supervivencia autoprotectora y esencial.

En individuos sin TRT, las defensas inmovilizadoras no suelen activarse hasta que han fracasado las respuestas más activas, porque siempre es preferible escapar del peligro. Sin embargo, las personas que han sufrido traumas repetidos o prolongados han aprendido, a través del peligro a largo plazo (por ejemplo, abusos continuados), que las defensas inmovilizadoras son la respuesta más segura y eficaz ante una amenaza ineludible. Así, pueden haber desarrollado una creencia profundamente arraigada (tanto en el cuerpo como en la mente) de que nunca es posible evitar, escapar o interrumpir con éxito las situaciones amenazantes. Pueden haber sido condicionadas a creer que huir o defenderse ante un peligro ineludible no es eficaz (por ejemplo, debido al tamaño mucho menor de un niño en comparación con un agresor adulto) o que incluso la amenaza para la supervivencia empeorará (por ejemplo, llamando la atención o enfadando aún más al agresor). Por lo tanto, incluso si es posible escapar de la situación en el presente (de modo que una defensa movilizadora sería más funcional), la persona puede seguir recurriendo automáticamente a defensas inmovilizadoras basadas en aprendizajes pasados.

> *Ejemplo clínico.* Una paciente con antecedentes de maltrato físico grave por parte de su padre es reprendida verbalmente en repetidas ocasiones por un compañero de trabajo. En su lugar de trabajo, los demás suelen responder a este compañero abandonando la sala (respuesta de "huida") o diciéndole que pare (respuesta de "lucha"). La paciente se dice a sí misma que la próxima vez que ocurra le plantará cara, y planea exactamente lo que puede decir o hacer. Sin embargo, cada vez que ocurre, empieza a sentirse entumecida e incapaz de mover el cuerpo, y se queda en la silla mirando al vacío hasta que él se va (respuesta de "congelación"). Siente vergüenza y no entiende por qué no se defiende cuando todo el mundo parece poder hacerlo. Le explicas que la mayoría de las personas, cuando se enfrentan a una amenaza que creen que pueden superar, se movilizan para escapar o defenderse, pero que, en su caso, debido a su historial de traumas infantiles, tiene sentido que sea incapaz de moverse, porque su sistema nervioso ha aprendido que las defensas más activas no funcionan en condiciones de amenaza ineludible. Le explicas que esto ocurre por debajo del nivel de consciencia y que no lo puede controlar voluntariamente, pero que trabajar en terapia para separar el pasado del presente y curar el impacto del trauma en su sistema nervioso puede ayudarla a defenderse más eficazmente en el presente.

La activación crónica de defensas inmovilizadoras subyace a parte de la sintomatología del TRT. Como veremos más adelante, cada vez se comprende mejor la naturaleza de estas defensas y cómo afectan a las personas. Este proceso abarca elementos de los tres subsistemas del cerebro triúnico, así como múltiples sustancias químicas cerebrales, entre las que se encuentran los opioides endógenos (sustancias producidas internamente similares a la morfina), que parecen estar implicados en las experiencias disociativas y las defensas pasivas, y los endocannabinoides (sustancias producidas internamente similares a las que se encuentran en el cannabis), que parecen estar implicados en las respuestas defensivas activas (Lanius et al., 2018) (figura 3.1).

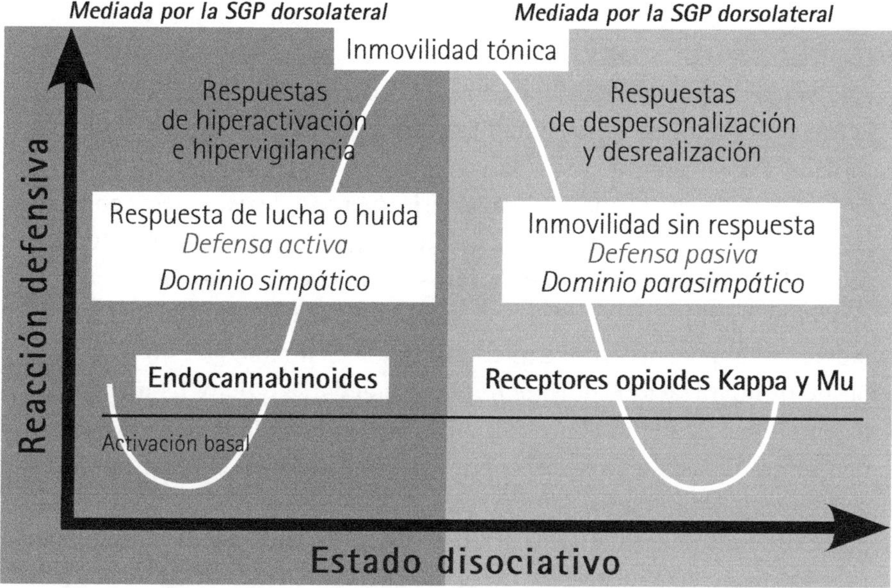

Figura 3.1. Esta figura de la cascada defensiva ilustra las áreas cerebrales que participan en la coordinación de las defensas, incluida la sustancia gris periacueductal (SGP) dorsolateral en las defensas activas frente a la SGP ventrolateral en las defensas pasivas. También ilustra la implicación diferencial del sistema nervioso simpático y parasimpático en las defensas activas y pasivas, respectivamente, y sus efectos generalmente opuestos en la experiencia corporal del individuo.

Utilizada con permiso: Lanius, R. A., Boyd, J. E., McKinnon, M. C., Nicholson, A. A., Frewen, P., Vermetten, E., ... y Spiegel, D. (2018). A review of the neurobiological basis of trauma-related dissociation and its relation to cannabinoid- and opioid-mediated stress response: a transdiagnostic, translational approach. *Current Psychiatry Reports, 20*(12), 118. doi.org/10.1007/ s11920-018-0983-y. Figura original adaptada con permiso de *Zeitschrift fer Psychologie/Journal of Psychology* 2010; Vol. 218(2):109-127, ©2010 Hogrefe Publishing, www.hogrefe.com.

PUNTOS CLAVE

El modelo de la cascada defensiva (Schauer y Elbert, 2010) postula que existe un patrón establecido en la forma en que las personas y los animales responden al peligro. Estas reacciones son innatas y reflejas, no están bajo control consciente. Cuando se produce algo que puede ser peligroso, como un movimiento o un ruido repentinos, la persona se queda quieta durante un breve periodo de tiempo para averiguar de qué se trata, al igual que se queda quieto un ratón u otro animal cuando oye por primera vez una pisada. Si, tras orientarse momentáneamente, la situación parece peligrosa, la persona intentará primero escapar o interrumpir la situación si puede, porque salir por completo de una mala situación suele ser la mejor solución si es posible. Llamamos a estas reacciones "defensas movilizadoras" porque implican ser capaz de moverse y responder activamente. Si no hay forma de escapar físicamente o de defenderse con éxito, la persona volverá a quedarse quieta. Al principio, estará muy tensa e inmóvil (como un ciervo ante los faros de un coche), pero finalmente, si el peligro continúa, se entumecerá, sufrirá un colapso y entrará en un estado en el que ya no sentirá miedo ni dolor. Llamamos a esto "respuestas de inmovilización" porque implican quedarse quieto. Es una forma importante de intentar sobrevivir a un peligro ineludible cuando todo lo demás ha fracasado y resistirse empeoraría las cosas. Un depredador a veces pierde el interés por una presa que parece muerta; si no lo hace y la amenaza continúa, un estado de anestesia y distanciamiento disociativo proporciona cierta protección en el momento contra el miedo y el dolor abrumadores, incluso cuando el cuerpo físico no puede protegerse.

Cuando las personas han sufrido traumas, especialmente traumas repetidos cuando eran demasiado pequeñas para escapar o defenderse, su sistema nervioso aprende que ni huir ni defenderse es una buena solución. Por lo tanto, si les ocurre algo difícil en el presente, su sistema nervioso puede, por reflejo, entrar en colapso y desconectarse porque es lo único que les ha funcionado. En algunas personas, este bloqueo se produce casi todo el tiempo, incluso cuando no parece haber un trauma objetivo que ponga en peligro la vida; esto puede causar muchos problemas en la vida cotidiana. Puede manifestarse como entumecimiento emocional crónico y desapego, fatiga crónica o dificultad para movilizarse y realizar las tareas cotidianas. Esta es una de las reacciones al trauma que la terapia puede ayudar a curar.

EL COMPLEJO REPTILIANO Y LA ACTIVACIÓN DESREGULADA

El modelo de la cascada defensiva que acabamos de presentar divide las respuestas defensivas en estrategias movilizadoras (huida y lucha) e inmovilizadoras (inmovilidad tónica y cierre/colapso emocional). Las personas que han experimentado un único trauma en la edad adulta suelen acudir a terapia con un trastorno de estrés postraumático (TEPT) no disociativo y, por lo general, luchan en gran medida contra la hiperactivación (es decir, tienen dificultades para reducir su nivel de activación o se quedan atrapados en el modo de "lucha o huida"). Su tendencia a experimentar hiperactivación es un reflejo de la activación crónica de las defensas movilizadoras cuando se exponen a recordatorios del trauma. Por el contrario, los pacientes que han experimentado traumas repetitivos, tempranos y de larga duración también pueden enfrentarse a patrones hiperactivados, pero a menudo alternarán entre estos estados hiperactivados y estados crónicos de inmovilización, también conocidos como hipoactivación (un estado colapsado, entumecido, asociado con las defensas inmovilizadoras) (para más información sobre las defensas animales y la activación desregulada en el contexto del trauma, véase Nijenhuis et al., 1998b, 2004). Estas respuestas defensivas son complejas e implican pensamientos, emociones y sensaciones corporales que se analizarán a continuación. En particular, subrayaremos la importancia de que estas reacciones se experimenten en el cuerpo y de abordar el cuerpo en el tratamiento para que estas reacciones somáticas puedan curarse completamente (véase también Ogden et al., 2006a; van der Kolk, 2014). Dado que son tan complejas y generalizadas e implican tanto al cuerpo como a la mente, comprender la neurobiología subyacente de estas reacciones es vital para crear y comunicar un modelo coherente de estos síntomas que los pacientes puedan entender.

Como ya hemos comentado, las sensaciones físicas asociadas tanto a las defensas movilizadoras como a las inmovilizadoras se traducen del cerebro al cuerpo mediante el sistema nervioso autónomo, que regula funciones corporales básicas como la respiración, el ritmo cardíaco y la tensión muscular. De las investigaciones se desprende claramente que, en los pacientes altamente disociativos, la experiencia corporal de la respuesta defensiva a las señales relacionadas con el trauma es muy diferente de la que se observa en los pacientes traumatizados menos disociativos (como los que padecen TEPT no disociativo). Por ejemplo, en uno de los primeros estudios que apuntaban a la existencia del subtipo disociativo del TEPT, el 70% de los pacientes con TEPT respondían a las señales relacionadas con el trauma con un aumento de la frecuencia cardíaca, mientras que el 30% experimentaban subjetivamente síntomas disociativos y no mostraban ningún aumento de la frecuencia cardíaca; esto sugería que, en lugar de un estado de hiperactivación mediado simpáticamente, los pacientes con la respuesta disociativa probablemente experimentaban un estado de hipoactivación mediado parasimpáticamente asociado con defensas inmovilizadoras (Lanius et al., 2006).

> *Ejemplo clínico.* Una paciente sin antecedentes traumatológicos es atropellada por un coche y resulta gravemente herida. Tras el accidente, es incapaz de salir sola a la calle. Si va por la acera y pasa un coche a su lado, se pone a sudar, le tiemblan las manos, corre a casa y no vuelve a salir en varios días. En cambio, una paciente con un historial de abusos prolongados en la infancia sufre un accidente similar. Cuando camina por la calle y ve un coche, empieza a sentirse entumecida, incapaz de moverse y "perdida", como si nada a su alrededor fuera real, y su ritmo cardiaco y su respiración se ralentizan. Ambas pacientes reaccionan a la misma señal traumática, pero tienen experiencias somáticas o corporales muy diferentes de la respuesta traumática. Estas reacciones son a menudo fuentes de vergüenza significativa. Es importante recalcar a ambas pacientes que, sean cuales sean los mecanismos de defensa que se desencadenaron en el momento del trauma, no estaban bajo control consciente y, por lo tanto, no son un reflejo de su personalidad o carácter, sino más bien un patrón de respuesta basado en el aprendizaje pasado y en una rápida (aunque potencialmente falible) evaluación de la amenaza por parte de las áreas primitivas del cerebro.

Las experiencias físicas descritas anteriormente son una parte esencial de la respuesta del sistema nervioso al trauma y están relacionadas con los cambios en los pensamientos y sentimientos que acompañan al trauma. Por lo tanto, aunque en última instancia están controladas por el sistema nervioso periférico, también deben estar dirigidas por el sistema nervioso central (es decir, el encéfalo y la médula espinal). El sistema de alarma innato es una red del cerebro que ayuda a coordinar estas respuestas defensivas. Se trata de una red de áreas corticales y subcorticales (como el colículo superior, la sustancia gris periacueductal, la amígdala y las regiones prefrontales) que participan en la detección rápida de un peligro potencial, inicialmente antes de que la persona sea consciente de lo que ha ocurrido. Existen pruebas de que el sistema de alarma innato está hiperactivo en pacientes con TEPT incluso cuando están en reposo y no participan activamente en ninguna tarea, lo que sugiere la activación de respuestas defensivas aun cuando no exista una amenaza objetiva manifiesta (Lanius et al., 2017). En su lugar, hay una experiencia crónica de amenaza y peligro que se mantiene tanto en el cuerpo como en la mente. En otras palabras, el cerebro y el cuerpo nunca están en reposo.

> *Ejemplo clínico.* Un paciente se siente constantemente nervioso cuando está fuera de casa. Se sobresalta ante cualquier ruido y se pone nervioso si hay gente cerca de él o si se produce algún movimiento inesperado, aunque se encuentre en un entorno familiar. No entiende por qué no puede "tranquilizarse". Se dice a sí mismo que está relativamente seguro y que no hay razón para estar ansioso, pero no importa lo que se diga a sí mismo: sigue experimentando una elevada activación en su cuerpo y una intensa reactividad ante cualquier estímulo sensorial. Háblale sobre el sistema de alarma innato y explícale que, en las personas con TRT, el cerebro está excesivamente alerta ante cualquier posible amenaza, incluso cuando esas personas sepan que, en un plano intelectual, la situación es segura. Le explicas que parte del trabajo de la terapia consiste en aprender nuevas estrategias para calmar su sistema nervioso de forma más eficaz que simplemente diciéndose a sí mismo que se calme, lo que implícitamente conlleva avergonzarse en cierto grado por tener una reacción que es comprensible a la luz de su historial.

Un área fundamental para coordinar las respuestas defensivas es la sustancia gris periacueductal (SGP), una región del cerebro que sirve de puente entre el cerebro y el cuerpo (figura 3.2). La SGP es una zona del mesencéfalo que coordina las reacciones defensivas (incluida la activación del sistema nervioso autónomo que provoca cambios en la frecuencia cardiaca, la respiración y otras respuestas físicas) en respuesta a la percepción de peligro. Interviene tanto en las respuestas de movilización como de inmovilización, activándose diferentes partes de la SGP en cada tipo de respuesta. La SGP lateral y la SGP dorsolateral activan el sistema nervioso simpático como parte de las respuestas defensivas activas, mientras que la SGP ventrolateral coordina la activación parasimpática y los síntomas de hipoactivación (Kozlowska et al., 2015; Terpou et al., 2019). La SGP, que es una de las áreas más primitivas del cerebro, coordina la respuesta defensiva por debajo del nivel de conciencia consciente. Los pacientes con TRT a menudo experimentan confusión y vergüenza relacionadas con reacciones al estrés que intelectualmente pueden "saber" que no les están sirviendo bien. Comprender la función de la SGP en este tipo de respuesta es vital para ayudar a los pacientes a entender por qué se comportan de formas que parecen inexplicables o por qué tienen reacciones que no pueden expresar con palabras.

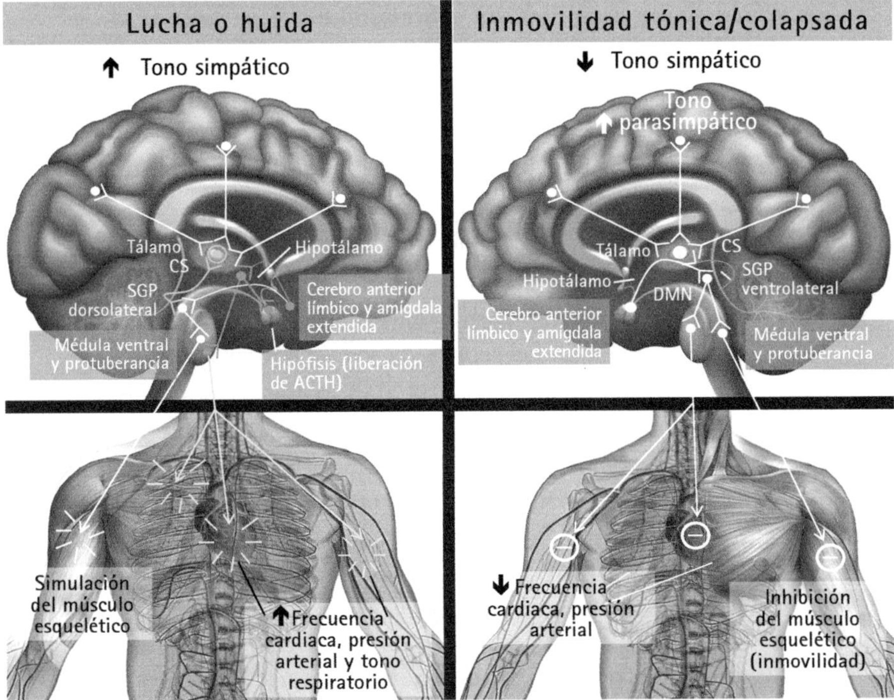

Figura 3.2. Áreas del cerebro que participan en las defensas activas y pasivas y en la activación e inhibición fisiológicas relacionadas. ACTH: hormona adrenocorticotrópica; DMN: red de modo por defecto; CS: colículo superior.
Esta figura se basa en ideas presentadas en Kozlowska et al., 2015. Figura adaptada y utilizada con permiso de McKinnon, M. C., Boyd, J. E., Frewen, P. A., Lanius, U. F., Jetly, R., Richardson, J. D. y Lanius, R. A. (2016). A review of the relation between dissociation, memory, executive functioning and social cognition in military members and civilians with neuropsychiatric conditions. *Neuropsychologia*, 90, 210–234. doi:10.1016/j.neuropsychologia.2016.07.017

Ejemplo clínico. Una paciente ha llevado a cabo un trabajo significativo para replantear sus pensamientos sobre una agresión que sufrió. Refiere que ya no cree cognitivamente que ella tuviera la culpa, y puede explicar detalladamente por qué, pero cuando habla de ello, su cuerpo sigue reaccionando con hipoactivación y dice que todavía "siente" en algún lugar de su interior que debe haber sido culpa suya. Habla con ella sobre la SGP y explícale que la "sensación de responsabilidad" se mantiene en su cuerpo incluso después de que sus cogniciones hayan cambiado, y que otras estrategias pueden ser un complemento útil de la reestructuración cognitiva para cambiar esta sensación.

La conectividad funcional es el grado en que dos áreas cerebrales están activas al mismo tiempo, ya sea en reposo o durante una tarea o estado específicos. Una mayor conectividad funcional sugiere una mayor comunicación y un funcionamiento coordinado entre dos áreas cerebrales. La literatura reciente sobre la conectividad funcional de la SGP en el TRT ofrece información sobre las respuestas defensivas en pacientes con TRT. Por ejemplo, en un estudio, todos los pacientes con TEPT mostraron un aumento de la conectividad entre la SGP dorsolateral y las áreas implicadas en las respuestas movilizadoras ante la amenaza; por el contrario, los pacientes con el subtipo disociativo del TEPT, que se asocia con las defensas inmovilizadoras, mostraron un aumento de la conectividad entre las áreas cerebrales implicadas en la detección de amenazas (por ejemplo, el córtex cingulado anterior dorsal) y la SGP ventrolateral. Se cree que la SGP coordina las respuestas somáticas que caracterizan las defensas inmovilizadoras. Esto proporciona más apoyo a la idea de que los pacientes altamente disociativos con TRT activan preferentemente las defensas inmovilizadoras frente a la amenaza (Harricharan et al., 2016). Además, en estos pacientes, la SGP ventrolateral muestra una mayor conectividad funcional con partes del cerebro implicadas en las experiencias extracorpóreas, incluida la unión temporoparietal izquierda, que se relaciona con la creación de distanciamiento del self, del cuerpo y del entorno (hasta el punto de percibirlos como irreales o pertenecientes a otra persona) (Harricharan et al., 2016). Estas experiencias sensoriales ocurren frecuentemente en tándem con la activación de defensas inmovilizadoras, y esta literatura sobre la conectividad SGP proporciona una conexión neurobiológica entre las defensas inmovilizadoras y la experiencia subjetiva de disociación. El papel esencial de la experiencia somática (es decir, las sensaciones físicas en el cuerpo) en la generación y el mantenimiento de los síntomas relacionados con el trauma puede pasarse por alto en favor de los síntomas relacionados con los sentimientos y los pensamientos, aunque algunos enfoques y teorías psicoterapéuticos más recientes sí se centran en el papel del cuerpo (Ogden et al., 2006a; van der Kolk, 2014). De las investigaciones recientes se desprende claramente que estas sensaciones físicas forman parte integrante de las respuestas defensivas que suelen activarse crónicamente en los pacientes traumatizados. Las investigaciones recientes que destacan el papel de la SGP como puente entre el cerebro y el cuerpo aclaran lo crucial que es el cerebro a la hora de contribuir a las reacciones traumáticas y a su tratamiento.

PUNTOS CLAVE

Como hemos dicho antes, los sistemas nerviosos de las personas responden de forma diferente cuando se sienten amenazadas. Los individuos pueden responder con defensas movilizadoras (modo "lucha o huida") o con defensas inmovilizadoras (inmovilidad tónica/"congelación" o colapso/apagón emocional). Muchas personas que han sufrido un trauma oscilan entre estas diferentes reacciones, que se asocian a cambios físicos y experiencias en el cuerpo, como la tensión, la respiración o el ritmo cardíaco, que son causados por el sistema nervioso periférico, pero que están controlados por el cerebro y la médula espinal.

Un sistema del cerebro, denominado sistema de alarma innato, se encarga de estar alerta ante cualquier señal de peligro. No nos damos cuenta de que esto ocurre, y si el sistema de alarma innato advierte algo que puede ser peligroso, a menudo ni siquiera reconocemos conscientemente de qué se trata hasta que nuestro cuerpo ya ha empezado a responder. Incluso cuando las personas que han sufrido un trauma no están en peligro, o no están haciendo nada en absoluto, esta red cerebral está inusualmente activa en comparación con las personas que no han experimentado un trauma. La sustancia gris periacueductal (SGP) es una parte del cerebro que coordina las defensas movilizadoras o inmovilizadoras del organismo a través del sistema nervioso periférico. La SGP crea un puente entre el cerebro y el cuerpo. En las personas altamente disociativas, el sistema de alarma innato parece estar más conectado con la parte de la SGP que provoca las defensas inmovilizadoras. Esto respalda la idea de que estas defensas inmovilizadoras se activan más fácilmente en las personas altamente disociativas.

EL COMPLEJO PALEOMAMÍFERO Y LA REGULACIÓN DE LAS EMOCIONES

La gestión de las emociones es un área que implica dificultad frecuentemente para los pacientes con TRT. El apego inseguro y el trauma relacional tienen un profundo impacto en una amplia gama de procesos relacionados con la regulación de las emociones (véase Schore, 2003, y Siegel, 2015). Muchas personas creen que esto significa que los supervivientes de traumas son incapaces de desactivar el sistema límbico (incluida la amígdala), lo que, según ellos, provoca miedo y terror intensos y crónicos. Sin embargo, cada vez se asume más que en los pacientes con TRT hay muchas emociones más allá del miedo y el terror que pueden llegar a ser difíciles de gestionar y que existen áreas del cerebro involucradas más allá del sistema límbico. Otras emociones pueden volverse problemáticas e incluso más prominentes que el miedo, como la vergüenza, la rabia y la tristeza. Además, mientras que algunos pacientes luchan principalmente con la dificultad para rechazar emociones intensas, muchos, particularmente aquellos que son altamente disociativos, luchan con experiencias de entumecimiento emocional y desapego que se deben a la inhibición excesiva de las emociones (rechazarlas o apagarlas por completo). Como exploraremos más adelante, una explicación neurobiológica de estas experiencias debe ir más allá de la amígdala e incorporar otras múltiples áreas cerebrales.

Cuando se amplía el modelo de inhibición corticolímbica para abarcar no solo la amígdala, sino también otras áreas cerebrales relevantes, surge un marco que sirve para comprender algunos de los cambios en la experiencia emocional observados en el TRT. Este modelo aborda la inhibición excesiva de las emociones ("sobremodulación de la emoción") que se observa típicamente en el subtipo disociativo del TEPT (Fenster et al., 2018; Lanius et al., 2010). Este subtipo, que se asocia con el trauma temprano y con el extenso, se caracteriza por una inhibición anormalmente fuerte de la amígdala (que está involucrada en el miedo y el aprendizaje basado en el miedo) generada por áreas cerebrales superiores, particularmente la corteza prefrontal medial. Esta inhibición excesiva del sistema límbico, sobre todo en respuesta a los recuerdos del trauma, es probablemente responsable de la sensación de distanciamiento o entumecimiento que describen los pacientes altamente disociativos cuando se exponen a tales recuerdos. Cabe destacar que el núcleo del lecho de la estría terminal (BNST, por sus siglas en inglés, *bed nucleus of the stria terminalis*) del tronco encefálico se considera parte de la "amígdala extendida" y está especialmente implicado en la anticipación y la respuesta sostenida a la amenaza. En individuos con el subtipo disociativo del TEPT, hay una mayor comunicación entre el BNST y el vermis, un área del cerebelo que se cree que está involucrada en la regulación de las emociones (Rabellino et al., 2018). Del mismo modo, en el subtipo disociativo del TEPT, hay una mayor comunicación entre el cerebelo posterior, que también está implicado en la regulación de las emociones, y las mismas áreas prefrontales que están implicadas en el modelo corticolímbico (Rabellino et al., 2018). Además, hay pruebas que apoyan la inhibición de la corteza insular anterior derecha, que está implicada en la conciencia del propio cuerpo; esto probablemente contribuye a la experiencia perceptiva de estar separado del propio cuerpo que a menudo también se asocia con el entumecimiento emocional referido por pacientes altamente disociativos (Hopper et al., 2007; Shin et al., 2004). Se ha demostrado que la sobremodulación de la SGP, un área implicada en la coordinación de la respuesta defensiva, y las alteraciones en la conectividad entre la SGP y la amígdala también se dan en el subtipo disociativo del TEPT (Brandão y Lovick, 2019; Nicholson et al., 2017). Si bien la investigación sobre el TRT que no sea TEPT ha sido más limitada, se han descrito algunos cambios similares a los explicados anteriormente en el trastorno de despersonalización, un trastorno disociativo que se ha asociado con el trauma emocional (véase el capítulo 1) (Hollander et al., 1992; Lemche et al., 2007). En conjunto, estos hallazgos sugieren que el modelo de inhibición corticolímbica, que incluye no solo la amígdala sino también la amígdala extendida, la SGP, la corteza insular y algunas áreas del cerebelo implicadas en la regulación de las emociones, puede explicar algunas de las dificultades en la regulación de las emociones observadas en esta población y puede tener una aplicabilidad más amplia al TRT y a los pacientes traumatizados altamente disociativos, independientemente de que su diagnóstico primario sea o no el TEPT.

Algunas de las áreas implicadas en este modelo también sugieren un papel del sistema neuromodulador opiáceo en la producción de la disforia crónica y el entumecimiento que suelen experimentar los pacientes con TRT. Existen pruebas de un aumento de la comunicación entre el BNST y el claustro, que interviene en la consciencia. El claustro (una estructura subcortical) contiene una alta concentración de receptores kappaopioides, que están unidos por dinorfinas. Las dinorfinas son péptidos opioides (versiones producidas de forma natural de medicamentos como la morfina) que cada vez se relacionan más con la disforia, el adormecimiento y los síntomas de tipo disociativo en respuesta al estrés crónico (Addy et al., 2015; Land et al., 2008; Pietrzak et al., 2014). Estos hallazgos respaldan el papel clave de la percepción de peligro para la vida en el desencadenamiento del adormecimiento emocional en estos pacientes, y también proporcionan un vínculo neurobiológico entre la experiencia emocional (adormecimiento) y la experiencia sensorial (irrealidad) de las respuestas disociativas a la amenaza percibida (es decir, respuestas defensivas inmovilizadoras). Estos hallazgos también sugieren una posible explicación de la experiencia no solo de adormecimiento crónico, sino también de disforia crónica y afectividad negativa. El papel potencial del sistema neuromodulador opioide también ayuda a proporcionar una base para comprender la disforia crónica de los pacientes con TRT, el síntoma del estado de ánimo que se observa con frecuencia junto con el adormecimiento y la disociación.

> *Ejemplo clínico.* Una paciente refiere que la mayor parte del tiempo no siente nada, que está emocionalmente muerta. Cuando está expuesta a recuerdos de su trauma, dice que se siente completamente insensible, como si estuviera levitando fuera de su cuerpo y observándose a sí misma desde fuera. Cuando se gradúa en la universidad, asiste a la ceremonia de graduación, pero se nota distante y dice que, aunque sabe que es un logro importante, se siente en blanco y entumecida por dentro. No entiende por qué es incapaz de sentirse feliz, incluso cuando no hay recuerdos del trauma y se encuentra en un entorno seguro. Le explicas que existen muchos mecanismos para explicar el entumecimiento crónico en personas con TRT, incluida la presencia de sustancias similares a los opiáceos, así como la activación sostenida de áreas cerebrales implicadas en la disociación y los estados alterados de conciencia. Saber que hay razones "reales" para este tipo de sentimientos y experiencias que pueden estudiarse mediante neuroimagen disminuye sus sentimientos de vergüenza y de estar "rota". Dado que la gente suele estar familiarizada con el concepto de opioides y sus efectos, la idea de opioides endógenos es un concepto que tiene sentido.

PUNTOS CLAVE

La gente suele pensar que el miedo es el mayor problema que se produce después de un trauma, y puede que hayan oído hablar de partes del cerebro, como el sistema límbico o la amígdala, y de cómo están implicadas en el TRT. Sin embargo, sabemos que las personas que han sufrido un trauma suelen tener problemas con muchas otras emociones, como la vergüenza, la tristeza o la ira. También sabemos que el trauma no consiste solo en sentir demasiado; muchas personas que han pasado por un trauma tienen dificultades por sentir demasiado poco o por estar insensibles la mayor parte del tiempo.

Una forma de entenderlo es a través del modelo de inhibición corticolímbica. Este modelo sugiere que una parte del cerebro (la corteza cerebral) "baja el volumen" (es decir, la activación) de forma excesiva en las partes del cerebro que experimentan emociones, lo que incluye el sistema límbico y la sustancia gris periacueductal, así como otras áreas implicadas en las emociones. Esto puede desencadenarse por señales relacionadas con el trauma. Por lo tanto, en lugar de sentir miedo, se produce entumecimiento y ausencia de emociones, incluidas las emociones agradables. La corteza cerebral también parece bajar el volumen de otras partes del cerebro, como la ínsula, que interviene en la percepción del cuerpo y del entorno. Esto puede explicar por qué, junto con la sensación de entumecimiento, puede haber sentimientos de que el propio cuerpo o el entorno son desconocidos o extraños. El entumecimiento crónico también está relacionado con sustancias químicas producidas en el organismo, entre las que se encuentran las sustancias similares a los opiáceos.

ANOMALÍAS PERCEPTIVAS EN LOS TRT

Como se ha comentado anteriormente, el adormecimiento y la desconexión de pensamientos, emociones y sensaciones físicas son un componente clave de las respuestas defensivas inmovilizadoras y forman parte de la experiencia cotidiana de los pacientes con TRT. Como hemos explorado en capítulos anteriores, las experiencias disociativas (por ejemplo, despersonalización o desrealización), que representan una percepción alterada de uno mismo o del entorno, son una característica del TRT tanto en respuesta a señales relacionadas con el trauma como de forma espontánea.

Los síntomas psicóticos son menos conocidos, pero también frecuentes en el TRT. Algunos de estos síntomas son casi idénticos a los que experimentan las personas con esquizofrenia (por ejemplo, alucinaciones verbales auditivas o "escuchar voces") y con frecuencia se diagnostican erróneamente como psicosis verdadera. Algunas se consideran inusuales o improbables (por ejemplo, alucinaciones olfativas o visuales) en el contexto de lo que se conoce sobre los trastornos psicóticos y, por lo tanto, a menudo se identifican erróneamente como enfermedad simulada (Schiavone et al., 2018a). Aunque a primera vista los síntomas de tipo psicótico y disociativo pueden no parecer conectados y los síntomas de tipo psicótico pueden no parecer disociativos por naturaleza, ambos son reflejos de un manejo alterado de la información sensorial en el cerebro, lo que conduce a una percepción errónea de uno mismo y del entorno (por ejemplo, no reconocer el propio cuerpo, el entorno familiar u otros estímulos), así como percibir cosas que no están ahí (es decir, alucinaciones). La base neurológica de estos síntomas es compleja y está relacionada con diversas áreas del cerebro que procesan la información sensorial del interior y el exterior del cuerpo. Esto incluye áreas como la corteza cerebral, en particular el lóbulo parietal y el lóbulo temporal, así como áreas inferiores, como el cerebelo y el sistema vestibular. Sorprendentemente, como veremos a continuación, se ha descubierto que todas estas áreas presentan anomalías estructurales y/o funcionales en las personas con TRT, lo que proporciona una explicación neurobiológica que une un conjunto de síntomas aparentemente inconexos y difíciles de entender.

El cerebelo y el sistema vestibular recogen información relacionada con los cinco sentidos y la transmiten a las áreas de la corteza cerebral implicadas en la agrupación de la información, en particular, con respecto al propio cuerpo, así como a la propia ubicación con respecto al entorno. Por lo tanto, es lógico que ambas áreas puedan estar implicadas en experiencias disociativas como la despersonalización y la desrealización. Aunque el cerebelo se asocia estereotipadamente con el movimiento y el equilibrio, cada vez hay más investigaciones que indican que el cerebelo también tiene funciones importantes en el procesamiento y la unión de la información de los cinco sentidos. En comparación con las personas con TEPT sin disociación, así como con las personas sin TEPT, las personas con el subtipo disociativo de TEPT muestran una disminución de la comunicación entre el cerebelo anterior y las áreas cerebrales implicadas en la recopilación de información sensorial, como la unión temporoparietal, la circunvolución postcentral derecha y el lóbulo parietal superior derecho. Estas áreas están implicadas en la autoconciencia corporal, incluida la integración de la información de los cinco sentidos sobre el cuerpo y la experiencia del cuerpo como un todo único (Rabellino et al., 2018a).

Del mismo modo, el sistema vestibular, que obtiene información de los cinco sentidos sobre la ubicación del cuerpo en el espacio, presenta una comunicación alterada en pacientes con el subtipo disociativo del TEPT en comparación con individuos sanos y con pacientes con TEPT. En un estudio, el subtipo disociativo se asoció con una falta de comunicación entre los núcleos vestibulares (en el tronco encefálico) y la ínsula posterior derecha, que participa en la conciencia de las sensaciones dentro del cuerpo. También había una falta de comunicación con la unión temporoparietal derecha, lo que podría dar lugar a dificultades para evaluar la propia posición en el espacio, así como a sentirse fuera o separado del cuerpo (Harricharan, 2016). En el TEPT disociativo, también se ha descubierto que los elementos del sistema de alarma innato (por ejemplo, el colículo superior) se comunican con la unión temporoparietal (Olivé et al., 2018).

El lóbulo temporal, que recibe información del cerebelo y de los núcleos vestibulares, entre otras áreas, es fundamental para la integración sensorial compleja (reunir la información de los cinco sentidos), en particular para el reconocimiento de objetos y el autorreconocimiento. En toda la gama de TRT, incluyendo el TEPT (particularmente el subtipo disociativo), el trastorno límite de la personalidad y el trastorno de identidad disociativo, hay cambios sorprendentemente similares en la estructura y función del lóbulo temporal, como la pérdida de volumen en el lóbulo temporal derecho y el aumento de la activación del lóbulo temporal en aquellos que se disocian en presencia de señales relacionadas con el trauma. Existe una superposición significativa entre los síntomas disociativos y psicóticos experimentados por estos pacientes y los experimentados por pacientes con epilepsia del lóbulo temporal, que se caracteriza por descargas eléctricas anormales en el lóbulo temporal (Schiavone et al., 2018a). Específicamente en pacientes con trastornos disociativos complejos (trastorno de identidad disociativo y otro trastorno disociativo especificado-1 [OTDE-1]), algunas investigaciones sugieren la participación del lóbulo temporal en el proceso de cambio entre estados disociativos del self, así como diferencias en los patrones de activación del lóbulo temporal entre estados disociativos del self (Dorahy et al., 2014; Schiavone et al., 2018a).

En conjunto, estos hallazgos sugieren un papel crítico para las áreas de integración sensorial, particularmente el lóbulo temporal, tanto en síntomas disociativos como psicóticos en pacientes con TRT.

> *Ejemplo clínico.* Una paciente dice que oye voces. A menudo escucha voces de niños que gritan y lloran dentro de su cabeza. A veces también huele a quemado cuando está sola en casa. No se reconoce en el espejo y a menudo siente que flota fuera de su cuerpo cuando está estresada. Le han dicho que tiene esquizofrenia, pero sus síntomas no han respondido a múltiples medicamentos antipsicóticos. Está confusa sobre por qué tiene estas experiencias, cree que está "loca" y le preocupa que sea imposible mejorar, ya que los medicamentos no han conseguido ayudarla. Las experiencias de tipo psicótico pueden asustar a los pacientes, sobre todo teniendo en cuenta el estigma social que rodea a los trastornos psicóticos como la esquizofrenia, y muchos pacientes con TRT han tenido experiencias de tratamiento infructuoso de la "psicosis" que les hacen sentirse desesperanzados. Al normalizar estos síntomas como comprensibles y esperables en algunas formas de TRT, y como neurobiológicamente diferentes de los observados en la esquizofrenia, se puede ayudar a los pacientes a comprender sus síntomas de una manera nueva y a desarrollar un sentimiento de esperanza de que pueden recuperarse.

Como hemos visto en el capítulo sobre evaluación, los síntomas psicóticos y disociativos suelen ir juntos y con frecuencia se malinterpretan. Es vital que los clínicos sitúen estos síntomas en un contexto neurobiológico para reconocer que, en muchos pacientes, los síntomas de tipo psicótico son una parte esperada del TRT y pueden, de hecho, estar relacionados con la disociación, en lugar de ocurrir porque la persona tiene un diagnóstico adicional de trastorno psicótico. Aunque no existen directrices formales de tratamiento para los síntomas psicóticos en el contexto de un trauma complejo, y aunque la psicosis verdadera puede coexistir en algunos casos con el TRT, es importante ser consciente de la necesidad de una evaluación cuidadosa antes de diagnosticar un trastorno psicótico primario comórbido (por ejemplo, esquizofrenia o trastorno delirante), y los clínicos deben reconocer que en ausencia de un trastorno psicótico primario, la base del tratamiento debe ser el tratamiento del TRT subyacente.

PUNTOS CLAVE

Muchas personas con TRT presentan síntomas que parecen inusuales o psicóticos, como alucinaciones (que no consisten solo en voces, sino también olores, sabores, visiones y sensaciones anormales en la piel). Algunos de estos síntomas pueden parecerse mucho a los que se observan en trastornos psicóticos como la esquizofrenia. Sin embargo, hay pruebas que sugieren que estos síntomas son en realidad más parecidos a síntomas disociativos como "perder el sentido" o sentirse fuera del cuerpo. Tanto los síntomas de tipo psicótico (por ejemplo, las alucinaciones) como algunos síntomas disociativos (por ejemplo, la despersonalización y la desrealización) son ejemplos de un procesamiento anormal por parte del cerebro de la información procedente de los cinco sentidos. Cuando estamos en el mundo, vemos, oímos, olemos, tocamos y saboreamos muchas cosas simultáneamente, y el cerebro tiene que ser capaz de interpretar y organizar esta información para ayudarnos a decidir qué está ocurriendo a nuestro alrededor. En concreto, áreas del cerebro como el cerebelo y el sistema vestibular recopilan y reúnen información de los cinco sentidos, pero en las personas con TRT parecen tener menos capacidad para comunicarse con otras áreas que hacen esto, como los lóbulos temporal y parietal. También hay pruebas de que la estructura y la función del propio lóbulo temporal son anormales en el TRT. Estos cambios provocan dificultades en aspectos como reconocer el propio cuerpo, reconocer si el entorno es familiar o no y averiguar cómo interpretar la información que llega a través de los cinco sentidos (por ejemplo, qué es y de dónde procede). Por ese motivo, tiene sentido que en las personas con TRT a veces se pase por alto información, se añada o se interprete incorrectamente. Esto no es lo mismo que estar psicótico, que es la razón por la que las personas a menudo no mejoran cuando toman medicamentos que están diseñados para ayudar con la psicosis. Por lo que sabemos, la mejor manera de tratar estos problemas es tratar el TRT.

MEMORIA, ATENCIÓN Y COGNICIÓN

Las dificultades con múltiples funciones cognitivas de nivel superior (por ejemplo, memoria, atención, planificación y organización) se han asociado repetidamente con una serie de TRT, como el TEPT, el trastorno límite de la personalidad y el trastorno de identificación disociativa, así como específicamente con síntomas disociativos (McKinnon et al., 2016). Esto tiene sentido en el contexto de la definición de disociación, que abarca alteraciones en el funcionamiento coherente de la conciencia, la memoria y las sensaciones (American Psychiatric Association, 2013).

Una forma de entender cómo las diferentes áreas del cerebro trabajan juntas es el concepto de redes de conectividad intrínseca, o grupos de regiones cerebrales que están funcionalmente interconectadas (se comunican entre sí y se influyen mutuamente). Se ha propuesto que hay tres redes de conectividad intrínseca clave que pueden estar relacionadas con una variedad de síntomas de TEPT, entre los que se encuentran los síntomas cognitivos (Akiki et al., 2017; Lanius et al., 2015; Yehuda et al., 2015). Estas tres redes son la *red ejecutiva central*, relacionada con la memoria de trabajo y el funcionamiento ejecutivo (por ejemplo, la regulación descendente de las emociones); la *red de saliencia*, que filtra e integra los estímulos internos y externos (por ejemplo, la detección de amenazas); y la *red de modo por defecto*, implicada en los procesos mentales autorreferenciales (por ejemplo, la autorreflexión) (Menon, 2011). Normalmente, la red de modo por defecto está activa cuando la mente no está haciendo nada en particular, e inactiva cuando se activan la red de saliencia y la red ejecutiva central (durante los momentos de pensamiento activo y ejecución de tareas cognitivas).

En esta sección, examinaremos en particular el papel de las redes de conectividad intrínseca en la comprensión de los síntomas cognitivos del TRT. Estas anomalías pueden implicar cambios en la comunicación dentro de estas redes y en la capacidad del cerebro para alternar adecuadamente entre redes cuando es necesario (es decir, para pasar de no hacer nada en particular a completar una tarea cognitiva). La red ejecutiva central puede estar especialmente implicada en los síntomas cognitivos asociados al TRT. Hay algunas pruebas de que el TEPT se asocia con una capacidad alterada para alternar con éxito entre la red de modo predeterminado y la red ejecutiva central, como cuando no se puede suprimir la actividad de la red de modo predeterminado al cambiar a una tarea cognitiva, y la incorporación de partes de la red de saliencia y la red de modo predeterminado en la red ejecutiva central cuando se expone a estímulos amenazantes (Daniels et al., 2010; Rabellino et al., 2018a). En un estudio, los altos niveles de síntomas disociativos en mujeres con TEPT se asociaron con una mayor conectividad en reposo entre una región cerebral que suele formar parte de la red ejecutiva central (la corteza prefrontal dorsolateral) y elementos de la red de modo por defecto (Bluhm et al., 2009). Además, en un estudio de adultos sanos con antecedentes de trauma infantil, los déficits de funcionamiento ejecutivo también se asociaron con una disminución de la conectividad dentro de la red de modo por defecto (Lu et al., 2017). En conjunto, estos hallazgos sugieren que en el TRT, al completar una tarea cognitiva, el cerebro permanece excesivamente involucrado en procesos mentales que no son relevantes para la tarea en cuestión y que puede haber cambios específicos que se observan en el TRT altamente disociativo. Esto puede ser la base de algunos de los déficits en el funcionamiento ejecutivo (por ejemplo, dificultades para planificar con antelación y cambiar de tarea) que se observan en los pacientes con TRT.

PUNTOS CLAVE

Las redes de conectividad intrínseca son grupos de regiones cerebrales que se comunican entre sí y se influyen mutuamente. Pensar en las redes de conectividad intrínseca es una forma de entender cómo las distintas partes del cerebro trabajan juntas para llevar a cabo las operaciones mentales cotidianas. La red de modo por defecto participa en la autorreflexión y suele estar activa cuando la mente no hace nada más (cuando las otras dos redes no están activas). La red ejecutiva central participa en tareas de pensamiento complejas. La red de saliencia reúne información interna y externa y decide qué es relevante. En el TRT, hay dificultades para alternar entre estas redes cuando es necesario completar tareas cognitivas y, en particular, para activar adecuada y principalmente la red ejecutiva central para completar una tarea cognitiva en lugar de seguir participando en procesos mentales que no están relacionados con la tarea que se está realizando. Esto puede ayudar a explicar por qué las personas con TRT a veces tienen dificultades con el pensamiento y el funcionamiento ejecutivo.

CONCLUSIÓN

Como hemos detallado en este capítulo, la investigación neurobiológica sobre el TRT arroja cada vez más luz sobre el difícil conjunto de síntomas que caracterizan el trauma complejo. Incluso los terapeutas sin una amplia formación en neurociencia pueden (y deben) proporcionar psicoeducación básica sobre la neurobiología del trauma a sus pacientes como un aspecto importante de su tratamiento. Muchos pacientes agradecen esta educación y descubren que reduce la vergüenza y su sentimiento de estigma. Esta información puede ser especialmente beneficiosa para los pacientes con TRT que pueden tener dificultades para rendir en la escuela o en el trabajo debido a problemas de memoria, organización y planificación. Los pacientes que aprenden sobre el impacto del trauma en el cerebro a menudo refieren sentirse menos avergonzados y autoinculpados por sus dificultades en el funcionamiento diario. Los pacientes suelen beneficiarse de que se les enseñen estrategias para hacer frente a algunos de estos déficits. Además, suelen estar más motivados para practicar estas estrategias, que pueden ayudarles a curarse del impacto del trauma cuando consiguen relacionar los síntomas que experimentan con hallazgos con base científica en el cerebro.

RESUMEN

- Los pacientes con TRT manifiestan una amplia gama de síntomas, entre los que se encuentran problemas de regulación de las emociones, planificación, organización y memoria; ausencia de sensaciones físicas alternada con sensaciones corporales relacionadas con traumas pasados; hipoactivación e hiperactivación crónicas alternadas; y experiencias sensoriales en ausencia de estímulos externos. Estas dificultades pueden parecer inconexas, pero en realidad están vinculadas a alteraciones neurobiológicas del cerebro relacionadas con el trauma.
- El modelo del cerebro triúnico es una forma útil de conceptualizar los diferentes niveles de funcionamiento y destaca la importancia de las estructuras subcorticales menos avanzadas (es decir, el cerebro reptiliano) en la producción y el mantenimiento de los síntomas del TRT, y el grado en que estos síntomas involucran al cuerpo (a través del sistema nervioso periférico).
- Los pacientes con TRT se enfrentan con frecuencia a niveles extremos de activación relacionados con respuestas defensivas continuas ante la percepción de una amenaza para la supervivencia. Mientras que las personas no traumatizadas pueden responder inicialmente a la amenaza percibida con respuestas defensivas activas (lucha o huida), las personas crónicamente traumatizadas pueden haber aprendido a tra-

vés del condicionamiento que no pueden escapar o luchar. En su lugar, pueden adoptar por defecto defensas más pasivas ("congelación" en inmovilidad tónica/"hacerse el muerto" y cierre/colapso emocional), incluso si existe la posibilidad de escapar de la situación actual. Como la amenaza es subjetiva y puede ser percibida por los pacientes con TRT incluso en ausencia de amenazas externas, estas defensas pueden activarse con frecuencia y facilidad en diversas situaciones cotidianas, lo que provoca un deterioro funcional significativo.

- Los individuos con TRT suelen mostrar una mayor sensibilidad a la amenaza percibida y una hiperactividad del sistema de alarma innato, lo que conduce a la activación de respuestas defensivas incluso en ausencia de cualquier estímulo amenazante.
- También parece haber una inhibición descendente excesiva o una hipoactividad de las áreas cerebrales implicadas en el procesamiento sensorial, el reconocimiento del propio cuerpo y las respuestas emocionales. Estas alteraciones afectan a la amígdala, la sustancia gris periacueductal, la ínsula, el cerebelo y zonas del lóbulo temporal. Esto provoca entumecimiento crónico, disociación, disforia y síntomas de tipo psicótico, tanto en respuesta a señales relacionadas con el trauma como en estado de reposo.
- La literatura sobre redes de conectividad intrínseca, o conjuntos de regiones cerebrales que están conectadas funcionalmente y son diferencialmente activas durante ciertas tareas en comparación con el reposo, sugiere que hay alteraciones en el TRT que pueden ayudar a explicar las dificultades generalizadas con el funcionamiento ejecutivo.

CAPÍTULO 4

RESUMEN DEL TRATAMIENTO DE LOS TRASTORNOS COMPLEJOS RELACIONADOS CON EL TRAUMA Y RESULTADOS DE LA INVESTIGACIÓN DE LOS ESTUDIOS TOP DD

En este capítulo, explicamos de forma general cómo ayudar a los pacientes con reacciones complejas relacionadas con el trauma y analizamos el modelo de tratamiento por etapas para los trastornos complejos relacionados con el trauma (TRT) y la investigación relacionada con el tratamiento, concretamente los estudios realizados por el equipo de investigación del Tratamiento de Pacientes con Trastornos Disociativos (TOP DD).

FASE DE ESTABILIZACIÓN DEL TRATAMIENTO DEL TRT COMPLEJO

El tratamiento de los traumas complejos, como el TRT, se conceptualiza como un proceso que consta de tres fases o etapas (Courtois y Ford, 2013; Herman, 1997; Kluft, 1993a, 1993c):

1. La primera fase del tratamiento es la fase de *gestión de síntomas y estabilización*, en la que los pacientes aprenden formas saludables de manejar la desregulación y los síntomas relacionados con el trauma. Este trabajo fundacional es el eje principal de este libro y debe completarse cuidadosa y exhaustivamente para ayudar a los pacientes a estar y sentirse más seguros antes de comprometerse con el trabajo de procesamiento del trauma (que de otro modo sería abrumador) en la segunda fase del tratamiento. Además, la relación terapéutica debe estar bien establecida antes de hablar del trauma relacional, ya que puede activar la desorganización relacionada con el apego.
2. El objetivo del *procesamiento* (la segunda fase del tratamiento) es permitir a la persona examinar y trabajar los impactos de

su trauma. Este trabajo puede realizarse a través de enfoques ascendentes (es decir, impulsados por la conciencia de patrones somáticos), descendentes (impulsados por la cognición), centrados en la exposición o combinados.

3. La tercera fase, la *reconexión*, es más individualizada y normalmente se centra en volver a conectar con uno mismo y con los demás de nuevas maneras con el beneficio de haber convertido las experiencias traumáticas en recuerdos dolorosos en lugar de flashbacks perturbadores, pesadillas y otros síntomas intrusivos (Brand et al., 2014a; International Society for the Study of Dissociation, 2011).

Estas fases son heurísticas en el sentido de que las cuestiones relacionadas con la seguridad y el trauma se abordan a lo largo del tratamiento.

Al principio del tratamiento, las experiencias traumáticas se abordan generalmente desde una perspectiva cognitiva (por ejemplo, abordando cómo las experiencias traumáticas pueden afectar a la autoimagen del individuo, las relaciones y las luchas con la seguridad) en lugar de tratarse en detalle prestando atención a las sensaciones somáticas y sentimientos emocionales. El objetivo general de la terapia del trauma es ayudar al individuo a desarrollar una vida que sea adaptativa y satisfactoria (Brand et al., 2014a).

SEGURIDAD ESTABILIZADORA

Al principio del tratamiento, la mayoría de las personas con TRT tienen dificultades considerables para tolerar de forma segura las emociones y gestionar los síntomas relacionados con el trauma, y a menudo tienen conductas de riesgo y poco saludables, como abuso de sustancias, uso indebido de medicamentos, trastornos alimentarios, conductas autolesivas, intentos de suicidio y otras conductas peligrosas (Brand et al., 2009b, 2019b). Por lo tanto, las directrices de tratamiento para el trauma complejo hacen hincapié en el trabajo centrado en el presente (como la mejoría de la regulación de las emociones y la estabilización de la seguridad) de forma temprana antes de centrarse en detalle en los traumas pasados (Cloitre et al., 2012a; International Society for the Study of Dissociation, 2011; Kezelman y Stavropoulos, 2012; McFetridge et al., 2017). Existen directrices específicas de tratamiento consensuadas por expertos para adultos diagnosticados con un trastorno de identidad disociativo (TID) (International Society for the Study of Dissociation, 2011), así como para niños y adolescentes con trastornos disociativos (TD) (International Society for the Study of Trauma and Dissociation, 2004).

Los objetivos de esta fase temprana del tratamiento son mejorar la seguridad; estabilizar los síntomas; desarrollar habilidades de gestión de los síntomas y de regulación del afecto; construir y mantener un marco terapéutico (una alianza terapéutica entre el paciente y el terapeuta); aumentar la comprensión y la compasión del individuo hacia sí mismo; y, cuando proceda, aumentar la conciencia y la aceptación de los estados disociativos del self (Brand et al., 2012b; Myrick et al., 2015).

Entender por qué las personas adoptan conductas de riesgo y poco saludables

El modelo fásico de tratamiento de pacientes con TRT complejo, entre los que se encuentran aquellos con TD, conceptualiza las conductas de alto riesgo/no saludables como intentos de autorregulación. Mientras que algunos individuos con TRT pueden entender algunos de estos comportamientos como "inseguros", para otros estos comportamientos parecen "normales". Las personas con antecedentes traumáticos corren el riesgo de incurrir en una amplia gama de conductas peligrosas y poco saludables, como los intentos de suicidio, no tomar los medicamentos esenciales según lo prescrito, el consumo de sustancias, comer muy poco o demasiado, el juego, robar en tiendas, conducir temerariamente, practicarse autolesiones no suicidas (ALNS), no mantener los límites con extraños, involucrarse en relaciones abusivas y de explotación emocional, física y sexual (como víctima, abusador o ambas cosas) y ejercer trabajo sexual, entre otras.

Por desgracia, estos comportamientos son especialmente frecuentes en pacientes con TD. Por ejemplo, los estudios de pacientes en tratamiento indican que la mayoría de los pacientes con TD intentarán suicidarse al menos una vez y que aproximadamente la mitad de los pacientes con TD practican ALNS (Coons y Milstein, 1990; Foote et al., 2008; Putnam et al., 1986a; Ross y Norton, 1989). El riesgo de múltiples intentos de suicidio es mayor para las personas con TD que para otros trastornos psiquiátricos, incluso el trastorno límite de la personalidad (TLP) y el trastorno de estrés postraumático (TEPT) (Foote et al., 2008). En concreto, el riesgo de múltiples intentos de suicidio entre los individuos con TD es más de *15 veces* superior al de otros pacientes psiquiátricos.

La revictimización también es alarmantemente alta entre los pacientes con TD. Por ejemplo, los terapeutas TOP DD refirieron que aproximadamente el 7% de sus pacientes habían experimentado revictimización sexual y/o física, y aproximadamente el 36% habían experimentado revictimización emocional *en los últimos 6 meses* (Myrick et al., 2013). La revictimización está vinculada a que los síntomas de los pacientes empeoran repentinamente, en lugar de mejorar, a pesar de estar realizando psicoterapia. Por lo tanto, el establecimiento de la seguridad en las relaciones debe ser un enfoque crítico en el tratamiento, razón por la cual hicimos que la mejoría de la seguridad (incluida la seguridad en las relaciones) fuera una de las cuestiones clave abordadas en el estudio de la Red TOP DD (Myrick et al., 2013).

La revictimización y los comportamientos inseguros se ven a través del prisma del trauma y de los problemas de apego: los patrones de relación poco saludables y otros comportamientos inseguros suelen estar fuertemente moldeados por relaciones tempranas poco saludables y abusivas. Cuando los cuidadores y otros adultos no protegen a un niño y, en cambio, lo descuidan o abusan de él emocional, sexual y/o físicamente, el niño desarrolla un sentido de sí mismo y de los demás que hunde sus raíces en el trato negligente y abusivo hacia sí mismo. Por lo tanto, la revictimización posterior y los comportamientos inseguros pueden ser recreaciones de dinámicas basadas en el trauma (Brand, 2001; Brand et al., 2014a). Considerar estos problemas a través de este punto de vista aclara por qué cambiar estos patrones arraigados es tan difícil.

Tener recaídas repetidas en conductas inseguras y experimentar una tremenda ambivalencia y dificultad para desengancharse de los patrones de relaciones abusivas son problemas comunes entre los individuos con TRT. Los comportamientos inseguros y las relaciones abusivas pueden ser poderosamente reforzantes. Imaginemos lo esencial que puede resultar para una persona que se ha sentido crónicamente indefensa y autodespreciada disponer de un método probado y fiable para adormecer el dolor emocional y recuperar cierta apariencia de control sobre su cuerpo, sus emociones y sus síntomas mediante la práctica de ALNS o el consumo de alcohol, por nombrar solo algunos de los métodos utilizados por las personas traumatizadas para autorregularse. Dejar de utilizar estos métodos arraigados es aterrador y puede parecer peligroso. La noción de "ponerse a salvo" puede parecer totalmente inconcebible porque es posible que nunca hayan conocido la seguridad. Lo desconocido es impredecible para los supervivientes de traumas y, por lo tanto, es un desencadenante de señales de peligro. Ponerse a salvo puede parecer un truco, una forma en que el terapeuta u otras personas de apoyo pueden estar intentando reducir las defensas del paciente para humillarlo o hacerle daño. Volverse más seguro puede parecer tan imposible como "volverse sobrio"; de hecho, estos comportamientos y relaciones pueden parecer tan poderosos como las adicciones para algunos pacientes.

A pesar de este tremendo desafío, las personas con TRT *deben* comenzar a ponerse a salvo de la victimización continua para poder estabilizarse realmente y beneficiarse del tratamiento, por lo que abordar cualquier relación abusiva que esté sucediendo es una cuestión de seguridad urgente. Del mismo modo, las ALNS continuas y repetitivas, los intentos de suicidio y otros comportamientos inseguros pueden poner en peligro la vida, a veces requieren hospitalizaciones repetidas y son perjudiciales para el tratamiento. Los problemas crónicos de seguridad merman la capacidad de la persona para desenvolverse en la vida cotidiana, lo que puede interferir en su funcionamiento académico u ocupacional, en su capacidad para ejercer la paternidad y en su capacidad para mantener relaciones sanas. La cronicidad y gravedad de los problemas de seguridad entre las personas con TRT hace imperativo que la investigación aborde métodos para mejorar la seguridad de los pacientes. Además, los clínicos que tratan a estas personas deben ser conscientes de ello y estar preparados para guiar a los pacientes hacia el establecimiento de la seguridad.

Así pues, la "seguridad" es esencial, aunque pueda parecer imposible o peligrosa. Esta paradoja supone un reto para pacientes, médicos e investigadores. De hecho, fue un reto diseñar un programa para educar a los pacientes sobre la estabilización de la seguridad, entre otros resultados, porque comprendimos que el simple hecho de hablar de seguridad sería un desencadenante para algunos participantes.

REGULACIÓN DE EMOCIONES

La disociación cumple una función protectora frente al estrés abrumador, como ocurre durante los traumas infantiles (Putnam, 1985, 1997). Así, la disociación relacionada con el trauma puede considerarse una estrategia de regulación de la emoción. Cuando se sienten abrumados por la emoción, los individuos con TRT pueden disociarse para evitar sentirla, o pueden incurrir en conductas inseguras como medio para gestionar la emoción o, en muchos casos, para evitarla. Aunque la disociación les permitió sobrevivir durante el trauma, con el tiempo, si la disociación se sigue utilizando con frecuencia para manejar el estrés y las emociones diarias, se convierte en desadaptativa porque el individuo no aprende a manejar las emociones de forma saludable.

Las dificultades en la regulación de las emociones contribuyen a estas luchas crónicas por la seguridad. Los individuos con TRT a menudo experimentan emociones intensamente dolorosas debido a intrusiones relacionadas con el trauma (por ejemplo, pensamientos, imágenes, olores o sensaciones);

una autoimagen profundamente negativa; crisis frecuentes y revictimización; relaciones familiares y sociales difíciles; una variedad de trastornos psiquiátricos y médicos comórbidos y a menudo graves; y conflicto interno entre estados del self (entre aquellos con TD complejos).

La literatura sobre el trauma complejo (por ejemplo, Allen, 2005; Boon et al., 2011; Brand, 2001; Brand y Lanius, 2014; Brand et al., 2012b; Chu, 2011; Courtois et al., 2009; Dorrepaal et al., 2012; Ford y Courtois, 2009; Frewen y Lanius, 2015; Kluft, 1993c; Lanius et al., 2011; Najavits y Hien, 2013; Putnam, 1989; van der Hart et al., 2006) indica que hay una serie de factores que contribuyen a las dificultades para mantener la seguridad: sentirse abrumado por emociones como la vergüenza, la desesperación, el odio hacia uno mismo, la ira y el terror; síntomas inmanejables de TEPT y disociación; revictimización; y conflictos internos entre estados del self para pacientes con estados disociativos del self. Los investigadores que examinan la disociación con individuos traumatizados han llegado a la conclusión de que las habilidades de regulación emocional son importantes en el tratamiento del trauma y son cruciales para estabilizar la seguridad e interrumpir la transmisión intergeneracional del trauma (por ejemplo, Narang y Contreras, 2005).

Los estudios neurobiológicos sobre el TEPT, especialmente cuando se asocia a altos niveles de disociación, muestran que las personas con TRT tienen dificultades de regulación de las emociones impulsadas biológicamente. Por ejemplo, presentan patrones de activación cerebral alterados que oscilan entre la subregulación y la sobrerregulación de las emociones, lo que significa que tienden a sentir demasiado o demasiado poco (véase más información en el capítulo 3; Lanius et al., 2010; Reinders et al., 2006; Schlumpf et al., 2013, 2019). Las dificultades con la regulación de las emociones contribuyen a la gravedad y persistencia de los síntomas de TEPT en adultos supervivientes de maltrato infantil (Lilly et al., 2014; Stevens et al., 2013). En adultos con TEPT, las dificultades con la regulación de las emociones se asocian con el riesgo de revictimización sexual en la edad adulta (Weiss et al., 2019) y comportamientos inseguros, como las ALNS y el consumo de drogas (Dixon-Gordon et al., 2014).

Por lo tanto, las dificultades con la regulación de las emociones son una de las vulnerabilidades centrales que contribuyen a la inestabilidad general en los TRT, al igual que entre los individuos con TLP, que incurren en ALNS frecuentes y otros comportamientos inseguros (Linehan, 1993). Los tratamientos cognitivo-conductuales como la terapia dialéctico-conductual (TDC) que enseñan habilidades de regulación de las emociones dan lugar a reducciones de las ALNS en pacientes con TLP (DeCou et al., 2019), incluso cuando el trastorno se presenta junto con un TEPT (Harned et al., 2014; Wagner et al., 2007). Sin embargo, la disociación dificulta la respuesta de los pacientes con TLP a la TDC (Kleindienst et al., 2011, 2016), lo que llevó a los investigadores que realizaron el estudio TDC a concluir que es necesario desarrollar intervenciones específicas para ayudar a los pacientes a manejar la disociación para que puedan beneficiarse de la TDC.

Existen algunas similitudes entre los pacientes con TD y TLP; por ejemplo, ambos grupos de pacientes se enfrentan a menudo a altas tasas de exposición al trauma, disociación, ALNS, intentos de suicidio y dificultades con la regulación de las emociones. Estas similitudes, así como la importancia de proporcionar un tratamiento por etapas centrado inicialmente en la estabilización de los síntomas, las emociones y la seguridad, sugieren que estos trastornos pueden ser conceptualizados, al menos en parte, como trastornos de la regulación emocional (Brand y Lanius, 2014). Estudios de caso preliminares sugieren que los enfoques de tratamiento por etapas, entre los que se encuentran las adaptaciones de TDC, pueden ser beneficiosos para los pacientes con TID, por ejemplo, produciendo la mejoría de la regulación emocional y el manejo de la disociación a lo largo del tiempo (Foote y Orden, 2016; Pollock et al., 2017).

En conjunto, este cuerpo de investigación sugiere que los individuos con TRT luchan con la desregulación de la emoción y que puede ser beneficioso dirigirse a la regulación de la emoción en el tratamiento del trauma. Es importante destacar que los individuos con trauma complejo y altos niveles de disociación muestran mejoría con respecto a la disociación después de un tratamiento por etapas que enseña a regular la emoción (Cloitre et al., 2012b; Schlumpf et al., 2019). Existe evidencia preliminar de que el tratamiento hospitalario del trauma puede estar asociado con cambios beneficiosos en el funcionamiento de la red cerebral que reflejan una mejor regulación de la emoción (Schlumpf et al., 2019).

En consonancia con estas observaciones clínicas, las directrices consensuadas por expertos para el TID sugieren que, en la primera etapa del tratamiento, los pacientes necesitan aprender habilidades para manejar las emociones y los síntomas (de modo que puedan establecer y mantener la seguridad y la autorregulación) y para que puedan volverse gradualmente más seguros (International Society for the Study of Dissociation, 2011). Los pacientes con TRT también necesitan mejorar el autocuidado, el control de los impulsos, las habilidades interpersonales, la autocomprensión y la autocompasión (por ejemplo, empezar a desarrollar al menos cierto grado de tolerancia a los estados disociativos del self, si procede) (International Society for the Study of Dissociation, 2011).

HABILIDADES ÚTILES PARA SUPERVIVIENTES DE TRAUMAS

Estas son algunas de las habilidades específicas que deben enseñarse, practicarse y utilizarse durante las sesiones de terapia, así como fuera de ellas (Brand et al., 2019b):

- *Enraizamiento* cuando se empieza a sentir demasiado o demasiado poco para evitar la angustia emocional y/o la disociación.
- *Separar el pasado del presente* a través de la contención de imágenes intrusivas, recuerdos, sensaciones corporales e interrupción de recreaciones cognitivas y conductuales relacionadas con el trauma (por ejemplo, creencias basadas en el trauma y "guiones" conductuales).
- *Regulación de las emociones* (como el uso autocompasivo del enraizamiento y otras habilidades centradas en la recuperación) como alternativa a comportamientos insanos, arriesgados o inseguros, a la disociación, a reacciones que ya no son necesarias relacionadas con el trauma y/o a la evitación habitual de las emociones.
- *Conseguir que las necesidades sanas se satisfagan de forma segura*, incluso mediante el uso de habilidades de recuperación centradas en la curación y el desarrollo de planes de gestión de la angustia para ayudar a los pacientes a reconocer e interrumpir los patrones de comportamiento de riesgo, poco saludables o inseguros que ya no son adaptativos.

Aunque estas habilidades se dividen en cuatro ámbitos, están interrelacionadas. Por ejemplo, las personas que trabajan el enraizamiento pueden ser capaces de romper un ciclo de comportamiento poco saludable regulando sus emociones. Esto puede ayudarles a satisfacer sus necesidades sanas de forma más segura, y pueden experimentar algunas emociones que antes habían disociado.

Las personas con TRT necesitan desarrollar gradualmente la comprensión de lo que contribuye a sus conductas de riesgo y aprender (así como utilizar realmente) formas alternativas y más saludables de regulación de las emociones y los síntomas, y de manejo de las relaciones, de los estados disociativos propios y de los factores estresantes. Es habitual que estos individuos se muestren reacios a utilizar estas habilidades incluso cuando las han aprendido por diversas razones (en el tema 14 del libro de trabajo tienes una lista con muchas de estas razones). Mejorar la capacidad de regulación emocional de los pacientes con

TRT es de vital importancia para su recuperación. Una mayor capacidad de regulación emocional permite a los pacientes con TRT tolerar emociones dolorosas, reduciendo así su dependencia de ALNS, disociación, drogas y otras estrategias de afrontamiento poco saludables para manejar intrusiones traumáticas, emociones abrumadoras y estados compartimentados de sí mismos.

Una razón importante para reducir la confianza de los pacientes en la disociación es que esta puede interferir en la respuesta al tratamiento. En concreto, se ha demostrado que el *momento* en el que ocurre la disociación es un factor predictivo del resultado del tratamiento. La disociación que ocurre *durante* las sesiones de tratamiento puede interferir con el aprendizaje inhibitorio que tiene lugar mientras se procesa el trauma; por lo tanto, la disociación podría interferir con los miedos y la vergüenza basados en el trauma que se están desaprendiendo (Lanius et al., 2012). La investigación respalda esta posibilidad. La disociación al inicio del tratamiento fue la única variable que predijo el resultado del tratamiento entre las personas que se presentaron en una sala de urgencias para recibir atención después de un trauma (Price et al., 2014). De hecho, la disociación al inicio del tratamiento representó un nivel sorprendentemente alto de TEPT después del tratamiento (51%), lo que indica lo serio que puede ser un impedimento para el tratamiento la disociación. Queda mucho por aprender sobre el impacto de la disociación en los resultados del tratamiento, como, por ejemplo, el momento (es decir, disociación al inicio del estudio, al inicio del tratamiento o durante las sesiones de terapia), la cronicidad (es decir, disociación peritraumática o disociación crónica de tipo rasgo), la gravedad y el tipo de disociación experimentada (por ejemplo, embotamiento emocional, despersonalización/realización, fragmentación de la identidad o amnesia).

RECOMENDACIONES DE LOS EXPERTOS PARA EL TRATAMIENTO DEL TD COMPLEJO

Aunque es necesario seguir investigando, los estudios disponibles ofrecen una visión de lo que los expertos han considerado más eficaz. Las recomendaciones de los expertos pueden proporcionar una orientación importante para el tratamiento de los TRT.

Encuesta a expertos en TD

El equipo de investigación de TOP DD encuestó a 36 expertos internacionales en TID para identificar las intervenciones que recomendaban utilizar en las distintas fases del tratamiento del TID (Brand et al., 2012b). Los expertos calificaron la frecuencia con la que recomendaban el uso de 28 intervenciones en el tratamiento del TID. Se identificaron las 10 principales intervenciones más recomendadas en todas las etapas del tratamiento. Debido al alto nivel de conductas inseguras crónicas, los expertos en TID abogaron por que los clínicos aborden continuamente la seguridad como una de las 10 intervenciones recomendadas más frecuentemente a lo largo del tratamiento del TID hasta la última etapa del tratamiento. Durante la etapa de estabilización, así como durante la etapa de procesamiento del trauma, los expertos recomendaron intervenciones relacionadas con la estabilización de los pacientes, ayudándolos a gestionar la disociación mediante técnicas de enraizamiento y los síntomas de TEPT mediante técnicas de contención, así como a mejorar la tolerancia de las emociones y el control de los impulsos.

Recomendaciones de tratamiento de los expertos en TD comparadas con las intervenciones de los clínicos

El equipo de TOP DD comparó las intervenciones de tratamiento comunicadas por los médicos que participaron en el estudio de tratamiento naturalista TOP DD con las recomendadas por los expertos en TD (Myrick et al., 2015). Nuestro objetivo era determinar si los clínicos de la comunidad proporcionaban un tratamiento que fuera generalmente coherente con las recomendaciones de los expertos. Los clínicos de la comunidad y los expertos en TD proporcionaron las intervenciones de tratamiento que utilizaban con sus pacientes utilizando la misma medida de evaluación de intervenciones, el Cuestionario de Actividades de Tratamiento de Trastornos Disociativos (Brand et al., 2012b; Myrick et al., 2015). Aquí revisamos solo la comparación para la fase de estabilización porque es la más crucial para el tratamiento de los TRT y es el foco del estudio de la Red TOP DD.

Según la comparación entre los clínicos y los expertos, los terapeutas comunitarios en general declararon que utilizaban intervenciones de tratamiento que coincidían con las recomendadas por los expertos en TD en la fase de estabilización. Sin embargo, los clínicos refirieron un menor uso de algunas de las técnicas estabilizadoras importantes, como la mejoría de la seguridad y la enseñanza a los pacientes de técnicas de gestión de síntomas (por ejemplo, el enraizamiento y la contención). Estos resultados sugieren que los terapeutas podrían beneficiarse de una formación adicional sobre la estabilización de pacientes disociativos complejos.

La figura 4.1 muestra la comparación de las intervenciones recomendadas por los expertos frente a los clínicos. Los expertos y los terapeutas coincidían en la frecuencia del trabajo con los estados disociativos del self a partir de la primera fase del tratamiento, así como en la enseñanza de técnicas cognitivo-conductuales, la estabilización del paciente durante las crisis y la abstención del procesamiento detallado de acontecimientos traumáticos específicos.

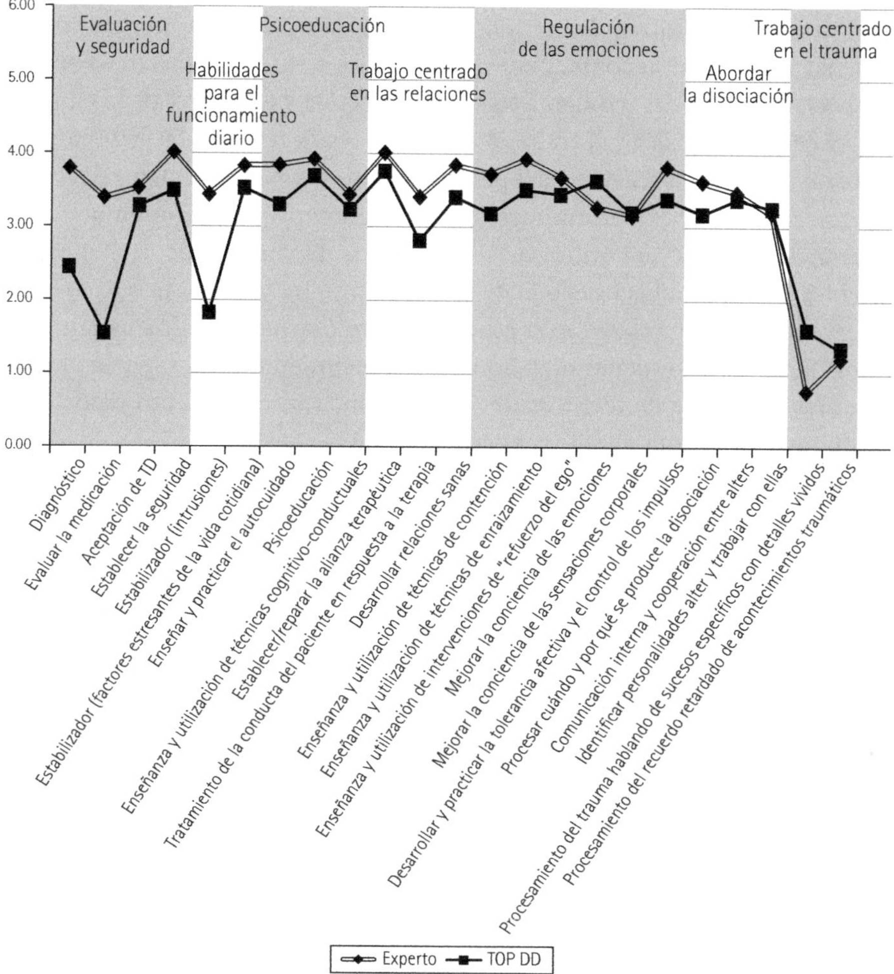

Figura 4.1. Comparación de las intervenciones recomendadas por los expertos en trastornos disociativos en comparación con los clínicos de la comunidad en el estudio TOP DD.

Utilizada con permiso de Myrick, A. C., Chasson, G. S., Lanius, R., Leventhal, B. y Brand, B. L. (2015). Treatment of complex dissociative disorders: A comparison of interventions reported by community therapists versus those recommended by experts. *Journal of Trauma & Dissociation, 16*:1, 51–67. doi:10.1080/15299732.2014.949020

A pesar de las similitudes entre las intervenciones de los expertos y las de los clínicos, hubo algunas diferencias significativas entre los grupos. En general, los expertos aconsejaron realizar más evaluaciones (es decir, diagnosticar las enfermedades psiquiátricas y la respuesta a los medicamentos), centrarse más en la regulación de las emociones y los síntomas (es decir, enseñar y practicar la contención y el enraizamiento, así como trabajar con los pacientes para desarrollar la tolerancia afectiva y el control de los impulsos) y centrarse más en el trabajo relacional (es decir, establecer/reparar la alianza; procesar la reacción del paciente a la terapia; desarrollar relaciones sanas). Los clínicos comunitarios eran menos propensos a enfatizar la tolerancia afectiva, el control de los impulsos, la contención y el enraizamiento; esto indica la necesidad de formación sobre la importancia de estas intervenciones estabilizadoras, especialmente porque los clínicos también informaron de una menor atención al establecimiento de la seguridad y un uso más frecuente de técnicas de "exposición" (procesamiento emocional profundo del trauma) que los expertos en TD.

Estos importantes hallazgos guiaron el desarrollo del estudio y el programa de la Red TOP DD, así como la redacción de esta obra y el libro de trabajo que la acompaña. Los principales objetivos del estudio de la Red TOP DD y de este libro son aumentar la conciencia de los clínicos y de las personas con TRT sobre las intervenciones que son esenciales para la estabilización y la seguridad de las personas con TRT, así como su habilidad para utilizarlas. Los clínicos y las personas con TRT que conocen la importancia de estas habilidades cruciales de estabilización pueden trabajar juntos para construir una base sólida de tratamiento. El éxito del progreso de un individuo disociativo en el tratamiento depende de tener una base sólida en estas áreas (International Society for the Study of Dissociation, 2011; Kluft, 1993c).

LOS ESTUDIOS DEL TRATAMIENTO TOP DD

El estudio naturalista TOP DD

La investigación indica que el tratamiento del TD que generalmente es coherente con el modelo de etapas se asocia con una serie de beneficios para los pacientes con TD. Para una revisión y metaanálisis de los primeros estudios de tratamiento de TD que se llevaron a cabo, véase Brand et al. (2009b). Los resultados del estudio naturalista TOP DD y de la Red TOP DD son coherentes con los hallazgos de los primeros estudios de tratamiento de los TD, en su mayoría hospitalarios. En general, estos estudios muestran que si se proporciona un tratamiento del trauma que sea coherente con las directrices de los expertos sobre la disociación compleja relacionada con el trauma, los pacientes altamente disociativos muestran mejoría en muchas áreas (Brand et al., 2009b; International Society for the Study of Dissociation, 2011; Jepsen et al., 2014). En conjunto, los estudios de tratamiento sugieren que los pacientes con TD se benefician de un tratamiento centrado en el trauma y la disociación que sigue un enfoque escalonado y cuidadosamente pautado en el que se abordan y estabilizan su seguridad y sus síntomas graves, entre los que se encuentra la disociación.

El primer estudio que examinó cómo les iba a los pacientes con TD en el tratamiento llevado a cabo por el equipo de investigación TOP DD se denominó estudio *naturalista* TOP DD (Brand et al., 2009b, 2013) porque los investigadores no alteraron el tratamiento ni ofrecieron ninguna intervención adicional a los participantes, sino que estudiaron cómo les iba "naturalmente" con el tiempo en el tratamiento de psicoterapia individual. El estudio fue "prospectivo", lo que significa que la información sobre los síntomas y el funcionamiento de los pacientes se recogió longitudinalmente a lo largo de 2,5 años de tratamiento. Fue el primer estudio internacional de tratamiento de pacientes con TD, con aportaciones de 280 personas diagnosticadas de TID o TD no especificado (TDNE) y 292 terapeutas. Pedimos a pacientes y terapeutas que compartieran información sobre cómo se encontraba el paciente cuatro veces a lo largo de 30 meses.

Los terapeutas que participaron en el estudio naturalista TOP DD indicaron en qué fase del tratamiento se encontraba su paciente durante los 6 meses anteriores de tratamiento. Una comparación de los pacientes en las diferentes etapas (es decir, las comparaciones "transversales") reveló que los pacientes en la primera etapa de tratamiento tenían niveles más altos de disociación, TEPT, conductas autolesivas, síntomas psiquiátricos generales, más hospitalizaciones y un funcionamiento diario menos saludable que los pacientes en la última etapa de tratamiento (Brand et al., 2009b).

Los resultados "longitudinales" del TOP DD naturalista (es decir, los análisis que comparaban a los pacientes al inicio del estudio con cómo estaban a los 30 meses de seguimiento) indicaron que los pacientes habían disminuido los niveles de disociación, TEPT, depresión, intentos de suicidio, autolesiones, conductas peligrosas, consumo de drogas, dolor físico y hospitalizaciones psiquiátricas, y presentaban un mejor funcionamiento y habilidades adaptativas (Brand et al., 2013). Además, los pacientes con TD refirieron que realizaban con más frecuencia actividades de voluntariado y/o asistían a la escuela, socializaban y se sentían bien. A esto se suma que hubo más pacientes que progresaron de la fase temprana del tratamiento a una fase más avanzada que pacientes que retrocedieran de una fase avanzada a una fase temprana del tratamiento.

De hecho, incluso los pacientes TOP DD con los niveles más altos de disociación, así como aquellos con la depresión más grave, mostraron mejorías significativas en estos síntomas a lo largo de 30 meses (Engelberg y Brand, 2012). En muchos estudios, los pacientes con los peores síntomas son los que no mejoran, por lo que es crucial que el tratamiento se asocie con una mejoría incluso entre los individuos más sintomáticos.

Los terapeutas describieron un nivel alarmante de revictimizaciones en los 6 meses anteriores: entre el 3,5% y el 7% de los pacientes experimentaron revictimización sexual o física, y entre el 2,9% y el 6% experimentaron abuso emocional en una relación (Myrick et al., 2013). Un aspecto crucial es que el tratamiento puede haber ayudado a los pacientes a estar más seguros en las relaciones, ya que el número de pacientes que fueron revictimizados mostró una tendencia a la baja en el transcurso del estudio.

Además, más pacientes mostraron "mejoría súbita" en comparación con "empeoramiento súbito" (es decir, aumento o disminución del 20% de los síntomas) en uno o más puntos temporales. Los terapeutas describieron menos episodios de revictimización y estresores relacionados con la revictimización entre el grupo de "mejoría súbita" en comparación con el grupo que empeoró súbitamente, lo que sugiere que la revictimización y/o los estresores pueden haber contribuido al empeoramiento en el tratamiento. El empeoramiento en más de un punto en la recogida de datos solo se produjo en una pequeña minoría (1,1%) de los pacientes.

Por desgracia, es una triste realidad que hay individuos que no responden, o que incluso empeoran, en psicoterapia (Leichsenring et al., 2019). Pocos investigadores han estado dispuestos a estudiar e informar sobre las tasas de empeoramiento; es un área sobre la que el campo de la salud mental necesita aprender mucho. La tasa de 1,1% de empeoramiento sostenido en el estudio longitudinal TOP DD arroja una comparativa favorable con respecto al 5%-10% de los pacientes psiquiátricos que muestran empeoramiento de los síntomas durante el tratamiento en general (Hansen et al., 2002).

En consonancia con otras investigaciones, los participantes con TD en el estudio longitudinal TOP DD requirieron hospitalización frecuente debido a su alta tasa de comportamientos inseguros. Los terapeutas indicaron que el 56% de los pacientes en la fase de estabilización habían tenido ALNS en los 6 meses anteriores al inicio del estudio, y un alarmante 38% había intentado suicidarse en los últimos 6 meses (Brand et al., 2009b). Dado este nivel excesivamente alto de comportamiento inseguro, no es sorprendente que casi una cuarta parte (23%) de los pacientes hubieran requerido *entre una y tres hospitalizaciones en los últimos 6 meses antes* de inscribirse en el estudio (Brand et al., 2013). Es especialmente destacable que, incluso con tasas tan altas de ALNS, intentos de suicidio y hospitalización, los pacientes mostraron una reducción en estos tres graves problemas después de 30 meses de terapia individual. Esto es sorprendente, ya que, según un reciente metaanálisis de 32 ensayos controlados aleatorizados, la psicoterapia no resultó ser eficaz en la reducción de ALNS, aunque sí lo fue en la reducción de los intentos de suicidio (Calati y Courtet, 2016).

El estudio arrojó otros resultados alentadores. Una comparación entre los participantes TOP DD más jóvenes y los mayores mostró que los pacientes adultos jóvenes estabilizaron los comportamientos autolesivos y los intentos de suicidio más rápidamente que los adultos mayores (Myrick et al., 2012). Se trata de un hallazgo muy importante, ya que sugiere que el diagnóstico precoz y el tratamiento de los TD podrían dar lugar a una estabilización más rápida de los síntomas potencialmente mortales. Estos resultados plantean la esperanzadora posibilidad de que la identificación precoz del TRT conduzca a una intervención temprana que podría reducir la desmoralización y el camino que lleva a algunos individuos con TRT a convertirse en discapacitados crónicos debido a la gravedad de sus síntomas y a la necesidad de hospitalizaciones repetidas. La investigación en este campo es acuciante y necesaria. Otro hallazgo prometedor y crucial del estudio naturalista TOP DD está relacionado con la carga económica asociada a los TD. Hasta hace poco no se habían comenzado a investigar los costes económicos de los TRT. Sin embargo, los datos recientes sobre los asombrosos costes del maltrato infantil probablemente se generalicen a las personas con TRT. Se estima que el abuso y la negligencia infantil cuestan a los Estados Unidos más de 100.000 millones de dólares al año debido a los innumerables y duraderos impactos psicológicos, médicos, académicos, de servicios sociales, ocupacionales, de justicia penal y de otra índole (Wang y Holton, 2007). Los graves antecedentes traumáticos y los niveles de discapacidad asociados a los TD hacen probable que existan costes muy elevados asociados a estos trastornos.

En uno de los primeros estudios sobre los costes económicos del tratamiento de los TD, el equipo de TOP DD calculó los costes de las sesiones de tratamiento ambulatorio y de la hospitalización de cada paciente del estudio. Estos costes se analizaron para pacientes en tratamiento temprano frente a pacientes en tratamiento tardío (es decir, transversal), así como a lo largo del tiempo (es decir, longitudinal). Según los informes de los pacientes sobre los días hospitalizados, el coste de la hospitalización fue menor en las fases avanzadas del tratamiento que en las fases iniciales. Del mismo modo, las estimaciones de costes disminuyeron con el tiempo en las comparaciones longitudinales. Las estimaciones de costes utilizando los informes de los terapeutas sobre los días de hospitalización mostraron descensos con el tiempo. También se preguntó a los terapeutas por el número de sesiones de psicoterapia que el paciente había recibido en los 6 meses anteriores. Utilizando las estimaciones de costes de las sesiones ambulatorias, los costes estimados del tratamiento ambulatorio disminuyeron con el tiempo. Parece probable que la reducción de las ALNS y de los intentos de suicidio a lo largo del tiempo de tratamiento contribuyera a la disminución de los costes del tratamiento hospitalario y ambulatorio con el tiempo, aunque el diseño del estudio no nos permite concluir definitivamente que el tratamiento causara las mejorías que se relacionaron con la disminución de los costes. Como ya se ha señalado, los resultados longitudinales a 30 meses fueron bastante alentadores. El equipo de investigación del TOP DD decidió comprobar si las mejorías perduraban, aumentaban o tal vez disminuían una vez finalizado el estudio. Intentamos localizar a los terapeutas varios años después de la conclusión del estudio para determinar los resultados a largo plazo de los pacientes. Pudimos localizar y obtener datos de seguimiento a largo plazo de 61 de los terapeutas originales de TOP DD en una breve encuesta de seguimiento (Myrick et al., 2017b). En promedio, se contactó con los terapeutas 6 años después de haber sido reclutados para el estudio TOP DD. Según los informes de los terapeutas, los pacientes que seguían en tratamiento continuaron mostrando mejorías: tuvieron menos estresores generales, hospitalizaciones psiquiátricas y revictimizaciones sexuales durante los 6 años. Los pacientes TOP DD tenían 60 veces más probabilidades de ser revictimizados sexualmente a los 6 meses del estudio que a los 6 años de seguimiento, lo que indica que esta es un área muy importante de mejoría de la seguridad relacionada con el tratamiento. Solo el 1,6% de los pacientes requirieron hospitalización en los 6 meses anteriores al seguimiento de 6 años. Además, su funcionamiento diario había mejorado significativamente, según los informes de los terapeutas. Hubo menos conflicto entre los estados disociativos del self a lo largo del tiempo, lo cual es crucial porque el conflicto arraigado entre los estados disociativos del self se asocia con un mal pronóstico para los individuos con TD (Kluft, 1994b).

Sin embargo, todavía había áreas de marcada dificultad en el seguimiento de 6 años: el 46% de los pacientes tenía relaciones románticas muy pobres o inestables o carecía de ellas, el 37,7% no podía conservar un trabajo o recibía asignación por discapacidad, el 40% tenía considerables factores de estrés relacionados con la salud y el 32,2% luchaba contra el estrés relacionado con su familia de origen (Myrick et al., 2017b). Más de una cuarta parte de los pacientes (38,2%) ya no estaban en tratamiento con el terapeuta TOP DD. Los terapeutas aportaron una variedad de razones para la interrupción del tratamiento: el 12,8% terminó con éxito sin la integración completa de los estados del self disociados, pero funcionando bien, y otro 12,8% había terminado con éxito el tratamiento después de la integración completa de los estados del self disociados. Un grupo numeroso (38,5%) terminó el tratamiento principalmente por razones externas (por ejemplo, traslado, limitaciones financieras, enfermedad). Casi una cuarta parte (23,1%) de los que terminaron de trabajar con el terapeuta TOP DD habían interrumpido el tratamiento principalmente por razones personales, que podían incluir falta de motivación y no encontrar útil el tratamiento. Lamentablemente, algunos pacientes (2,6%) habían fallecido debido a problemas médicos que el terapeuta creía que se habían agravado por un mal autocuidado.

Estos resultados longitudinales son alentadores y aleccionadores, dependiendo del paciente. Iluminan la difícil realidad del tratamiento y la recuperación a largo plazo de los pacientes con TD. Es decir, a pesar de los años de tratamiento, y junto con mejorías considerables en los síntomas, el funcionamiento y los costes del tratamiento, una minoría considerable sigue enfrentándose durante años a dificultades relacionadas con las relaciones, los problemas de salud, la familia de origen y el funcionamiento laboral.

En resumen, el estudio naturalista TOP DD documentó que, con un tratamiento adecuado de los TD, se produce una mejoría de una amplia gama de síntomas y del funcionamiento adaptativo, al tiempo que disminuye la utilización de niveles superiores de atención. La coherencia de este patrón en una amplia gama de variables de resultados, corroborada por los datos tanto de los terapeutas como de los pacientes, sugiere claramente que el tratamiento contribuyó a las mejorías.

El estudio de la Red TOP DD

Cuando el equipo de TOP DD comenzó a considerar el desarrollo de un programa de este tipo, todavía no se había publicado ninguna intervención sistemática dirigida a las dificultades de seguridad y regulación emocional para pacientes con TD y no se había desarrollado ni estudiado ningún programa educativo en línea para pacientes con TD o TRT. Desarrollamos el programa Finding Solid Ground para probar específicamente si proporcionar un programa de psicoeducación en línea a pacientes con TRT/TD y a terapeutas se asociaría con la estabilización de una amplia gama de comportamientos inseguros y síntomas relacionados con el trauma y la mejoría de la regulación emocional.

Parece que un método potencial para mejorar la seguridad de los pacientes podría ser proporcionar psicoeducación a ambos miembros de la díada sobre métodos saludables de regulación de las emociones y técnicas de gestión de los síntomas, como los métodos adaptativos de gestión de los impulsos inseguros. Desarrollar habilidades en la regulación de las emociones y el manejo de los síntomas puede permitir a los pacientes funcionar mejor y ser más capaces de tolerar las emociones que surgen dentro y fuera del tratamiento. Mejorar las habilidades de regulación de las emociones podría permitir a los pacientes participar de forma más cómoda y significativa en el tratamiento en lugar de disociarse repetidamente en respuesta a las emociones que sienten durante la sesión. La disociación durante la terapia interfiere con el trabajo productivo durante la sesión.

Elaboración y diseño del estudio de la Red TOP DD

Aproximadamente en el momento en que el estudio naturalista TOP DD estaba a punto de finalizar, los investigadores estaban empezando a demostrar que los tratamientos y programas educativos en línea podían ser bastante útiles para una variedad de trastornos psicológicos, pero no se había intentado una intervención en línea con pacientes con TD antes del estudio de la Red TOP DD. Estaban surgiendo investigaciones que demostraban que los participantes con problemas como la depresión y la ansiedad encontraban beneficiosos estos programas en línea (Catrin Lewis et al., 2012), ya que eran accesibles, asequibles y convenientes, y no requerían viajar ni encontrar un terapeuta con habilidades y disponibilidad para proporcionar tratamiento. La investigación estaba empezando a demostrar que se podía desarrollar una relación de colaboración con el terapeuta o formador en línea (Klein et al., 2010; Knaevelsrud y Maercker, 2007). El estándar vigente durante décadas que postulaba la necesidad de estar cara a cara en una consulta para proporcionar servicios se estaba poniendo en duda a causa de estos innovadores programas en línea (Morland et al., 2014). De manera acusada, la participación en programas educativos y de tratamiento en línea se asocia con una mejoría de los síntomas de una variedad de trastornos, entre los que se encuentra el TEPT (Lewis et al., 2019; Sijbrandij et al., 2016), y se ha demostrado que los pacientes los aceptan bien (Simon et al., 2019). Estos prometedores programas de salud mental en línea estaban ganando credibilidad y, por lo tanto, se estaban volviendo populares justo cuando el equipo de TOP DD comenzó a considerar la desalentadora necesidad insatisfecha de tratamiento para los pacientes con TD.

El equipo de TOP DD conocía a expertos en trauma que impartían talleres en todo el mundo para satisfacer la enorme necesidad de formación de terapeutas. Se trataba de una magnífica forma de proporcionar formación, pero no todos los terapeutas podían asistir a estos talleres. Además, había un número limitado de clínicos que contaran con la experiencia necesaria y que pudieran viajar al extranjero para impartir estos cursos. Un par de organizaciones profesionales pioneras empezaron a desarrollar y patrocinar talleres de formación en línea para terapeutas (por ejemplo, la Sociedad Internacional para el Estudio del Trauma y la Disociación y la Sociedad Europea de Trauma y Disociación). Los seminarios web empezaron a ser un medio popular y accesible de llegar a un amplio número de terapeutas.

Este fue el contexto en el que el equipo de TOP DD debatió el siguiente paso que era necesario dar en la investigación del tratamiento de los TD. ¿Cómo podíamos responder a la abrumadora necesidad de investigación y formación sobre tratamientos cuando había tan poca financiación y tan pocos clínicos que pudieran proporcionar formación a los terapeutas, y sin embargo tantas personas que necesitaban tratamiento? Estaba claro que los pacientes con TD de todo el mundo necesitaban desesperadamente tratamiento, y el campo de la salud mental tenía que encontrar la forma de proporcionar formación fácilmente accesible y asequible a un gran número de terapeutas para que pudieran proporcionar ese tratamiento de forma competente. El equipo de TOP DD pensó en formas de abordar la necesidad insatisfecha de tratamiento de los TD en todo el mundo. El resultado que surgió fue el estudio de la Red TOP DD, que es la primera intervención estandarizada del campo de la salud mental para pacientes externos con TD. Se considera innovador porque fue el primer estudio que ofreció un programa educativo en línea estandarizado a pacientes y terapeutas con el objetivo de estabilizar los síntomas de los pacientes con TD y proporcionar formación básica a los terapeutas sobre métodos para estabilizar los síntomas de los pacientes, al tiempo que se estudiaban los resultados de su tratamiento.

Desarrollamos el programa Finding Solid Ground basándonos en los problemas clínicos, la investigación relacionada y las directrices de expertos revisadas anteriormente. Reconocimos que la mayoría de los clínicos no reciben una formación sistemática en trauma complejo y disociación, y a menudo no se sienten preparados para tratar a individuos con disociación compleja. Basándonos en los resultados de nuestra investigación, parecía que tanto los pacientes como los clínicos que los trataban necesitaban formación adicional sobre intervenciones estabilizadoras. Nuestro objetivo era crear un programa que pudiera ayudar tanto a los pacientes como a los terapeutas a aprender a mejorar la seguridad de los pacientes, los síntomas y la capacidad de tolerar y manejar con seguridad sus sentimientos y las partes disociadas de sí mismos. También pretendíamos aumentar la autocomprensión y la autocompasión de los pacientes.

Junto con nuestro maravilloso equipo de investigadores, colaboradores y clínicos expertos en trauma[3], desarrollamos el programa TOP DD como un programa en línea para que fuera fácilmente accesible y factible de impartir a gran escala. El programa proporciona formación a través de una serie de vídeos y materiales escritos que pretenden ayudar a los pacientes a estabilizar su seguridad aumentando su conciencia de lo que contribuye a los impulsos de "inseguridad", entendiendo la seguridad en sentido amplio. Proporcionamos educación sobre los síntomas relacionados con el trauma y las señales de alerta temprana que podrían indicar que el paciente se está sintiendo abrumado y angustiado. Reconocer los primeros signos de alerta es crucial porque son señales para utilizar técnicas de tratamiento de los síntomas y de autorregulación emocional antes de que el paciente se sienta abrumado y menos capaz de permanecer seguro.

El programa enseña a los pacientes diversas formas de gestionar los síntomas, los impulsos inseguros, los desencadenantes basados en el trauma y las emociones. Para mantener la seguridad y gestionar los síntomas relacionados con el trauma, los pacientes deben ser capaces de identificar, regular y hacer un uso saludable de las emociones. Desarrollamos el programa Finding Solid Ground para que mejorara las habilidades de regulación emocional de los pacientes, así como para reducir la vergüenza y la dura autocrítica que a menudo contribuyen a comportamientos inseguros y

3 Lista de colaboradores de TOP DD: Bethany L. Brand, Hugo J. Schielke, Frank W. Putnam, Richard J. Loewenstein, Amie Myrick, Karen Putnam, Ellen K. K. Jepsen, Willemien Langeland, Clare Pain, Kathy Steele, Catherine Classen, Suzette Boon, Paul A. Frewen y Ruth A. Lanius.

que pueden aumentar el riesgo de depresión y suicidio. Para respaldar los objetivos de aliviar la vergüenza y la autocrítica, así como para mejorar su capacidad de tener relaciones sanas, también nos centramos en identificar y desafiar las creencias distorsionadas basadas en el trauma, en particular las creencias que podrían contribuir a los problemas de seguridad.

El contenido del programa y las intervenciones de la Red TOP DD se dirigen principalmente a la etapa de estabilización del tratamiento para pacientes disociativos complejos, aunque los problemas con la seguridad, la disociación y la desregulación de las emociones ocurren a lo largo de todas las etapas del tratamiento. En consonancia con la necesidad de estas habilidades a lo largo del tratamiento, varios participantes que ya habían trabajado para estabilizar sus síntomas y su seguridad participaron en el estudio de la Red TOP DD; algunos de estos pacientes más avanzados nos informaron de que el programa les ayudó a comprender más ampliamente lo que implica la seguridad y a profundizar en su autocuidado para incorporar esta mayor conciencia de la seguridad. Manifestaron haber aprendido a cuidarse de nuevas formas, como establecer límites autoprotectores en relaciones poco saludables, reducir el uso excesivo de juegos de ordenador y/o medios de comunicación, y comer de forma más saludable, por nombrar solo algunas.

La Red TOP DD se diseñó como una intervención complementaria destinada a proporcionar los conocimientos y habilidades necesarios para el manejo de los síntomas y la estabilización. Los materiales educativos se centraron en los comportamientos inseguros, así como en los síntomas y las emociones que contribuyen a ellos. Por lo tanto, los objetivos principales eran (1) educar a los pacientes y a sus terapeutas sobre los síntomas relacionados con el trauma; (2) apoyar a los pacientes en el desarrollo de métodos saludables para el manejo de las emociones y los síntomas que contribuyen a los impulsos inseguros; y (3) mejorar la autocompasión y la calidad de vida de los pacientes (Boon et al., 2011; Kluft, 1993a, 1993c, 2007; Loewenstein, 1991, 1993, 2006; Mendelsohn et al., 2011). También esperábamos proporcionar a los clínicos conocimientos sobre los TRT y los pasos que se pueden utilizar para estabilizar las ALNS, los impulsos suicidas y los síntomas en el tratamiento temprano con pacientes traumatizados.

Debido al imperativo ético de apoyar a estos individuos, la mayoría de los cuales luchaban con ALNS, pensamientos suicidas y/o comportamientos inseguros, entre otros síntomas graves, se les exigió que estuvieran en tratamiento con un terapeuta. El equipo comprendió que aprender y reflexionar sobre temas como la disociación, las emociones, el trauma y la seguridad podría ser todo un reto para muchos participantes. Aunque los pacientes en la fase inicial del tratamiento necesitaban trabajar estos temas, era posible que algunos participantes se llenaran brevemente de emociones que pudieran conducir a una mayor disociación o incluso a impulsos de inseguridad. Como salvaguarda, el terapeuta también tenía que estar dispuesto a participar en el estudio para poder estar al tanto y beneficiarse potencialmente de la información proporcionada, ya que esto lo ayudaría a comprender las dificultades del paciente y a estar mejor equipado para apoyarlo. Hubo muchas fuentes de conocimiento, experiencia e investigación que guiaron el desarrollo del programa Finding Solid Ground. La teoría clínica sobre el trauma complejo, la investigación sobre el tratamiento del trauma y las directrices y recomendaciones de tratamiento de expertos para los TD tuvieron una gran influencia en el desarrollo del programa (entre otros, Boon et al., 2011; Brand et al., 2012b; Briere y Scott, 2006, 2015; Chefetz, 2015; Chu, 1988, 2011; Cloitre et al., 2009; 2012a; Courtois y Ford, 2009; Ford y Courtois, 2009; Frewen y Lanius, 2015; Herman, 1992, 1997; Howell, 2011; International Society for the Study of Dissociation, 2011; Kluft, 1993a, 1993c, 2006, 2007; Kluft y Fine, 1993; Loewenstein, 1993, 1994, 2005, 2006; Putnam, 1989, 1997, 2016; Steele et al., 2017; van der Hart et al., 2006). La estructura y el contenido del programa también se basaron en los comentarios de los pacientes y terapeutas participantes en el estudio naturalista TOP DD (Brand et al., 2009b, 2013) y en las diferencias observadas entre las intervenciones que los clínicos afirmaron utilizar y las intervenciones recomendadas por los expertos en TD. También nos guiamos por nuestras propias décadas de aprendizaje de nuestro trabajo clínico. Por último, contamos con un panel de personas con TRT que revisaron nuestros materiales educativos para mejorar la aceptabilidad de nuestras explicaciones y ejercicios educativos. El programa Finding Solid Ground puede verse como una compilación "de origen grupal" de la sabiduría y los comentarios de expertos, clínicos y pacientes, y se basa en la investigación. El programa TOP DD se encapsula en la frase que aparece en el logotipo: "Trabajar juntos, aprender juntos, sanar juntos".

Este enfoque de nuestro trabajo también queda patente en nuestra respuesta a los comentarios que recibimos durante el estudio. Inicialmente, planeamos dar a los participantes acceso a los materiales psicoeducativos solo durante un año, lo que nos permitiría tener un periodo de seguimiento de un año. Sin embargo, los pacientes y los terapeutas nos comentaron que necesitaban más tiempo entre los vídeos para completar los ejercicios y para sentirse preparados para pasar al siguiente tema. Basándonos en estos comentarios, decidimos permitir a los participantes el acceso a los materiales durante todo el periodo de dos años.

Procedimiento del estudio de la Red TOP DD

Es vital señalar que los pacientes *no* fueron excluidos de participar en el estudio de la Red TOP DD debido a trastornos comórbidos, autolesiones, actitudes suicidas, traumatización interpersonal existente, homicidio, tipo de trauma u hospitalización reciente. Dicho de otro modo, no hubo criterios de exclusión basados en el estado psiquiátrico o en la gravedad o el tipo de trauma. No conocemos ninguna otra intervención para pacientes traumatizados, o cualquier diagnóstico psiquiátrico, que no haya excluido a pacientes por una o más de estas razones.

Debido a la preocupación por la seguridad del paciente y a la importancia del ritmo y la práctica de nuevas habilidades, no les dábamos acceso al siguiente conjunto de materiales hasta que hubiera pasado una semana, y solo después de que tanto el terapeuta como el paciente hubieran revisado los materiales. Recibimos varias peticiones para cambiar esta restricción de ritmo. Algunos pacientes se sentían frustrados por el ritmo relativamente lento de su terapeuta, y algunos terapeutas eran más rápidos que sus pacientes. Sin embargo, pensamos que era importante que los terapeutas fueran conscientes de las habilidades y el enfoque que sus pacientes estaban trabajando, por lo que no alteramos este aspecto del estudio.

Resultados del estudio de la Red TOP DD

La gran cantidad de datos del estudio de la Red TOP DD seguirá analizándose durante varios años. A continuación, se exponen los resultados obtenidos hasta la fecha. Los pacientes participantes en el programa eran en su mayoría caucásicos (86,5%) y mujeres (88,3%). Los análisis que presentamos aquí se basan en 111 pacientes que completaron encuestas al ingresar en el estudio y de nuevo en los puntos temporales de 12 o 24 meses (Brand et al., 2019b). (Nota: las comparaciones de los datos demográficos y los síntomas basales de los participantes que no optaron por completar las encuestas de 12 o 24 meses indicaron que no eran diferentes en términos de ningún dato demográfico, como la edad o la gravedad de los síntomas.)

Los pacientes con TD mostraron muchas mejorías interesantes a lo largo del estudio. El énfasis en mejorar la seguridad y la capacidad de gestionar las emociones de forma saludable parece haber sido bastante útil, en combinación con la terapia individual. Sin embargo, es importante señalar que no podemos estar seguros de que la intervención de la Red TOP DD y/o la psicoterapia individual causaran las siguientes mejorías, debido a la falta de asignación aleatoria a un grupo de control. En el momento de escribir este libro, estamos desarrollando un ensayo controlado aleatorio en línea del estudio de la Red TOP DD que podrá determinar si este programa genera mejorías.

Los síntomas de disociación y TEPT se volvieron menos graves y debilitantes a lo largo de los dos años. Los pacientes mejoraron sus capacidades adaptativas, como la capacidad para tolerar y manejar emociones, impulsos y síntomas relacionados con el trauma; la capacidad para tener relaciones saludables; un mejor autocuidado; y técnicas de manejo de emociones y síntomas, entre otras habilidades. Las capacidades adaptativas se evaluaron mediante el Cuestionario de Progreso en el Tratamiento (Schielke et al., 2017) para pacientes y terapeutas; en el capítulo 2 y el apéndice A incluimos estos cuestionarios e información sobre ellos. (Para los lectores que quieran conocer la magnitud de los hallazgos de la investigación, las mejorías en los síntomas de disociación y TEPT, la regulación de las emociones y las capacidades adaptativas estuvieron en el rango moderado a grande, con tamaños del efecto [TE] $|d| = 0{,}44\text{-}0{,}90$).

Como ya hemos visto, en los estudios de tratamiento los individuos con síntomas graves suelen ser los que menos probabilidades tienen de mejorar. Sin embargo, desarrollamos específicamente el programa Finding Solid Ground para beneficiar a las personas con TD graves. Esperábamos poder enseñar a los pacientes con estados disociativos del self los pasos que les permitieran mejorar su capacidad para gestionar sus emociones, síntomas y seguridad. Los resultados del estudio de la Red TOP DD sugieren que los participantes parecen "resistirse a la tendencia" de ayudar principalmente a los individuos menos discapacitados. Específicamente, comparamos a los participantes con el nivel más alto de síntomas disociativos con aquellos con niveles más bajos de síntomas disociativos (es decir, aquellos por encima y por debajo del punto de corte de 30 en la Escala de Experiencias Disociativas) para ver si ambos grupos mostraban mejorías. Los resultados fueron prometedores: aunque ambos grupos mostraron mejorías significativas, los participantes con mayor disociación *mostraron una mejoría aún mayor y más rápida* que los que tenían un nivel más bajo de disociación (tamaños del efecto de moderados a grandes dependiendo del resultado que se compare, TE $|d| = 0{,}54\text{-}1{,}04$ frente a $|d| = 0{,}24\text{-}0{,}75$, respectivamente) (Brand et al., 2019b).

Más de dos tercios (69%) de los individuos que incurrieron en ALNS en los 6 meses previos al inicio del estudio disminuyeron las ALNS a lo largo de los 2 años (Brand et al., 2019b). Los pacientes más disociativos mostraron la mejoría más significativa en la seguridad. Los pacientes que más a menudo se involucraban en ALNS mostraron una estabilización impresionante. Específicamente, los terapeutas de los tres pacientes que tenían el nivel de ALNS más alto, autolesionándose aproximadamente 100, 125 y 150 veces en los 6 meses antes de que comenzara el estudio, refirieron que sus pacientes se habían autolesionado 0, 10 y 10 veces, respectivamente, en los últimos 6 meses del estudio. Se trata de un hallazgo especialmente convincente. A pesar de que estas personas habrían sido excluidas de otros estudios de tratamiento de traumas, pudieron beneficiarse de este programa, combinado con una terapia individual que abordaba sus TD.

Hubo hallazgos prometedores adicionales relacionados con la seguridad. Al inicio del estudio, los pacientes necesitaron casi 23 días de hospitalización de media en los 6 meses anteriores, en comparación con 11,5 días de hospitalización 2 años después (Brand et al., 2019b). Este cambio en los días hospitalizados no fue estadísticamente significativo, aunque estaba en la dirección que sugería que las hospitalizaciones tendían a disminuir. Los intentos de suicidio en los 6 meses anteriores al final del estudio fueron menores (promedio = 0,17 intentos en los últimos 6 meses, *SD* = 0,80) de lo que fueron al comienzo del estudio (promedio = 0,39 intentos en los últimos 6 meses, *SD* = 1,54), aunque esto no fue una disminución estadísticamente significativa. No obstante, estos cambios importantes fueron en la dirección de la estabilización, lo que sugiere que el programa TOP DD, combinado con la terapia individual, se asoció con mejorías generalizadas en la seguridad y los síntomas de los pacientes, posiblemente debido a su mayor capacidad de adaptación, incluida la mejoría de la regulación de las emociones.

Los resultados del estudio de la Red y otros estudios de tratamiento de TD muestran que, aunque es difícil tratar y recuperarse de los TD, cuando se les proporciona terapia individual y psicoeducación sobre el trauma y la disociación, *es posible ayudar a los pacientes con TD a curarse y a crecer* (Brand, 2001). El tratamiento que permite a las personas con disociaciones graves gestionar de forma saludable sus síntomas y emociones relacionados con el trauma ayuda a estas personas a encontrar una base sólida.

Resumen e implicaciones de los estudios TOP DD

Los estudios TOP DD tienen importantes implicaciones para las personas con TD y sus seres queridos, el campo de la salud mental y los sistemas de atención sanitaria.

En primer lugar, los síntomas complejos y crónicos de los pacientes con TD contribuyen a un grado increíble de sufrimiento y a un nivel alarmante de suicidio, lo que requiere altos niveles de atención restrictiva y costosa.

En segundo lugar, las hospitalizaciones frecuentes son habituales entre estas personas, ya que son necesarias para salvar la vida de los pacientes suicidas. No obstante, las hospitalizaciones y el tremendo dolor que las hace necesarias deterioran gravemente la calidad de vida de los pacientes con TD. Y lo que es más importante, cuando son tratados por un clínico con formación en traumas que reconoce y atiende su diagnóstico de TD, según los estudios TOP DD, la seguridad de los pacientes mejora y las hospitalizaciones se hacen menos frecuentes con el tiempo.

En tercer lugar, las hospitalizaciones son caras para los pacientes y el sistema sanitario, pero los costes del tratamiento disminuyen con el tiempo en el tratamiento de los TD (Myrick et al., 2017a). La mayoría de estos pacientes habrían sido excluidos de los estudios de tratamiento debido a la gravedad de sus síntomas. El resultado es un vacío preocupante en la base de pruebas necesaria para orientar e informar a los médicos sobre los mejores tratamientos para estos individuos altamente sintomáticos.

Estos pacientes insuficientemente reconocidos también están insuficientemente atendidos (véase el capítulo 1). Los hallazgos de los estudios TOP DD indican que la educación sobre la seguridad, la regulación de las emociones y el manejo de los síntomas, combinada con la terapia individual que aborda su TRT, se asocia con una amplia gama de mejorías para los individuos con TRT. En pocas palabras, la educación y el tratamiento parecen ayudar a los pacientes altamente disociativos a encontrar un terreno sólido en la curación del trauma.

CAPÍTULO 5

COMPRENDER Y ABORDAR EL IMPACTO DEL TRAUMA EN EL FUNCIONAMIENTO RELACIONAL

La historia relacional de los pacientes con trastornos relacionados con el trauma (TRT) suele estar marcada por violaciones graves y frecuentes de los límites en sus relaciones cercanas, lo que incluye violaciones o límites borrosos en las relaciones con los cuidadores y las figuras de autoridad. Esto abarca con frecuencia experiencias de abuso físico, sexual y emocional y/o abandono en la infancia, así como violencia en la pareja y agresiones físicas y sexuales en la edad adulta. Por desgracia, la violencia interpersonal suele continuar, a menudo sin el conocimiento del terapeuta, durante el transcurso de la terapia (véase el capítulo 8). Su historia relacional también puede incluir violaciones más sutiles de los límites, como la intrusión de los padres, la parentificación temprana y la explotación para satisfacer las necesidades emocionales de los demás. Al no haber aprendido la necesidad de tener y mantener límites saludables, estos individuos pueden tener poca conciencia de los límites.

Por lo tanto, no es de extrañar que las cuestiones en torno al marco terapéutico surjan frecuente y repetidamente en el tratamiento. Los pacientes a menudo esperan que el terapeuta adopte un comportamiento abusivo y viole los límites, porque esta ha sido su experiencia con las figuras de autoridad a lo largo de su vida. Muchos de estos pacientes no tienen un patrón para una relación con una figura de autoridad en la que no abusen de ellos o los exploten. Puede que ni siquiera sean capaces de conceptualizar que esas relaciones sanas puedan darse. Pueden representar, intencionadamente o no, su historia de traiciones relacionales creando recreaciones de dinámicas abusivas familiares, simplemente porque "así son las relaciones" para ellos y no hay otra forma de relacionarse.

Los pacientes también pueden desear, consciente o inconscientemente, que los terapeutas les proporcionen altos niveles de afecto y cuidado para compensar el afecto y la protección que les faltaron en la infancia. Puede que se avergüencen profundamente de anhelar apego y cuidados, lo que probablemente aumente el riesgo de que lo exterioricen, en lugar de reflexionar sobre ello y discutirlo. Si el terapeuta no está atento a estas posibilidades, el resultado puede ser una recreación, en la que dinámicas previas de abuso o traición se reproducen en la relación terapéutica sin ser procesadas o reflexionadas, normalmente en detrimento del tratamiento y del paciente (Chefetz, 2015; Kluft, 1994a; Loewenstein, 1993; van der Kolk, 1989). Por ejemplo, una paciente con diabetes insulinodependiente que hubiera sufrido negligencia y abusos en la infancia (como que sus padres no la alimentaran regularmente) podría presentarse repetidamente a las sesiones de terapia manifestando que no se siente bien y que no ha comido en todo el día porque no había comida en su casa. El terapeuta y la paciente son conscientes de que los niveles muy bajos de azúcar en sangre pueden estar provocando que se sienta mal y esta situación podría suponer una emergencia médica. El terapeuta podría fácilmente sentirse obligado a proporcionar comida a la paciente, actuando en el papel de salvador de una víctima infantil hambrienta, en lugar de nombrar y explorar la dinámica que se está representando.

Al mismo tiempo, el terapeuta puede reaccionar con una confusa mezcla de sentimientos, entre los que se incluyen una profunda preocupación, pena, culpa y miedo a provocar la decepción o la ira de la paciente, y a veces puede sentirse totalmente obligado o coaccionado a proporcionar niveles cada vez mayores de apoyo y cuidados, especialmente cuando la dinámica gira en torno a cuestiones potencialmente emergentes, como el suicidio, el comportamiento de riesgo o una enfermedad médica incontrolada. Incluso a los terapeutas bien formados puede resultarles confuso saber cuándo y cómo poner límites para que las peticiones de cuidados no se conviertan en límites difusos y violaciones de los límites. El cuidado excesivo puede agotar la compasión y la energía del terapeuta y hacer que pase cada vez más tiempo fuera de la sesión preocupándose por el paciente u ocupándose de él. Esta erosión de los límites hace que el terapeuta trabaje en exceso dentro y fuera de las sesiones, en lugar de que el paciente cargue con la responsabilidad de su recuperación. Los terapeutas deben demostrar que la vida es mucho más que estar en terapia o hacer terapia. Si no ayudan a los pacientes a aprender y, si es necesario, a insistir en el mantenimiento de límites saludables, en última instancia, la dinámica de la relación deja de fomentar el crecimiento y el aumento de los niveles de autocuidado e independencia y pasa a socavar involuntariamente la capacidad del paciente para arreglárselas sin el terapeuta. Lo que puede haber empezado como un intento bienintencionado del terapeuta de mostrar al paciente que es valioso y que vale la pena preocuparse por él, puede evolucionar hacia un patrón en el que el paciente es excesivamente infantil y dependiente del terapeuta, y quizás de otros, de formas que son perjudiciales. Por ejemplo, el paciente puede no ser capaz de tolerar la idea de mejorar porque significaría perder al terapeuta, por lo que el paciente puede estancarse en el tratamiento y no desarrollar (o no utilizar) habilidades y capacidades que son necesarias para vivir una vida plena y significativa.

Si el terapeuta evita discutir las peticiones del paciente a medida que empiezan a ser demasiado frecuentes, demasiado dependientes o poco saludables, el terapeuta puede enredarse en una connivencia inconsciente con el paciente para evitar el duelo por las pérdidas y traiciones profundamente dolorosas de la infancia. Aunque es totalmente comprensible que estos pacientes deseen desesperadamente que se les cuide de un modo cálido e íntimo, más propio de las relaciones entre padres e hijos, intentar compensar estas pérdidas en una relación terapéutica crea un nivel de dependencia y regresión que socava el tratamiento. En última instancia, esto perjudica al paciente, en lugar de ayudarle. La terapia debe fortalecer la capacidad del paciente para conocer, atender, soportar y aceptar sus experiencias y sentimientos pasados, así como sus necesidades y sentimientos actuales, y animarle a desarrollar una vida que merezca la pena vivir a un nivel acorde con su edad. Aunque a veces los terapeutas pueden sentir (y el paciente puede afirmar directamente) que le están pidiendo demasiado al paciente o que le están privando injustamente, es importante recordar que los supervivientes de traumas son increíblemente resistentes simplemente por el hecho de haber sobrevivido. Suelen tener una serie de puntos fuertes, y si el terapeuta puede fomentar estos puntos fuertes, el paciente puede empezar a prosperar.

Un modelo para comprender las dinámicas que pueden surgir en el tratamiento es el triángulo de Karpman (Karpman, 2011), que trata de trazar las formas en que tanto los terapeutas como los pacientes pueden verse arrastrados a repetir acontecimientos de su vida temprana. Este modelo sugiere que, en muchas narrativas de trauma, hay varios roles que tienden a ocurrir: el perpetrador sádico, la víctima indefensa, el rescatador demasiado implicado y/o el espectador negligente (para más información sobre este modelo, véase Clark et al., 2015; Karpman, 2011). Incluso una vez superado el trauma, los pacientes (y los terapeutas) pueden verse arrastrados a recreaciones traumáticas: en una recreación, estos roles rígidos se desempeñan sin matices ni flexibilidad, y sin la capacidad de reflexionar sobre el proceso, en detrimento de ambas partes (van der Kolk, 1989, 2005).

Algunos ejemplos de recreaciones traumáticas en terapia son los siguientes:

1. Una paciente que no puede pagar el alquiler insiste en que no puede hacer nada para resolver el problema y en que se quedará sin casa si el terapeuta no resuelve esta crisis por ella (víctima). El terapeuta (salvador) presta dinero a la paciente para que pague el alquiler o llama al casero para negociar en su nombre, aunque esta tenga capacidad para hacerlo por sí misma. Alternativamente, el terapeuta se frustra en exceso con la paciente y la reprende por no gestionar su dinero adecuadamente (perpetrador) o evita tratar este tema en la medida de lo posible (espectador).

2. Un paciente grita al terapeuta por cancelar una sesión (agresor), y el terapeuta se siente impotente y no pone límites al estilo de comunicación del paciente (víctima). Al cabo de un tiempo, los papeles pueden invertirse: el terapeuta (agresor) puede criticar al paciente por ser poco razonable, a lo que el paciente reacciona con impotencia pasiva (víctima).

3. El paciente (rescatador) puede preguntar al terapeuta sobre su propia vida y tranquilizarle sobre lo útil y bueno que es. El terapeuta se vuelve entonces excesivamente pasivo y permite que el paciente le proporcione apoyo emocional (víctima).

Como la mayoría de los terapeutas valoran ser útiles a los demás y algunos pacientes con TRT pueden presentarse a veces como extremadamente vulnerables y necesitados, el papel de salvador puede ser particularmente tentador para los terapeutas, una de las razones por las que es tan importante prestar atención a los límites saludables y mantener el marco terapéutico. Es crucial comprender que, en el transcurso de la terapia, tanto el terapeuta como el paciente probablemente se verán atraídos repetidamente hacia todos estos papeles y que, incluso en unos pocos minutos, los papeles pueden cambiar de un lado a otro varias veces. Los terapeutas deben ser capaces de autocontrolarse: cuando se dan cuenta de que están interactuando con un paciente de un modo que no es característico, deben dar un paso atrás y evaluar si podría estar produciéndose una recreación. Reflexionar, debatir y comprender estos impulsos hacia las recreaciones supone una oportunidad maravillosa (aunque desafiante) de proporcionar a los pacientes experiencias de comunicación saludable, tolerancia de emociones y necesidades, y establecimiento y mantenimiento de límites saludables. De hecho, muchos terapeutas consideran que estas oportunidades interpersonales son uno de los mecanismos por los que el tratamiento permite a los pacientes con TRT sanar sus historias de trauma y apego.

Estos son algunos ejemplos de comportamientos de pacientes que pueden generar recreaciones:

1. Llamar por teléfono con frecuencia o enviar correos electrónicos o mensajes de texto repetidamente entre sesiones.
2. Tener crisis frecuentes que requieren la atención del terapeuta.
3. Pedir o exigir sesiones cada vez más frecuentes o más largas.
4. Dificultad para terminar o abandonar la sesión.
5. Llega tarde a las sesiones o faltar a ellas frecuentemente.
6. Pedir o iniciar contacto físico (por ejemplo, abrazos o cogerse de la mano).
7. Pedir repetidamente información personal sobre el terapeuta.
8. Intentar que la relación sea demasiado íntima, romántica o sexual.

PRAGMÁTICA DE LA GESTIÓN DE LOS LÍMITES

Es esencial establecer un marco de tratamiento claro al principio de la terapia. Para algunos terapeutas, esto puede adoptar la forma de un documento de consentimiento firmado por ambas partes; para otros, puede ser una conversación (en la web https://kspope.com/consent se puede obtener una lista de los formularios de consentimiento informado de diversos grupos profesionales, así como otros recursos útiles). Sea cual sea la forma que adopte, los aspectos esenciales del marco deben exponerse al principio del tratamiento, y es probable que haya que revisarlos a lo largo del proceso a medida que vayan surgiendo problemas.

Las cuestiones relativas al marco del tratamiento que deben debatirse y/o incluirse en los formularios de consentimiento informado son las siguientes:

1. Duración, lugar y frecuencia de las sesiones.

2. Disponibilidad del terapeuta entre sesiones y métodos para comunicarse con él fuera de las sesiones, incluyendo las formas de comunicación aceptadas (correo electrónico, teléfono, mensajes de texto, etc.) y los motivos. Es posible que los terapeutas deban abordar las interacciones en las redes sociales, ya que algunos pacientes pueden intentar relacionarse con el terapeuta a través de sus cuentas personales en las redes sociales. Los terapeutas también deben explicar explícitamente su política en relación con la devolución de la comunicación (por ejemplo, con qué rapidez responden y durante qué horas) y verificar si pueden dejar un mensaje de voz si no pueden localizar al paciente por teléfono al devolver una llamada. Deben identificar recursos alternativos de crisis que los pacientes puedan utilizar en caso de emergencia.

3. Honorarios (e información sobre el seguro), incluidos los honorarios por faltar a citas y otros servicios no cubiertos por el seguro, si procede.

4. Política de cancelación, incluyendo si se cobran recargos por citas canceladas o perdidas.

5. Confidencialidad y circunstancias en las que la información puede revelarse sin el consentimiento del paciente (por ejemplo, riesgo inminente de daño a sí mismo o a otros).

Existe una gran variedad de puntos de vista sobre aspectos del marco terapéutico (por ejemplo, el papel del tacto en la terapia, la cantidad de revelaciones personales, los límites en torno a las llamadas telefónicas y los correos electrónicos entre sesiones). Esto puede depender de la orientación teórica del terapeuta, la modalidad que practica, el código ético de su profesión y/o sus propias necesidades y límites personales. Aunque hay algunos absolutos (por ejemplo, la prohibición del contacto sexual entre el terapeuta y el paciente), es probable que los terapeutas difieran en otros aspectos de sus marcos de tratamiento. Aparte de estos absolutos, el marco específico es menos importante que la necesidad de que cualquier marco que el terapeuta establezca sea coherente y reflexivo y se derive de un razonamiento clínico sólido que priorice el bienestar general del paciente equilibrado con las limitaciones legales, éticas y profesionales del terapeuta. El marco del tratamiento proporciona al paciente una sensación de previsibilidad y seguridad, aspectos que con frecuencia faltan en la historia relacional de los pacientes con TRT. También modela límites saludables y puede proporcionar un ancla para el terapeuta en momentos del tratamiento en los que puede existir la tentación de desviarse del marco.

Aunque solo algunos pacientes con TRT cumplen los criterios para el trastorno de identidad disociativo, las directrices para el tratamiento del trastorno de identidad disociativo en adultos, publicadas por la Sociedad Internacional para el Estudio del Trauma y la Disociación (ISSTD), contienen orientaciones útiles sobre el establecimiento de un marco de tratamiento que sea beneficioso para cualquier paciente gravemente traumatizado y disociativo con problemas relacionales y de apego (ISSTD, 2011). En términos generales, las directrices de la ISSTD sugieren que los pacientes suelen necesitar sesiones de tratamiento semanales de 45 a 50 minutos, aunque pueden ser útiles sesiones más frecuentes (dos o tres veces por semana) o más largas (hasta 90 minutos), sobre todo cuando se trabaja con recuerdos traumáticos. Las horas de inicio y finalización deben comunicarse al paciente con antelación, y los terapeutas deben hacer todo lo posible por respetar los horarios previstos. Si el terapeuta tiene una política concreta sobre el pago por no asistencia o por cancelación tardía, esta debe cumplirse sistemáticamente y aplicarse con prontitud después de la sesión perdida. En otras palabras, no se debe permitir que los pacientes acumulen grandes deudas con el terapeuta sin llegar a un acuerdo de pago, ya que esto puede hacer que el paciente se sienta inseguro y avergonzado y/o que el terapeuta se sienta resentido.

El marco terapéutico debe comunicarse claramente al paciente al inicio del tratamiento y, en general, debe mantenerse constante. Cuando el paciente solicita (o exige) un cambio en el marco, es importante explorar el significado de la solicitud, en lugar de concederla o denegarla inmediatamente. Incluso si la petición es clínicamente razonable, y el terapeuta finalmente modifica el marco, el acto de hablar y explorar estas peticiones proporciona un contraste útil con las violaciones encubiertas de los límites y el secretismo del abuso, y por lo tanto ayuda a establecer una sensación de seguridad y proporciona práctica para negociar las necesidades en otras relaciones. Es importante explorar explícitamente si estas peticiones reflejan un deseo de reparación, ya que puede haber una pena o rabia subyacente por la incapacidad de reparar una infancia abusiva que necesita ser procesada.

Si, tras una reflexión meditada, el terapeuta cree que está indicado cambiar el marco (por ejemplo, ofreciendo un mayor contacto entre sesiones o sesiones adicionales durante un momento de crisis), el significado de este cambio debe abordarse cuidadosamente con el paciente, incluyendo cualquier sentimiento contradictorio que el paciente pueda tener y cualquier impacto que esto pueda tener en la sensación de seguridad del paciente en la relación. La relajación de los límites a veces puede hacer que el paciente se pregunte si hay una violación inminente de los límites y, por lo tanto, puede disminuir la seguridad contraintuitivamente, incluso si el cambio se hizo a petición suya. Si el cambio de marco es temporal, por ejemplo, durante una crisis, es importante hablar también de cuándo se reanudará el marco habitual.

En pacientes con estados disociativos del self, es importante mantener límites generalmente consistentes a pesar de interactuar con una gama de estados disociativos del self. Alterar drásticamente el marco terapéutico (o la forma en que el terapeuta habla o actúa) dependiendo de qué estado del self esté presente puede reforzar involuntariamente una sensación de división entre algunos estados del self, o fomentar la sensación de que el terapeuta está más interesado en algunos estados del self que en otros, en lugar de transmitir que el terapeuta está dedicado a tratar al paciente en su totalidad. Esto se verá con más detalle en el capítulo sobre la comprensión y el trabajo con los estados disociativos del self (capítulo 7). Los terapeutas deben vigilar cuidadosamente sus propias reacciones ante el paciente. El deseo de alterar el marco o de tratar al paciente como "especial" de alguna manera puede conducir finalmente a violaciones de los límites que no redundan en beneficio del paciente. Estas situaciones pueden ser bastante confusas y suscitar emociones tanto en el terapeuta como en el paciente. Por lo tanto, las consultas informales frecuentes, y ocasionalmente formales, son esenciales para proporcionar un tratamiento adecuado. Todos los terapeutas deben pedir consejo a sus colegas y, en ocasiones, a personas con experiencia en el tratamiento de pacientes con TRT. Se insta especialmente a los terapeutas a que consulten con un colega que tenga experiencia con esta población si se sienten confusos, en conflicto, agotados o frustrados; si se sienten avergonzados o reacios a comentar el caso con sus colegas; o si les preocupan los límites con un paciente. Además, si empiezan a tratar a un paciente de forma diferente a los demás o racionalizan por qué un paciente en particular necesita alteraciones inusuales de los límites, esto es una señal de que la consulta probablemente sería útil.

CONTACTO FÍSICO

Es importante reconocer que los pacientes gravemente traumatizados son una población particularmente vulnerable y que sus historias traumáticas a menudo implican una asociación entre el tacto y la violación física o sexual, por lo que incluso el contacto físico accidental puede ser extremadamente desencadenante y evocador de traumas pasados. Por lo tanto, generalmente no se recomienda el uso del tacto con estas personas, aunque hay algunas circunstancias especiales en las que se puede considerar. Sin embargo, antes de tocar a los pacientes, se debe hablar sobre el tema, aunque al terapeuta le parezca algo menor y "normal", como darse la mano al saludarse.

Estas son algunas de las circunstancias en las que puede permitirse un breve contacto físico:

1. El contacto profesional culturalmente normativo, como el apretón de manos en el primer encuentro, suele ser aceptable, sobre todo si lo inicia el paciente.

2. Algunas terapias orientadas a la conciencia corporal incluyen intervenciones terapéuticas muy específicas que implican contacto físico. Estas técnicas pueden requerir modificaciones para su uso en esta población (es decir, modificadas para no incluir el contacto interpersonal directo).

3. Los médicos pueden tener que utilizar el tacto como parte de una exploración física (por ejemplo, para detectar los efectos secundarios de determinados medicamentos).

4. Algunas modalidades de tratamiento, como la neurorretroalimentación, pueden requerir un contacto accidental (por ejemplo, para fijar los cables a la cabeza del paciente).

En el caso de las terapias orientadas al cuerpo, se requiere una formación especial en el uso del tacto y, cuando se trabaja con pacientes muy traumatizados o disociativos, en algunos casos puede ser aconsejable modificar estas técnicas para evitar el contacto directo. Por ejemplo, el terapeuta puede colocar una almohada entre su mano y el cuerpo del paciente. Se requiere más investigación para explorar el uso del tacto en este contexto con esta población.

Los exámenes médicos o las modalidades de tratamiento que requieran incluso un contacto accidental solo deben realizarse tras una conversación explícita con el paciente y una vez obtenido su consentimiento. Si es necesario un examen más extenso o frecuente, o si el paciente se siente incómodo cuando el terapeuta le toca, puede ser mejor que el examen o procedimiento lo realice otro terapeuta o médico. Por ejemplo, un psiquiatra que también prescribe antipsicóticos puede necesitar realizar un examen físico limitado para controlar los síntomas extrapiramidales, pero puede optar por pedir al médico de atención primaria del paciente que realice el examen si el paciente se siente incómodo.

CONTACTO ENTRE SESIONES

No recomendamos un contacto extenso entre sesiones, ya que es importante que los pacientes practiquen el uso de sus propias habilidades de afrontamiento y apoyos naturales para gestionar las emociones difíciles. Sin embargo, un cierto contacto entre sesiones puede ser terapéutico en momentos de crisis. El propósito de estos contactos no debe ser llevar a cabo la terapia por teléfono, sino ayudar al paciente a identificar y utilizar habilidades para gestionar la crisis, como contener la emoción y/o el material traumático, hasta la siguiente sesión.

La disponibilidad del terapeuta entre sesiones debe comunicarse claramente al paciente. Para aumentar la probabilidad de que cualquier contacto entre sesiones sea beneficioso, recomendamos conversaciones proactivas sobre cuándo solicitar un contacto entre sesiones y qué esperar de dichos contactos (por ejemplo, centrarse en identificar formas saludables de gestionar la crisis y hablar solo durante 10 minutos). El terapeuta podría dedicar tiempo de la sesión a ayudar al paciente a identificar una lista de técnicas de afrontamiento para gestionar un aumento de los sentimientos o síntomas *antes* de realizar una llamada de crisis al terapeuta. El terapeuta debe preguntar al principio de las siguientes llamadas de crisis qué técnicas ha utilizado el paciente y qué ocurrió cuando las utilizó. También debe proporcionar a los pacientes recursos de emergencia, como números de teléfono para gestión de crisis y servicios de urgencias locales. A muchos terapeutas les resulta útil poner límites a la duración de las llamadas haciendo afirmaciones como: “No podemos resolver esto por teléfono, así que tendremos que abordarlo en nuestra próxima sesión de terapia. Hablemos de lo que puedes hacer mientras tanto para cuidarte". Si los pacientes siguen pidiendo llamadas frecuentes, habrá que discutirlo más y poner límites.

CUANDO EL TERAPEUTA ES UN DESENCADENANTE PARA EL PACIENTE

Mientras que muchos pacientes tienen desencadenantes emocionales que están abiertamente relacionados con el contenido traumático (por ejemplo, el sonido de pasos o el olor a perfume), para los pacientes que han sido traumatizados repetidamente en el contexto de las relaciones interpersonales (en particular, las relaciones de cuidado), la relación terapéutica en sí misma y su vulnerabilidad inherente y la diferencia de poder también pueden representar un poderoso desencadenante de reacciones relacionadas con el trauma, como la pérdida repetida de contacto con el momento presente en respuesta incluso a componentes básicos del tratamiento (por ejemplo, estar detrás de una puerta cerrada o que el terapeuta esté de pie o cambie de posición) que el terapeuta puede dar por sentado. Esta dinámica, expresada de forma abierta o encubierta, puede ralentizar o paralizar la terapia si no se aborda directa y repetidamente. En la próxima sección veremos el manejo práctico de los estados sin enraizamiento en general, pero aquí hablaremos primero del miedo al terapeuta y de cómo este puede intervenir para aumentar la seguridad en la relación. Para profundizar en estos temas, véase también Chefetz, 2015; Fisher, 2017; Steele et al., 2017; y van der Hart et al., 2006.

La mayoría de los terapeutas están preparados para abordar cierto grado de miedo o vacilación al principio del tratamiento, pero puede que no estén preparados para lo generalizado y duradero que puede ser este miedo en el TRT, o para lo mucho que puede persistir en la terapia. Los terapeutas también pueden no estar preparados para algunos de los miedos específicos que pueden tener los pacientes. Por ejemplo, un terapeuta puede dar por sentado que no abusará sexualmente del paciente, pero el paciente, que puede haber experimentado repetidas violaciones por parte de figuras de autoridad, puede de hecho dar por sentado que la violación sexual es inevitable. Por mucho que el terapeuta intente demostrar que tiene buenas intenciones y que la terapia es segura, los pacientes pueden percibir al terapeuta como alguien que rechaza, indiferente, violento o incluso francamente sádico/malévolo, y pueden interpretar incluso el comportamiento benigno a través de este prisma. Pueden temer que se abuse física o sexualmente de ellos, que se les rechace, que se encariñen y luego pierdan al terapeuta, que no se les ayude y se les decepcione, que dañen o disgusten al terapeuta hablando de su trauma, que el terapeuta viole su confidencialidad, que se complazca en su sufrimiento, que quiera controlarlos, que experimenten emociones de forma insegura (incluidas emociones que el terapeuta no esperaría que fueran desencadenantes, como el orgullo o la alegría), o cualquier otra serie de temores sobre el terapeuta y el proceso terapéutico.

Inicio del tratamiento

Es vital que el terapeuta sea consciente a lo largo de la terapia de la amplitud e intensidad de los miedos que pueden tener estos pacientes, y que empiece a abordar estos miedos directamente al principio del tratamiento. Si un paciente ha estado en terapia anteriormente, parte de la evaluación puede implicar la exploración de experiencias de tratamiento previas, incluyendo cómo el paciente experimentó al terapeuta y qué desafíos relacionales se produjeron en la díada. En algunos casos, los miedos de los pacientes pueden hundir sus raíces no solo en la infancia, sino también en la edad adulta, ya que algunos pacientes habrán sufrido abusos por parte de terapeutas o proveedores de atención sanitaria anteriores, y es importante obtener esta información. Si el paciente no ha estado en terapia antes, la exploración de otras relaciones de apego importantes en el pasado y en el presente puede proporcionar información similar sobre qué patrones relacionales pueden activarse en la terapia.

Una vez recopilada esta información, el terapeuta puede normalizar y validar explícitamente el miedo del paciente y vincularlo al TRT que se está tratando. Este tema puede tratarse utilizando un lenguaje diferente en las distintas modalidades terapéuticas (por ejemplo, transferencia, creencias centrales, esquemas), pero en líneas generales, debe decirse al paciente que es común y comprensible que las personas con TRT teman al terapeuta y a la terapia. Los terapeutas pueden destacar que, si bien el paciente puede saber intelectualmente que el terapeuta no es peligroso, por las razones que hemos discutido anteriormente, puede que esta información no cale a nivel emocional. El terapeuta puede utilizar el material abordado en el capítulo 3 para educar al paciente en que existe una base neurobiológica para esta experiencia. Esto puede reducir la vergüenza ante miedos que el paciente puede considerar "tontos" y que, de otro modo, ocultaría al terapeuta. La fase inicial de la terapia también implica establecer tanta seguridad relacional como sea posible, pero esta tarea, y los miedos asociados, deberán revisarse repetidamente a lo largo del tratamiento. Gran parte del establecimiento de la seguridad se realiza a través del comportamiento del terapeuta, puesto que los pacientes con TRT necesitarán repetidas demostraciones concretas de seguridad y previsibilidad en lugar de palabras, ya que pueden no confiar en que el terapeuta sea sincero.

Establecer una dinámica de transparencia

En la medida de lo posible, debe establecerse una dinámica que contrarreste la atmósfera de secretismo que caracteriza a muchas relaciones abusivas. Una de las razones por las que hemos recomendado anteriormente que el terapeuta proporcione un contrato de tratamiento claro, aborde explícitamente los límites y se adhiera en la medida de lo posible al marco terapéutico es para reducir la sensación de secretismo, así como el grado en que los pacientes pueden malinterpretar aspectos del marco terapéutico (por ejemplo, contacto accidental o que se les pida que paguen las sesiones perdidas) como prueba de una violación inminente o como castigo o rechazo. Los pacientes con TRT pueden necesitar explicaciones más explícitas sobre qué técnicas terapéuticas utilizará el terapeuta y cuál es el fundamento de dichas técnicas. Los pacientes que han sufrido abusos sexuales pueden necesitar que se les diga explícitamente que no se sexualizará la relación terapéutica (aunque también es importante no asumir que al decir esto se ha disipado realmente el miedo). Se debe animar a los pacientes a que digan al terapeuta si algo les perturba o confunde, y a que hagan cualquier pregunta. Sin embargo, en ocasiones los pacientes pueden solicitar o exigir información personal sobre el terapeuta, alegando que así se sentirán más seguros. El terapeuta puede optar por no responder a preguntas que son indebidamente intrusivas o personales y, en su lugar, puede explorar con el paciente el significado de tener esa información, cómo le haría sentir más seguro y de qué otra forma el terapeuta podría abordar la preocupación del paciente. En esta situación, la transparencia puede significar ser explícito con el paciente sobre por qué el terapeuta ha decidido no responder a la pregunta.

Establecer una dinámica de colaboración

Muchos pacientes con TRT han tenido experiencias de control autoritario en las relaciones interpersonales, y las luchas en torno al control pueden convertirse en el centro de la terapia. Se puede decir a los pacientes que no están obligados a asistir a la terapia, a revelar ninguna información específica en la terapia o a trabajar con ese terapeuta en concreto (si es el caso). También se puede permitir que los pacientes tengan cierta capacidad de elección sobre cómo se lleva a cabo la terapia y, en concreto, se les puede pedir que consulten qué les puede hacer sentir más seguros y cómodos en la consulta terapéutica. Por ejemplo, se les pueden ofrecer opciones sobre dónde les gustaría sentarse (por ejemplo, para estar más cerca de la puerta), a qué distancia les gustaría que se sentara el terapeuta o si utilizan el nombre o el apellido del terapeuta (dentro de los límites personales del terapeuta).

Continuación del tratamiento

Los terapeutas pueden esperar que el establecimiento de una sensación de seguridad en la relación terapéutica sea una tarea que continúe durante gran parte de la terapia, y que la sensación de seguridad del paciente pueda fluctuar con el tiempo. Es posible que algunos pacientes no puedan sentirse totalmente seguros con el terapeuta durante algún tiempo, aunque es necesario cierto grado de seguridad relativa por parte del terapeuta y del paciente para que la terapia continúe. El terapeuta debe seguir mostrando curiosidad por los miedos del paciente y estar dispuesto a responder con franqueza y flexibilidad a las preocupaciones del paciente sobre su seguridad. El terapeuta también debe vigilar el afecto del paciente en busca de evidencias de temor en respuesta a las acciones del terapeuta (por ejemplo, ponerse de pie, ir hacia el otro lado de la habitación o hablar en un determinado tono de voz) y puede preguntar explícitamente al paciente sobre su reacción. Para algunos pacientes, los recordatorios concretos de que el terapeuta no les hará daño ni les explotará pueden ser útiles, pero para otros, solo las demostraciones conductuales repetidas de seguridad son eficaces. El terapeuta puede llamar la atención del paciente sobre su trayectoria juntos, incluso pidiéndole que piense y nombre diferencias objetivas entre el terapeuta y los maltratadores anteriores, educar al paciente sobre las señales de advertencia de las relaciones abusivas y hablar abiertamente con el paciente sobre cómo podría saber si la relación se estaba volviendo insegura y cómo podrían responder para restaurar la seguridad. Este tipo de conversaciones abiertas pueden ayudar a reducir el miedo y modelar la autoprotección adecuada en las relaciones cercanas.

ESTILOS DE APEGO Y SUS POSIBLES REPERCUSIONES EN EL TRATAMIENTO

El estilo de apego de un paciente (véase el capítulo 1) puede tener un impacto significativo en el tratamiento. Algunos pacientes traumatizados pueden tener un estilo de apego inseguro pero organizado que permanece generalmente consistente dentro de la relación. El apego inseguro puede aparecer en la terapia de varias maneras, como, por ejemplo:

1. Evitar cualquier dependencia del terapeuta (por ejemplo, no hacer nunca ninguna petición, no reconocer las necesidades de apego, no llamar cuando se atraviesa una crisis grave).
2. Huir de la relación (por ejemplo, faltar a las sesiones, llegar tarde, largos periodos de silencio, terminar la terapia).
3. Atacar airadamente al terapeuta en respuesta a un rechazo percibido (por ejemplo, una cancelación o unas vacaciones).
4. Necesidades intensas de dependencia (por ejemplo, llamadas telefónicas frecuentes, peticiones de más sesiones o sesiones prolongadas, dificultad con las separaciones).

En los pacientes que tienen un estilo de apego desorganizado (véase el capítulo 1), pueden estar presentes todos estos comportamientos diferentes. La terapia puede caracterizarse por rápidas oscilaciones entre los diferentes modos descritos anteriormente. Dado que el estilo de apego desorganizado puede estar asociado con traumas infantiles y con síntomas disociativos (véase el capítulo 1), tiene sentido que el apego desorganizado sea un problema frecuente en pacientes con TRT (Lyons-Ruth et al., 2006).

Liotti (2004) sugiere que el triángulo de Karpman, que hemos revisado anteriormente, puede ser un modelo útil para comprender a aquellos con estados disociativos del self, al reconocer que un niño con un estilo de apego desorganizado probablemente desarrolla múltiples representaciones tanto del self como del cuidador como una forma de dar sentido al dilema planteado por un cuidador que es una fuente tanto de crianza como de peligro. Los pacientes que tienen estados disociativos del self pueden mostrar estilos de apego marcadamente diferentes en diferentes estados del self. Esto puede resultar confuso para el terapeuta, que puede tener dificultades para entender por qué el estilo relacional del paciente cambia tan rápidamente y por qué cualquier respuesta del terapeuta puede parecer inútil. El papel del terapeuta en este caso es empezar a reconocer las necesidades de los diferentes estados del self y encontrar formas de "tender puentes" entre ellos (Blizard, 2003).

En última instancia, el papel del terapeuta es llevar al paciente hacia una experiencia de mayor seguridad en el apego. Como se ha comentado anteriormente, el mantenimiento del marco terapéutico y de los límites apropiados es clave para proporcionar al paciente una experiencia de seguridad en una relación de apego, y de una figura de apego que es fiable y benigna, en lugar de aterradora y explotadora. (Para más información sobre la gestión de las necesidades de dependencia en la relación terapéutica con pacientes con TRT, véase también Steele et al., 2001.)

Aunque el objetivo final es que el paciente experimente un apego seguro con otras personas del mundo exterior y que sea capaz de proporcionarse a sí mismo una sensación de seguridad y consuelo, en el caso de pacientes muy traumatizados, para los que el contacto humano suele estar asociado al maltrato o al abandono, puede que esto no sea posible hasta mucho más avanzada la terapia. En estas situaciones, puede ser útil ayudar al paciente a acceder a la sensación sentida de apego seguro a través de imágenes de figuras de apego no humanas, como animales o incluso partes de la naturaleza (por ejemplo, un árbol robusto con raíces profundas que ha sobrevivido a los cambios de clima y estaciones durante muchos años) (Steele et al., 2017). Estas imágenes de "recursos de apego" podrían incluir los mismos componentes del apego seguro entre humanos, como el contacto visual, la proximidad física y el contacto físico, la respiración conjunta y los mensajes reconfortantes, sin implicar directamente imágenes de otros humanos, que podrían transformarse en intrusiones traumáticas o desencadenar estados sin enraizamiento.

JUEGOS DE ROLES QUE ABORDAN EL IMPACTO DEL TRAUMA RELACIONAL EN EL FUNCIONAMIENTO RELACIONAL

Dificultades con las ausencias

PACIENTE: No soporto cuando te vas. No verte en toda una semana se me hace eterno.

TERAPEUTA: Ya sé que te resulta muy duro cuando estoy lejos. ¿Hay alguna parte de ti que sepa que voy a volver?

PACIENTE: No, cuando te has ido, es como si fuera a durar para siempre. Apenas me acuerdo de ti; no recuerdo tu aspecto, ni cómo suenas, ni cómo es estar contigo. Y creo que tú también te olvidas de mí.

TERAPEUTA: Es como si, al estar yo lejos, te preocupe que toda nuestra conexión se desvanezca.

PACIENTE: Bueno, ¿no es así?

TERAPEUTA: Para mí no. Aunque esté lejos, sigo recordándote y sintiéndome conectado a ti. Me pregunto si hay algo que podamos hacer para ayudarte a estar más conectado conmigo.

PACIENTE: No lo sé.

TERAPEUTA: ¿Y si te llevas algo de mi consulta? Puedes devolvérmelo cuando vuelvas, y así sabrás que tengo que volver a verte para que me lo devuelvas. [Algunos terapeutas tienen una colección de objetos de este tipo, como conchas o piedras. A los pacientes se les permite seleccionar y conservar uno y pueden utilizarlo como objeto transitorio que sostener para fomentar una mayor sensación de conexión duradera con el terapeuta].

Llegar tarde

PACIENTE: Hoy no tenía ninguna gana de venir, y a punto he estado de no hacerlo. Por eso he llegado tarde.

TERAPEUTA: Últimamente tenemos esta conversación a menudo. ¿Por qué te resulta tan difícil venir aquí?

PACIENTE: Supongo que es tan sencillo como que no quiero.

TERAPEUTA: Es interesante que no quisieras venir hoy, porque yo pensaba que habíamos tenido una muy buena sesión la semana pasada.

PACIENTE: En ese momento yo también pensé lo mismo. Pero esta mañana al levantarme he pensado: "Hoy no quiero ir. No me apetece verla".

TERAPEUTA: En la última sesión decías que es la vez que más tiempo has estado en terapia. Me pregunto si hay alguna parte de ti que está reaccionando al sentirse más cerca de mí.

PACIENTE: Supongo. Siento que necesito alejarme, y punto. La semana pasada recuerdo haber pensado que realmente empezabas a entenderme.

TERAPEUTA: ¿Alguna parte de ti siente vergüenza o ansiedad por ello?

PACIENTE: Sí, supongo. A ver... es que, si me entendieras realmente, seguro que me echarías de la terapia, así que supongo que quiero irme yo antes, ¿sabes?

TERAPEUTA: Así que tienes miedo de que te rechace si llego a conocerte de verdad. Para mí tiene sentido, dado todo lo que has descrito sobre cómo te trataron tus padres. Es bueno que hablemos de esto.

Dificultad para finalizar la sesión

TERAPEUTA: En las últimas sesiones he notado un patrón, como si fuera difícil terminar a la hora. Parece que siempre hay algo más sobre lo que tenemos que hablar. ¿Tienes alguna idea de lo que te pasa en esos momentos?

PACIENTE: Me siento muy segura aquí; es como si nunca hubiera tiempo suficiente para decir todo lo que necesito decir.

TERAPEUTA: Háblame de la sensación de no tener tiempo suficiente.

PACIENTE: Es como si la gente nunca me escuchara, como si nunca lo entendieran.

TERAPEUTA: Esto es importante. Quizás en parte te cuesta irte porque no estás segura de si realmente te he escuchado durante la sesión, si realmente he entendido lo que has intentado decirme. ¿Crees que hay algo que pueda hacer para que te sientas escuchada?

PACIENTE: No sé, siento que necesito más tiempo. Cincuenta minutos no es mucho cuando tengo tanto que decir.

TERAPEUTA: Es difícil encajarlo todo y, como nuestras sesiones duran solo 50 minutos, me pregunto si hay formas en las que podría ayudarte a sentirte más escuchada en ese tiempo. Por ejemplo, ¿qué pasaría si te preguntara más a menudo si te sientes escuchada durante nuestras sesiones?

PACIENTE: A lo mejor eso podría ayudar.

TERAPEUTA: Podemos intentarlo ahora mismo. ¿Cómo es para ti tener esta conversación sobre lo que te cuesta terminar las sesiones? ¿Sientes que te estoy escuchando ahora mismo?

PACIENTE: Creo que es bueno que estemos hablando de ello, nadie lo había abordado conmigo antes. Me alegro de que me lo preguntes, es como si estuvieras empezando a entenderlo.

TERAPEUTA: Es muy importante que podamos hablar de estas cosas y que me digas si hay momentos en los que no te sientes escuchada. Podemos seguir trabajando juntos para que el final de la sesión sea menos difícil.

PACIENTE: Sigo pensando que será duro... es lo que te decía, me siento muy segura aquí, pero en cuanto me vaya, volveré a estar sola.

TERAPEUTA: Es complicado. Sé que hemos hablado mucho de lo sola que estás. Y uno de los objetivos de nuestro trabajo juntas es ayudarte a sentirte menos sola para que tengas más personas en las que puedas confiar en tu vida.

PACIENTE: Lo sé, pero ahora mismo me siento muy sola, y marcharme es horrible.

TERAPEUTA: ¿Te ayuda en algo saber que volveremos a vernos?

PACIENTE: No parece que lo vayamos a hacer... es como si fuera a estar sola para siempre y tuviera que contártelo todo antes de irme, porque si no, ya no tendré otra oportunidad.

TERAPEUTA: ¿Crees que cuando te vayas y te sientas tan sola puedes recordarte a ti misma que tú y yo estamos trabajando juntas para que te sientas menos sola y que volverás a verme dentro de una semana?

PACIENTE: Supongo que sí.

TERAPEUTA: ¿Por qué no lo intentas después de nuestra sesión de hoy? Y si no ayuda, podemos hablar más la próxima vez y tratar de llegar a otra solución.

Pacientes que piden un abrazo

PACIENTE: Es muy difícil para mí hablar de esto, es muy molesto. Estoy muy avergonzado. [Pausa larga] ¿Puedes abrazarme? Creo que eso me haría sentir mejor.

TERAPEUTA: Entiendo perfectamente que quieras que te abrace. Vamos a hablar más sobre ello. ¿Qué impacto crees que tendría en ti que yo te abrazara?

PACIENTE: Me gustaría saber que te preocupas por mí, que no estoy solo en todo esto.

TERAPEUTA: Es como si fuera realmente útil para ti sentirte cerca de mí, sentirte reconfortado por mí cuando te encuentras tan mal. Sin embargo, como hemos hablado antes, me preocupa que, si realmente te abrazo, puedas sentirte más inseguro y preocupado por mis límites.

¿Hay alguna forma de demostrarte mi afecto con palabras, en lugar de con un abrazo, de forma que te dé la misma sensación de que te cuidan y de que no estás solo?

PACIENTE: No sé, es que, si me abrazaras, sería como saber que realmente estás aquí conmigo. Me siento muy lejos.

TERAPEUTA: Es difícil para ti sentir que realmente estoy aquí contigo. ¿Qué te parece si escuchas mi voz mientras te digo que estoy aquí contigo, escuchándote, que no estás solo en este momento?

PACIENTE: Bien, supongo. Sigo disgustado.

TERAPEUTA: ¿Y si intentas mirarme? Date cuenta de que estoy aquí contigo, de que estoy presente, de que tienes toda mi atención en este momento.

PACIENTE: No quiero mirarte. No soporto mirarte a los ojos y no quiero que me veas.

TERAPEUTA: OK. ¿Y si intentas mirarme a los pies, o a las rodillas, para que veas que realmente estoy aquí contigo?

PACIENTE: Me siento un poco mejor. Supongo que es difícil saber si realmente me estás escuchando, pero si presto atención, parece que sí lo estás haciendo.

TERAPEUTA: Eso es importante: por un momento, has podido empezar a sentirte más cerca de mí sin salirte de los límites de nuestra relación.

Llamadas demasiado frecuentes/no aceptar consejos

TERAPEUTA: Cuando empezamos nuestro trabajo juntos, hablamos de que parte de nuestro acuerdo es que puedes llamarme entre sesiones si lo necesitas en algún momento crítico. He notado que últimamente hablamos por teléfono casi todos los días. ¿Qué crees que está pasando entre nosotros?

PACIENTE: Es que todo me parece horrible en este momento, no encuentro la manera de gestionarlo por mi cuenta.

TERAPEUTA: ¿Y cómo es hablar conmigo por teléfono?

PACIENTE: No me hace sentir mejor, sigue sin parecerme suficiente, pero no sé qué más hacer aparte de llamarte. No puedo más.

TERAPEUTA: Creo que estoy notando lo mismo que tú, que nada de lo que digo u ofrezco parece ser útil cuando hablamos por teléfono y, de hecho, me parece que cuando intento ayudar o sugiero algo, ni siquiera te sientes capaz de intentarlo. Tengo la sensación de que, cuantas más sugerencias te hago, más desesperanzada y menos capaz te sientes de intentar algo. Eso tiene que resultarte muy frustrante y, para ser sincero, a mí tampoco me sienta muy bien.

PACIENTE: Sí, me siento frustrada. Pero como he dicho, no sé qué más hacer. No puedo resolverlo por mi cuenta. Me gustaría que pudieras ayudarme a resolver el problema.

TERAPEUTA: Bueno, creo que a veces las llamadas pueden ser una parte útil de tu tratamiento, y creo que deberíamos trabajar juntos para que te resultaran más útiles. Es como una medicación: si tomas la dosis adecuada en el momento adecuado, puede ayudarte mucho, pero si tomas demasiada o muy poca, puede incluso hacerte empeorar. Creo que ahora tenemos que hablar de la dosis de tus llamadas telefónicas.

PACIENTE: Cuando dices eso, siento que me he metido en un lío y que me he portado mal. ¡Realmente necesito poder llamarte o no podré arreglármelas!

TERAPEUTA: No se trata estar en un lío, sino de asegurarte de que todas las partes de tu tratamiento están funcionando y de que estás recibiendo las dosis adecuadas de cada cosa. A veces hay que hacer varios intentos, un poco de ensayo y error, para encontrar la dosis que mejor te funcione. Y creo que las llamadas telefónicas te funcionarán mucho mejor si damos con una forma de que asimiles lo que te estoy diciendo para que yo pueda serte de más utilidad. Creo que podemos hacer lo siguiente: si me llamas, tienes que aceptar probar una de las cosas que te sugiera, y si no estás lista para probar nada, cortamos la llamada telefónica y esperas hasta estar lista para probar algo para volver a llamarme.

PACIENTE: No sé si puedo hacer eso.

TERAPEUTA: ¿Cuál crees que sería el problema? ¿Qué te ocurre en esos momentos en los que te hago una sugerencia?

PACIENTE: Es como si nada de lo que me propusieras pudiera funcionar, estoy demasiado cansada para intentarlo, y me enfada que esperes tanto de mí, que esperes que haga todas estas cosas cuando ya me siento tan mal. Solo quiero que me hagas sentir mejor.

TERAPEUTA: Eso tiene sentido. ¿Crees que te ayudaría si te dijera que lo sé? ¿Si te recordara que sé lo mal que te sientes por dentro y lo difícil que es hacer estas cosas?

PACIENTE: No sé, puede.

TERAPEUTA: Quizás podamos intentarlo juntos. Te recordaré que sé lo mal que te sientes por dentro y que hemos acordado que las llamadas telefónicas solo serán útiles si estás dispuesta a probar algunas de mis sugerencias. Y si sigues sin estar dispuesta a intentarlo, colgaré el teléfono y podremos hablar en la próxima sesión sobre lo que se interpuso en el camino e intentar resolverlo juntos.

PACIENTE: ¿Entonces me vas a castigar si no hago lo que me dices? ¿De qué me sirve eso?

TERAPEUTA: No es un castigo: no has hecho nada malo. Si estuvieras tomando una dosis alta de un medicamento y tuvieras todo tipo de efectos secundarios, no sería un castigo bajar la dosis o probar un medicamento diferente, solo sería reconocer que algo no está funcionando e intentar que funcione mejor. Y tampoco se trata solo de ti: ¡quizá yo también esté haciendo algo que no funciona! Lo más importante es que trabajemos en equipo para averiguar qué es lo que más te ayuda y que sigamos ajustando las cosas hasta que lo consigamos.

Gestionar el miedo

TERAPEUTA: [Se da cuenta de que el paciente está teniendo una reacción, evalúa si está enraizado y trabaja para ayudarlo a enraizarse si es necesario antes de continuar] ¿Qué acaba de pasar? Me he dado cuenta de que cuando he cruzado la habitación para coger un pañuelo, te has sobresaltado y ahora pareces muy asustado.

PACIENTE: No es nada. No importa [sacude la cabeza].

TERAPEUTA: Bueno, creo que esto puede ser importante. Parecía que te habías asustado y ahora parece que me tienes miedo. Teniendo en cuenta todo lo que me has contado sobre tus experiencias pasadas, me pregunto si tienes miedo de que pueda hacerte daño, y si eso es cierto, sería muy importante que habláramos de ello.

PACIENTE: Es una tontería. Sé que no hay nada que temer.

TERAPEUTA: Una parte de ti lo sabe. Pero me pregunto si hay otra parte de ti que alberga algunos miedos sobre mí y si hablar de ellos podría ser realmente útil para ayudarte a sentirte más seguro en la terapia.

PACIENTE: Supongo que al moverte tan rápido me pareció que podrías agarrarme o pegarme o algo así. Pero sé que es una tontería [esconde la cara]. Te conozco desde hace años.

TERAPEUTA: Me alegro de que hayas compartido eso conmigo. Es muy importante. Por supuesto, yo nunca te agarraría ni te pegaría, pero entiendo perfectamente que tengas miedo de eso, teniendo en cuenta todo lo que has pasado.

PACIENTE: Sí, supongo que sí.

TERAPEUTA: Es muy importante que trabajemos en equipo para que te sientas lo más seguro posible en esta terapia. ¿Hay algo que se te ocurra que pueda ayudarte a sentirte más seguro en este momento?

PACIENTE: No lo sé. Todavía me siento tenso.

TERAPEUTA: ¿Ayudaría si muevo mi silla un poco hacia atrás para darte más espacio?

PACIENTE: Tal vez.

TERAPEUTA: Vamos a intentarlo y veamos si ayuda o no [retrocede]. ¿Qué te parece?

PACIENTE: Un poco mejor.

TERAPEUTA: Estupendo. Si se te ocurre algo más que pueda hacer para ayudarte a sentirte más seguro, dímelo para que podamos hablar de ello.

CONCLUSIÓN

Los terapeutas deben estar preparados mediante el desarrollo de habilidades para reconocer la profunda desconfianza y evitación de sus pacientes, derivadas del trauma y de las dificultades relacionadas con el apego, agravadas por una capacidad poco desarrollada de regulación emocional y por la creencia de los pacientes de que no valen nada y de que los demás son poco fiables o malévolos. Cuando estos patrones y dificultades relacionales emergen en el tratamiento, el hecho de reconocerlos, nombrarlos y abordarlos repetidamente con el paciente, así como trabajar sobre las posibles rupturas en la relación terapéutica, produce gradualmente la curación. Los ecos del trauma en la relación terapéutica sirven como poderosas oportunidades para resolver el impacto de la victimización. Los terapeutas demuestran que son, de hecho, fiables, dignos de confianza y cariñosos, aunque humanos, al demostrar repetidamente su voluntad de ser abiertos y flexibles y de permanecer presentes mientras el paciente aprende sobre los patrones relacionales no saludables y los repara.

CAPÍTULO 6

ABORDAR LOS RETOS RELACIONADOS CON LA DISOCIACIÓN, LAS EMOCIONES Y LOS SÍNTOMAS SOMÁTICOS

Los pacientes que se encuentran activados por un desencadenante no suelen ser capaces de integrar información nueva ni de trabajar de forma productiva en terapia. En estas situaciones, pueden perderse en la reexperimentación de traumas pasados y tener grandes dificultades para darse cuenta de lo que está ocurriendo en el momento presente. El objetivo es llevar a cabo la terapia en un estado de enraizamiento y ayudar al paciente a comprometerse desde ese estado, ya que estará lo suficientemente alerta como para sentir curiosidad y comprometerse, pero no tan activado como para no poder centrarse en otra cosa que no sea escapar de la amenaza percibida.

Los terapeutas descubrirán que no siempre pueden anticipar o evitar los desencadenantes de un paciente, ni deberían hacerlo, ya que aprender a manejar los desencadenantes es una parte importante del trabajo terapéutico de un paciente. Es de esperar que, en algún momento de la terapia, quizás al principio, el paciente se desencadene durante una sesión, ya sea por el terapeuta o por alguna otra señal, y el terapeuta tendrá que intervenir para ayudar al paciente a volver al momento presente.

Los pacientes, especialmente al principio de la terapia, pueden entrar en estados de desregulación rápidamente, sin conocer las señales de que se están desregulando, y ser incapaces de decirle directamente al terapeuta que están desregulados o de regular el estado por sí mismos. Por lo tanto, es importante que los terapeutas estén atentos a los signos de desregulación y dispongan de un conjunto de estrategias que puedan utilizar para enseñar a los pacientes a darse cuenta de que están desregulados y a ayudarse a sí mismos a volver a un estado de regulación relativa.

He aquí algunos pasos para ayudar a los pacientes a tener los pies en la tierra:

1. Identifica los primeros signos de que el paciente ya no tiene los pies en la tierra (es decir, está hiperactivo y "siente demasiado", o hipoactivo y "siente demasiado poco").
2. Abandona el contenido de la discusión y dedícate inmediatamente a enraizar al paciente.
3. Utiliza con flexibilidad una variedad de estrategias de enraizamiento para identificar lo que funciona mejor para el paciente en ese momento.
4. Continúa utilizando estrategias de enraizamiento hasta que el paciente tenga claramente los pies en la tierra.
5. Si el paciente no puede enraizarse de forma continuada, identifica y trabaja con las barreras que le impiden conectarse a tierra.

En este capítulo se abordará en detalle cada uno de los pasos anteriores a través de técnicas prácticas que el terapeuta puede utilizar con los pacientes.

PASO 1: IDENTIFICAR LOS PRIMEROS SIGNOS DE QUE EL PACIENTE YA NO TIENE LOS PIES EN LA TIERRA

Cuando los pacientes se activan en terapia a causa de un detonante emocional, si el terapeuta no interviene pronto, es probable que les ocurra lo mismo cada vez más y que estén cada vez menos en contacto con el presente. Cuanto más se pierda un paciente en el trauma o la desregulación del pasado, más difícil será ayudarle a reorientarse hacia el presente. El objetivo es intervenir pronto para ayudar al paciente a autorregularse antes de que entre en un estado de emoción desbordada o en un estado profundo de disociación del que sea más difícil volver a salir. Con este fin, es importante ser consciente de la variedad de formas en que la activación desregulada puede manifestarse en la sesión y vigilar de cerca al paciente para detectar el comienzo de estas manifestaciones. En esta sección, nos centraremos en los cambios somáticos que indican la pérdida del enraizamiento. El material sobre la neurobiología de los trastornos relacionados con el trauma (TRT) presentado en el capítulo 3 puede ser un complemento útil para esta sección, ya que proporciona material explicativo que puede ayudar al terapeuta a comprender los mecanismos que subyacen a estos cambios y presentarlos al paciente en un lenguaje fácil de entender. Esto permite que el paciente y el terapeuta experimenten y aborden estos cambios de forma colaborativa y eficaz.

Los terapeutas pueden estar más acostumbrados a atender a las palabras de los pacientes que a sus cuerpos. La atención al cuerpo del paciente (tanto a las sensaciones subjetivas como a los cambios objetivos observados por el terapeuta) es esencial en el trabajo con pacientes traumatizados, pero a menudo se pasa por alto en la terapia de conversación tradicional. El cuerpo proporciona una gran cantidad de información sobre cómo se está experimentando y recordando un trauma, y es claramente un escenario de los síntomas relacionados con el trauma (véase también Ogden et al., 2006a; van der Kolk, 2014). Muchos pacientes se han desconectado de sus cuerpos como una forma de escapar del abuso, lo que lleva a experiencias de entumecimiento y disociación en la vida cotidiana. Al comunicar que el cuerpo del paciente es un lugar importante de experiencia y memoria, y enseñar al paciente las formas en que el trauma se mantiene en el cuerpo (véase el capítulo 3), el terapeuta puede ayudar al paciente a volver a conectar con sus propias experiencias somáticas y a procesarlas, lo que le proporciona una herramienta poderosa para reconocer su nivel de desregulación. A medida que aprende a prestar atención a su cuerpo, puede volverse gradualmente más hábil para reconocer antes cuándo se está desregulando y, por lo tanto, darse más oportunidades para regularse cuando sea más fácil hacerlo. Esto conduce gradualmente a una mayor capacidad para estar presente y vivir una vida significativa (para más información sobre la importancia de la atención plena, véase Siegel, 2007, 2010).

Un modelo para comprender el impacto del trauma en el cuerpo y el papel del cuerpo en la activación desregulada es el modelo de la ventana de tolerancia (para un análisis detallado de este modelo, véase Ogden et al., 2006a; Schore, 2003; Siegel, 1999). En resumen, todas las personas tienen un rango de activación o energía dentro del cual se sienten cómodas (su ventana de tolerancia; figura 6.1). Los estados desregulados pueden considerarse fuera de esa ventana de dos maneras:

hiperactivación (demasiada activación en el sistema) o hipoactivación (muy poca activación en el sistema). Estos estados están mediados por el sistema nervioso autónomo, una parte del sistema nervioso periférico que controla múltiples sistemas orgánicos y funciones corporales básicas, como la digestión, el ritmo cardíaco y la frecuencia respiratoria. El sistema nervioso autónomo tiene dos subdivisiones: el simpático, que controla la hiperactivación, y el parasimpático, que controla la hipoactivación. Cabe destacar que los supervivientes de traumas suelen sentirse muy incómodos con las sensaciones somáticas, pueden ser muy intolerantes y pueden desregularse incluso con pequeños cambios en la activación o con sensaciones físicas menores, lo que genera una ventana de tolerancia muy pequeña y fluctuaciones amplias y rápidas hacia estados sin enraizamiento.

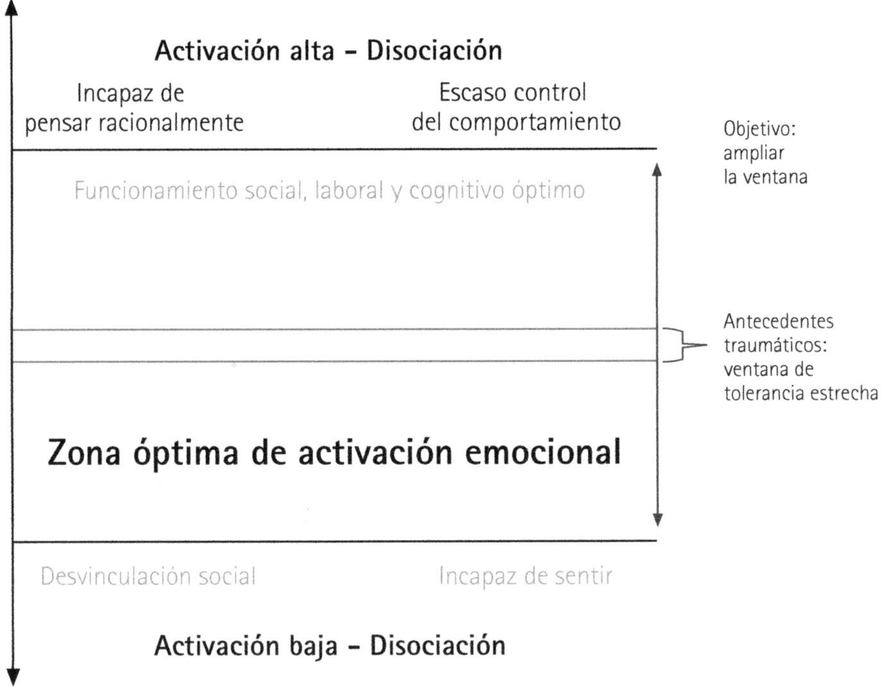

Figura 6.1. Ventana de tolerancia. Las personas traumatizadas suelen tener un estrecho margen de emociones y sensaciones físicas que pueden tolerar. Esto aumenta el riesgo de comportamientos inseguros, arriesgados y poco saludables y/o de disociación.
Basada en Ogden, Pain y Fisher, 2006b, Siegel, 1999.

Los estados de inseguridad se caracterizan normalmente por la activación de uno o más mecanismos de defensa animal, patrones de respuesta que van más allá del pensamiento consciente y que se conservan en todo el reino animal debido a su papel en la preservación de la vida frente a la amenaza (Nijenhuis et al., 2004). Cuando se sienten amenazadas, la mayoría de las personas *sin* un historial traumático extenso responden inicialmente con hiperactivación, ya que intentan evaluar, escapar o detener la situación amenazante. La mayoría de las personas están familiarizadas con los conceptos de "huida" y "lucha" como defensas animales, que son defensas movilizadoras que implican altos niveles de energía en el sistema y se asocian con la hiperactivación. Cuando estas opciones no son posibles de forma inmediata, o cuando se intenta evitar atraer la atención de una amenaza potencial, un animal o un ser humano también puede responder con inmovilidad tónica (sensación de no poder mover todo el cuerpo o partes de él), que puede ir seguida de un colapso emocional. Se trata de defensas inmovilizadoras. Aunque en la superficie la inmovilidad tónica implica falta de movimiento, y por lo tanto puede confundirse con hipoactivación, la experiencia interna sigue siendo de hiperactivación y aumento de la excitación (por ejemplo, corazón acelerado o tensión muscular). Esto se corresponde con la idea coloquial de "hacerse el muerto" ante el peligro. Sin embargo, cuando estas defensas fallan, como en el caso de un niño pequeño maltratado que es sometido a un trauma prolongado sin capacidad para escapar físicamente o interrumpir el trauma, la única estrategia de supervivencia que le queda es un estado sumiso y colapsado caracterizado por una hipoactivación profunda y una disminución de la tensión muscular. En individuos que han sufrido traumas crónicos, su experiencia suele ser que ninguna otra respuesta al peligro es posible, por lo que, cuando son adultos y acuden a terapia, esta puede ser su línea de defensa inicial en respuesta a cualquier amenaza percibida. Pueden caer rápidamente en este estado disociativo de colapso cuando se desencadenan, o pueden oscilar entre estados de hiperactivación, inmovilidad tónica e hipoactivación.

Hiperactivación

La hiperactivación es lo que se conoce como el modo de "lucha o huida". En este estado, el cuerpo y la mente están muy activados, con energía y preparados para luchar o huir ante una amenaza potencial. Aunque la experiencia interna es siempre de alta energía, alerta y activación, este estado puede conducir a veces a una inmovilidad tónica o congelada.

Los signos de hiperactivación son los siguientes:

1. Cambio de color (enrojecimiento o palidez de la cara).
2. Cambio en el contacto visual o en el enfoque visual: la mirada se desplaza por la habitación o se mantiene fija.
3. Ojos muy abiertos.
4. Agitación.
5. Sudores.
6. Respiración rápida.
7. Inquietud (sacudir las rodillas, golpear con los pies) o espera rígida para prepararse para el movimiento.
8. Hablar rápido, cada vez más alto o gritar.
9. Estar pie o deambular.
10. Apariencia tensa y rígida (por ejemplo, sentarse muy erguido, puños apretados, mandíbula tensa, mirada congelada, respiración congelada, incapacidad para moverse).

Hipoactivación

Cuando no es posible escapar físicamente o luchar contra un agresor (por ejemplo, en el caso de un niño maltratado), la hiperactivación puede no ser una estrategia de supervivencia útil, y los altos niveles de activación y movimiento pueden atraer la atención y provocar más abusos. La respuesta más adaptativa en estas situaciones puede ser volverse insensible y pasivo para minimizar el abuso. Esta respuesta, que puede parecer "distanciamiento", disociación o aplanamiento, se denomina hipoactivación.

Los signos de hipoactivación son los siguientes:

1. Palidez.
2. Respiración superficial o contención de la respiración (no se puede ver cómo se eleva el pecho).
3. Mirada fija, "sin ver" (por ejemplo, la mirada perdida), o cerrar los ojos.
4. Mirada vidriosa, desenfocada o sin visión en los ojos del paciente.

5. Desplomarse físicamente o acurrucarse y hacerse "pequeño".
6. Apariencia flácida.
7. Hablar despacio, en tono monótono o tardar mucho en responder.
8. Falta de respuesta verbal o de movimiento.

PASO 2: DEJAR DE LADO EL CONTENIDO Y ABORDAR INMEDIATAMENTE EL ENRAIZAMIENTO DEL PACIENTE

Si el terapeuta se da cuenta de que el paciente puede no tener los pies en la tierra, es importante detener la conversación y atender a su desregulación. El paciente no solo será incapaz de integrar más información en un estado sin enraizamiento, sino que también se volverá más desregulado y más susceptible a desencadenantes cuanto más tiempo siga hablando el terapeuta sin conectar a tierra al paciente. No importa lo importante que sea el contenido o el material, no tiene sentido seguir explorándolo si el paciente no tiene los pies en la tierra, porque no se realizará ningún procesamiento significativo y es poco probable que retenga la información.

El terapeuta puede empezar por reorientar verbalmente al paciente hacia la situación actual. Por ejemplo, llamarle por su nombre y decirle: "Estás aquí conmigo en [ciudad]. Hoy es [fecha]. Estás a salvo. Nadie va a hacerte daño".

PASO 3: UTILIZAR UNA VARIEDAD DE ESTRATEGIAS DE ENRAIZAMIENTO PARA IDENTIFICAR LO QUE FUNCIONA MEJOR PARA EL PACIENTE

Las técnicas de enraizamiento ayudan a los pacientes a volver al momento presente y son útiles para ayudar a los pacientes traumatizados a regular su nivel de emoción y disociación. Enseñamos varias de estas técnicas en el programa Finding Solid Ground (véase el guion de enraizamiento del apéndice B para una introducción a la orientación y el enraizamiento en el presente; véase el primer módulo del libro de trabajo para técnicas adicionales y trabajo con las habilidades de enraizamiento). Las técnicas de enraizamiento son habilidades fundamentales para los pacientes con TRT, entre los que se encuentra el trastorno disociativo. Enseñar a los pacientes a utilizar estas habilidades dentro y fuera de la terapia en respuesta a la sensación de no tener los pies en la tierra es crucial para ayudarlos a estabilizarse. Ayudar a los pacientes a aprender cómo y cuándo utilizar el enraizamiento debe ser un objetivo desde el principio de la terapia. El terapeuta debe ser capaz de enseñar al paciente cuándo y cómo utilizar estas habilidades hasta que pueda hacerlo por sí mismo. Hay que animar a los pacientes a que practiquen repetidamente las habilidades de enraizamiento, incluso en momentos en los que no se necesiten acuciantemente, para que sean capaces de utilizarlas de forma más eficaz cuando se necesite ayuda urgente con el enraizamiento.

Aunque algunas estrategias de enraizamiento son útiles independientemente del estado en el que se encuentre el paciente, también es importante conocer las estrategias que son especialmente útiles para la hiperactivación o la hipoactivación. Cuando los pacientes están hiperactivados, el objetivo es reducir la energía del cuerpo activando el sistema nervioso parasimpático, o centrarse en características fisiológicas específicas de la hiperactivación (por ejemplo, tratar la respiración rápida y superficial fomentando la respiración lenta y profunda). Del mismo modo, cuando los pacientes están hipoactivados, el objetivo es aumentar la cantidad de energía en el cuerpo, activando el sistema nervioso simpático, o centrarse en las características de la hipoactivación (por ejemplo, la postura corporal colapsada).

Por definición, los pacientes que no tienen los pies en la tierra (o los que respiran muy superficialmente o contienen la respiración) no son plenamente conscientes de su cuerpo. El objetivo es ayudar al paciente a volver al presente, al aquí y ahora, haciendo uso de sus sentidos físicos para notar y centrarse en lo que está sucediendo en el momento y cuidando de su cuerpo para garantizar que sigue recibiendo el aire que necesita para respirar, en lugar de crear involuntariamente una sensación de pánico debido a la falta de oxígeno. Aunque algunos pacientes pueden tener fobia al cuerpo, como se describirá más adelante, incluso estos pacientes pueden empezar a acercarse al cuerpo modificando algunas de estas técnicas si se les enseña el fundamento y la importancia de sintonizar con su cuerpo. El uso del cuerpo, en particular de la respiración, es vital en el trabajo con estos pacientes, ya que les ayuda a reconectar con su cuerpo y a aprender a vivir en su cuerpo, que es un precursor necesario para estar presente y con los pies en la tierra, algo esencial para que las sesiones de terapia sean realmente beneficiosas (Michael et al., 2019; Polak et al., 2015).

Recursos de apego

Los recursos de apego (una piedrecita o una concha que el terapeuta puede dar al paciente) pueden ser útiles para sacar a los pacientes de estados sin enraizamiento (Steele et al., 2017). Alternativamente, algunos pacientes responden bien a imágenes de apego no humanas, como animales (por ejemplo, mascotas) u objetos de la naturaleza, como árboles robustos que han sobrevivido y prosperado a pesar de las tormentas. Recomendamos evitar las imágenes de seres humanos, ya que esto puede hacer que algunos pacientes se vuelvan más desarraigados debido a su historia de traumatización repetida por figuras de apego humanas. La imaginería tiende a funcionar mejor cuando el paciente solo está ligeramente desenraizado, ya que realizar un ejercicio de imaginación puede resultar demasiado abstracto si el paciente ya está bastante disociado. En este caso, es más probable que tenga éxito si el paciente participa en el movimiento y utiliza los cinco sentidos para enraizarse.

Reorientación

Las siguientes técnicas representan algunas formas en las que el terapeuta puede ayudar al paciente a ser más consciente del momento presente, en lugar de quedarse atrapado en traumas pasados. Pueden ser útiles cuando el paciente experimenta cualquiera de los dos extremos de activación:

1. Establecer contacto visual con el terapeuta (aunque a algunos pacientes esto puede parecerles amenazador y es mejor si se les indica que miren a los pies del terapeuta o a un elemento familiar específico de la habitación) o atender al sonido de la voz del terapeuta.
2. Mirar por la habitación y nombrar los objetos que vea (también funciona describir tres objetos, buscar objetos de un determinado color o contar un determinado tipo de objetos).
3. Utilizar sensaciones intensas: sostener un cubito o una bolsa de hielo, comer un caramelo de menta o ácido u oler un aceite perfumado.
4. Enseñar al paciente a normalizar su respiración (como se verá más adelante, los ejercicios respiratorios deben utilizarse con precaución y pueden requerir modificaciones).

Hiperactivación

Las técnicas que pueden ser útiles para la *hiperactivación* son las siguientes:

1. Respirar más lenta y profundamente con una espiración larga[4].

4 Como se verá más adelante, algunos pacientes pueden ser incapaces de tolerar el trabajo con la respiración debido a asociaciones con traumas pasados.

2. Apoyar los pies en el suelo o las manos en la silla.
3. Aplicar presión física mediante el uso de mantas o chalecos lastrados.
4. Otras técnicas de enraizamiento, como las prácticas de yoga sensibles al trauma (Emerson, 2015; Price et al., 2017).

Si el paciente experimenta inmovilidad tónica (es decir, una experiencia interna de hiperactivación, pero con incapacidad de mover todo el cuerpo o partes de él), el terapeuta puede plantearse aumentar el movimiento, por ejemplo, con movimientos muy pequeños o incluso micromovimientos (como el movimiento imperceptible de un solo dedo).

Hipoactivación

Estas son algunas de las técnicas que pueden ser útiles para la *hipoactivación*:

1. Ponerse de pie, estirarse o caminar por la habitación (aunque es importante tener cuidado al pedir a los pacientes que se pongan de pie, ya que los pacientes más profundamente hipoactivados pueden sentirse mareados o correr el riesgo de caerse).
2. Mirar alrededor de la habitación en lugar de mirar fijamente a un solo punto.
3. Algunas posturas de yoga pueden ser útiles para ayudar a los pacientes a activarse y movilizarse más (véase Emerson, 2015, para un análisis detallado).

PASO 4: SEGUIR UTILIZANDO ESTRATEGIAS DE ENRAIZAMIENTO HASTA QUE EL PACIENTE ESTÉ CLARAMENTE CON LOS PIES EN LA TIERRA

Puede ser necesario utilizar varias estrategias de enraizamiento durante largos periodos de tiempo para conseguir que los pacientes tengan los pies en tierra, y el terapeuta debe supervisar al paciente en busca de pruebas que así lo indiquen en lugar de asumir que ya ha accedido a ese estado porque ha completado con éxito una de las estrategias de enraizamiento.

Estos son algunos de los signos que indican que el paciente está más arraigado:

1. Respiración más fácil y regular.

2. Establecer contacto visual con el terapeuta (para pacientes que lo hacen con regularidad). Como se ha señalado anteriormente, el contacto visual es desregulador para algunos pacientes, por lo que fomentarlo en estos casos puede conducir a un estado aún más desubicado[5].
3. Ser capaz de entablar una conversación de ida y vuelta.
4. Ser capaz de decir claramente al terapeuta que se siente más enraizado.

PASO 5: SI EL PACIENTE NO CONSIGUE TENER LOS PIES EN LA TIERRA DE FORMA CONSTANTE, DETERMINAR LAS BARRERAS QUE SE LO IMPIDEN Y TRABAJAR CON ELLAS

Es crucial que los terapeutas reconozcan que el enraizamiento "va a contracorriente" de la forma en que los pacientes traumatizados han afrontado durante mucho tiempo la entrada en estados de no enraizamiento para prepararse para el peligro y/o desconectarse de experiencias abrumadoras. Por ejemplo, las personas con traumas infantiles se sumen comprensiblemente en estados disociativos para evitar sentimientos abrumadores e intrusiones traumáticas. Puede que cuando sufrieran abusos, la disociación fuera su única vía de escape. Por lo tanto, aprender técnicas de enraizamiento y acordarse de utilizarlas fuera de la sesión es un proceso largo que requiere psicoeducación y repetir conversaciones durante la sesión en las que se exploren las razones por las que el paciente puede ser sutilmente (o no tan sutilmente) reacio a enraizarse (véanse los temas de enraizamiento 1 a 3 en el libro de trabajo para obtener información sobre cómo abordar los posibles obstáculos y las formas de ayudar a los pacientes a aprender a enraizarse y permanecer en ese estado). Aunque puede ser necesario abordar estas barreras en momentos en los que no se está con los pies en la tierra, también es necesario mantener estas conversaciones en momentos en los que los pacientes sí están en ese estado para que puedan entablar una conversación y explorar cualquier dificultad que tengan con el enraizamiento.

5 Frewen y Lanius (2015) citan a un paciente que dice: "Cuando establezco contacto visual, siento que van a ver una mancha en mi alma". Esta sensación de vulnerabilidad al establecer contacto visual indica por qué el contacto visual puede ser un desencadenante para algunos pacientes. Otros pacientes pueden percibir el contacto visual directo como agresivo y amenazador.

También es útil que los terapeutas sean conscientes de que algunos pacientes pueden considerar que determinados ejercicios de enraizamiento no son útiles o incluso desencadenan una mayor desregulación. Esto es particularmente común en el trabajo con la respiración o al establecer contacto visual con el terapeuta, pero puede ocurrir con cualquier estrategia de enraizamiento. Esto no implica necesariamente que el paciente se resista a conectarse a tierra en general, y no debe considerarse automáticamente como tal. Si el paciente se muestra reacio a probar una técnica en particular o parece inundarse o disociarse aún más después de usarla, el terapeuta puede probar otras estrategias o, cuando tenga los pies en la tierra, explorar con el paciente por qué algunas estrategias son más difíciles que otras.

Es importante tener en cuenta que los pacientes pueden tener una fobia profunda al cuerpo, lo que provoca un fracaso general de las estrategias de enraizamiento relacionadas con el cuerpo. Incluso la palabra "cuerpo", el hecho de nombrar una parte específica del cuerpo o las instrucciones para prestar atención a las sensaciones corporales (por ejemplo, los pies en la tierra) pueden ser desencadenantes para estos pacientes y provocarles una mayor desregulación. Esto se tratará con más detalle a continuación con respecto al trabajo con la respiración, pero el trabajo con el cuerpo en general también puede presentar dificultades. Sin embargo, también es extremadamente importante en el tratamiento del trauma, y no debe evitarse por completo debido a la preocupación de desregular al paciente. Para los pacientes que tienen este tipo fobia, la modificación de las técnicas centradas en el cuerpo puede ayudarlos a avanzar hacia el trabajo corporal. Por ejemplo, en lugar de atender a la sensación de los pies en la tierra, se puede preguntar a los pacientes si hay alguna parte de su cuerpo en la que sí sientan algo; el terapeuta también puede sugerir atender a una parte muy pequeña del cuerpo, como un dedo pequeño del pie o aplicar presión a una parte del cuerpo. A veces, ninguna técnica parece funcionar para ayudar al paciente a estar más conectado a tierra. En estos casos, puede ser útil explorar las ventajas percibidas de permanecer en un estado sin enraizamiento. A veces, hay razones específicas por las que un paciente es reacio a conectarse a tierra, como las siguientes:

1. Enraizarse puede hacer que la realidad presente sea más real, lo que puede resultar doloroso.
2. El impacto del pasado traumático puede volverse más real al hacer que las emociones o las sensaciones físicas cobren conciencia.

3. Poner los pies en la tierra puede hacer aflorar el dolor por el tiempo perdido o el caos actual y/o la soledad.
4. El proceso de enraizamiento puede suponer que el paciente "tenga que" empezar a procesar las experiencias traumáticas si ya no se siente abrumado por los síntomas.
5. Tener los pies en la tierra puede significar ser más vulnerable si alguien le hiere o traumatiza, debido a la pérdida de afrontamiento por disociación.
6. Se trata de un estado que resulta desconocido y, por tanto, inseguro.

Una vez identificadas las barreras, se puede mantener una conversación franca con el paciente sobre las ventajas y desventajas de permanecer en un estado disociado. Es importante reconocer y validar la función de supervivencia de la disociación y las ventajas de permanecer en un estado disociado. Es innegable que no tener los pies en la tierra tiene ventajas y cumple una función protectora para los pacientes, y esto debe reconocerse. Sin embargo, también es importante ayudar a los pacientes a reconocer los impactos negativos de existir en un estado crónico de alta disociación y avanzar hacia una mayor voluntad de trabajar para conectarse con la realidad. Los terapeutas que están dispuestos a explorar y reconocer tanto las ventajas como las desventajas y permiten que el paciente desarrolle una motivación intrínseca para enraizarse a través de estas conversaciones son menos propensos a polarizarse y a quedar atrapados en una lucha de poder en torno a si el paciente debe o no trabajar para enraizarse.

JUEGO DE ROLES: TRATAMIENTO DE LA HIPER E HIPOACTIVACIÓN MEDIANTE EL ENRAIZAMIENTO

Enraizamiento de la hiperactivación

TERAPEUTA: Noto que cuando empezamos a hablar de esa experiencia, te empiezan a temblar las manos y parece que respiras muy deprisa. ¿Todavía te sientes presente en la habitación conmigo?

PACIENTE: [Dando golpes con los pies] No lo sé.

TERAPEUTA: Vamos a dejar de explorar esa experiencia por ahora y vamos a intentar llegar a un punto en el que ambos estemos seguros de que estás totalmente presente, aquí en la habitación conmigo. ¿Puedes mirar alrededor de la habitación y nombrar algunas de las cosas que ves?

PACIENTE: Veo una lámpara, un cuadro, la alfombra...

TERAPEUTA: Bien. ¿Puede describirlos con detalle? [El paciente los describe.] ¿Oyes algún sonido? [El terapeuta sigue haciendo que el paciente utilice sus sentidos para situarse en el momento presente].

PACIENTE: Creo que oigo un coche, el sonido del ventilador, oigo tu voz.

TERAPEUTA: ¿Cómo te sientes ahora?

PACIENTE: Un poco mejor, pero todavía estoy temblando.

TERAPEUTA: ¿Qué tal si respiramos juntos? Noto que todavía respiras muy superficialmente, y si respiras más profundamente, ayudarás a tu sistema nervioso a saber que estás a salvo aquí.

PACIENTE: Vale.

TERAPEUTA: Respira profundamente por la nariz y espira lentamente por la boca. Asegúrate de que la espiración sea larga y agradable. Hazlo varias veces. [El terapeuta continúa utilizando diferentes técnicas hasta que el paciente deja de mostrar signos de desregulación y confirma que están presentes].

Inmovilidad tónica

TERAPEUTA: Noto que de repente estás muy quieto y pareces rígido, como si hubieras dejado de respirar o estuvieras bloqueado. [El terapeuta observa signos de inmovilidad tónica] ¿Sigues presente en la habitación conmigo?

PACIENTE: [Largo silencio] No lo sé.

TERAPEUTA: Vamos a dejar eso aparcado un momento y vamos a asegurarnos de que estás aquí en la habitación conmigo. ¿Puedes apoyar los pies en el suelo y mover un poco las manos?

PACIENTE: No siento la mano. No puedo mover los brazos ni las piernas.

TERAPEUTA: ¿Quizás puedes mover la punta del dedo índice y ver qué pasa? Con un movimiento mínimo es suficiente.

PACIENTE: Sí. Puedo moverme un poco.

TERAPEUTA: Bien, ¿por qué no intentas hacerlo un poco más amplio? ¿Puedes mover todo el dedo, por ejemplo?

PACIENTE: Sí.

TERAPEUTA: ¿Y la mano? ¿Y el brazo? [Sigue trabajando en el enraizamiento hasta que el paciente diga que puede sentir y mover el cuerpo].

TERAPEUTA: Te mueves más, pero parece que tu respiración sigue siendo muy superficial o congelada [asociada a la inmovilidad tónica]. ¿Puedes respirar?

PACIENTE: [Respira]

TERAPEUTA: Bien. Sigue respirando y sigue notando lo que ocurre con tu respiración.

Enraizamiento de la hipoactivación

TERAPEUTA: Noto que estás echando la cabeza hacia delante y que te estás encorvando. ¿Te estás desconectando?

PACIENTE: [Pausa larga] Umm...

TERAPEUTA: Vamos a arraigarte antes de hacer cualquier otra cosa. ¿Puedes intentar sentarte un poco más erguido?

PACIENTE: [No se mueve]

TERAPEUTA: ¿Me oyes? Estamos en 2024 y aquí nadie va a hacerte daño. ¿Por qué no intentas mirar un poco por la habitación?

PACIENTE: [No levanta la vista]

TERAPEUTA: Parece que te resulta muy difícil poner los pies en la tierra en este momento. ¿Qué te lo impide?

PACIENTE: No es seguro. Podría sentir demasiado.

TERAPEUTA: Te preocupa sentir demasiado si pones los pies en la tierra. Eso es importante. En esta terapia ambos necesitamos trabajar juntos para ayudarte a sentir hasta un nivel que te haga sentir seguro. Te ayudaré con eso tanto como pueda. Pero primero tenemos que arraigarte. ¿Puedes levantar un poco la vista? ¿Aunque solo sea hasta la alfombra?

PACIENTE: [Levanta la mirada]

TERAPEUTA: Buen trabajo. [El terapeuta continúa usando estrategias para regular la hipoactivación hasta que el paciente está enraizado].

PACIENTES QUE "NO PUEDEN RESPIRAR"

Aunque a menudo se recomiendan herramientas como la respiración profunda y la respiración diafragmática a los pacientes con ansiedad, hay cuestiones particulares que deben tenerse en cuenta cuando se trabaja con la respiración en el contexto de un trauma, ya que puede ser un detonante por diversas razones:

1. Los pacientes que han sufrido abusos corporales (sexuales o físicos) pueden ser muy reacios a cualquier mención del cuerpo o a una mayor conciencia de las sensaciones físicas, como la respiración.
2. Pueden experimentar una serie de síntomas somáticos, como la disnea crónica, que pueden interferir con la respiración o empeorar en el contexto de la atención a la respiración.
3. Pueden haber tenido experiencias de asfixia, sensación de ahogo o cualquier otra interferencia en su respiración durante el trauma. Con estos pacientes, centrarse en la respiración o notar alteraciones en la respiración puede provocar flashbacks e intrusiones traumáticas.
4. El sonido de la respiración puede ser un desencadenante condicionado que trae recuerdos de un abusador respirando fuerte.
5. La respiración puede asociarse con hacer ruido, moverse u ocupar espacio u oxígeno, todo lo cual puede haber sido peligroso para el paciente en el contexto del trauma. Alternativamente, los pacientes pueden sentir que no merecen ocupar espacio u oxígeno.

Sin embargo, la respiración sigue siendo una herramienta fundamental para ayudar a estos pacientes a regular su sistema nervioso si los ejercicios se modifican para adaptarse a los supervivientes de traumas (Michael et al., 2019; Polak et al., 2015). Dada la importancia vital de la respiración en el enraizamiento, y dado que los pacientes que no respiran de forma plena y saludable están, por definición, separados de sus cuerpos, el terapeuta no debe renunciar a trabajar con la respiración incluso en pacientes para los que la respiración es un detonante. Debe ser creativo a la hora de modificar las estrategias para que el paciente pueda tolerar este trabajo sin que se desencadene más. Por ejemplo, el terapeuta puede trabajar con el paciente para encontrar imágenes que permitan cambios en el patrón respiratorio sin referirse directamente a la respiración. Se podría trabajar con el uso de imágenes rítmicas, como balancearse en un columpio, olas que llegan suavemente a la orilla o balancearse en una tabla de surf en el agua (véase el siguiente juego de roles). Aunque el terapeuta debe seguir trabajando para alcanzar el objetivo final de que el paciente sea capaz de atender conscientemente a la respiración, las alternativas pueden ser útiles en los estados iniciales del tratamiento.

Juego de roles: ofrecer una alternativa a la respiración profunda

TERAPEUTA: Noto que cuando hablamos de esto, tu respiración empieza a ser muy lenta y superficial. ¿Por qué no intentamos hacer juntos una respiración más profunda para que te resulte más fácil poner los pies en la tierra?

PACIENTE: No, no me gusta pensar en mi respiración. Empiezo a sentir mucho pánico, es como si me estuviera ahogando otra vez.

TERAPEUTA: Bien, dejemos de centrarnos en la respiración por ahora. Imagina que estás sentado en un columpio y que empiezas a balancearte hacia delante y hacia atrás. Imagina que estás en un parque o en cualquier otro lugar que te parezca seguro y bonito. Mientras te columpias, concéntrate en tu cuerpo yendo hacia adelante y hacia atrás.

RETOS RELACIONADOS CON LAS EMOCIONES

La alexitimia (la dificultad para nombrar y procesar emociones) es una característica común en pacientes con trastornos relacionados con el trauma y a menudo está relacionada con la desregulación y la autolesión no suicida (ALNS) (Frewen et al., 2008; Zlotnick et al., 1996, 2001). Estos pacientes pueden describir sus sentimientos intensos con palabras genéricas como "fuera de control", "molesto" o "inquieto", pero pueden ser incapaces de identificar o diferenciar emociones específicas. Frewen y Lanius (2015) abordan dos experiencias potenciales de alexitimia que son comunes en pacientes con TRT: un estado neutro o de "no sentir" y un estado de excitación elevada pero indiferenciada que no puede describirse.

Aunque hemos hecho hincapié en la importancia del cuerpo y del trabajo corporal en todo momento, abordar la desconexión con el cuerpo puede ser un aspecto especialmente importante para mejorar la alexitimia. Investigaciones recientes han sugerido que las diferentes emociones pueden estar asociadas con mapas de sensaciones corporales estadísticamente separables, lo que sugiere que la capacidad de estar en contacto con las sensaciones corporales y distinguirlas puede ser un componente clave del procesamiento de las emociones. Como hemos comentado, es probable que la regulación de las emociones sea problemática en pacientes con TRT, que con frecuencia están disociados del cuerpo y le tienen fobia (Nummenmaa et al., 2014; Steele et al., 2017).

Una forma de abordar clínicamente la alexitimia es ayudar a los pacientes a empezar a desarrollar un vocabulario para las emociones (mediante listas de emociones y educación sobre las distintas emociones), así como para las sensaciones corporales. A los pacientes que no puedan identificar ninguna sensación corporal se les puede animar a que realicen exploraciones corporales, empezando por los pies, y a que observen y describan sistemáticamente las sensaciones de su cuerpo. Si siguen sin poder identificar ninguna sensación, se les puede pedir que presionen con el dedo o la mano una parte de su cuerpo que les parezca relativamente segura y que describan lo que sienten, como se ilustra en el siguiente juego de roles. Una vez que se ha ayudado a los pacientes a crear un vocabulario de sensaciones corporales, pueden empezar a relacionar patrones de activación somática con distintas emociones. Esto aumenta su capacidad para notar, describir y tolerar emociones y vincularlas con sensaciones corporales, al tiempo que enriquece su vocabulario emocional (Frewen y Lanius, 2015).

Juego de roles: trabajar la identificación de las emociones

PACIENTE: [Llora]

TERAPEUTA: ¿Qué te ocurre?

PACIENTE: No lo sé. No sé por qué lloro. Me noto fuera de control.

TERAPEUTA: ¿En qué sentido?

PACIENTE: No lo sé, fuera de control.

TERAPEUTA: ¿Estás triste? ¿Enfadado? ¿Te duele?

PACIENTE: No lo sé.

TERAPEUTA: A veces, cuando no sabemos lo que sentimos, el cuerpo puede darnos pistas. ¿Qué sientes en tu cuerpo en este momento?

PACIENTE: Nada. No siento nada.

TERAPEUTA: ¿Y si empiezas por los pies y escaneas tu cuerpo hacia arriba para ver qué sensaciones tienes?

PACIENTE: [Pausas] Sigo sin sentir nada.

TERAPEUTA: ¿Qué pasa presionas una mano ligeramente con un dedo de la otra mano? ¿Lo notas?

PACIENTE: Sí.

TERAPEUTA: ¿Qué sientes?

PACIENTE: No lo sé.

TERAPEUTA: ¿Te notas pesado? ¿Ligero? ¿Frío? ¿Caliente?

PACIENTE: Pesado y caliente, creo.

TERAPEUTA: Bien. ¿Notas alguna otra cosa?

PACIENTE: Siento una especie de pesadez en el estómago. Pero no caliente, más bien fría.

TERAPEUTA: A veces cuando la gente siente pesadez en el estómago, se siente también triste. Me pregunto si hay alguna posibilidad de que te sientas un poco triste cuando hablas de esas cosas.

PACIENTES QUE EVITAN O NO TOLERAN LAS EMOCIONES POSITIVAS

Aunque uno de los objetivos del tratamiento en pacientes traumatizados es aumentar el afecto positivo (alegría, felicidad, orgullo, placer, amor), instar simplemente a los pacientes a aumentar los acontecimientos vitales positivos no suele ser la solución. Es importante reconocer que estos individuos a menudo experimentan barreras tanto para participar en actividades placenteras como para experimentar afectos placenteros en el curso de la vida cotidiana. En las historias de pacientes crónicamente traumatizados, el juego y la espontaneidad pueden haber sido peligrosos en sus entornos domésticos, lo que ha llevado a un control excesivo y a dificultades para participar en aficiones o actividades de ocio que podrían ser placenteras. Debido a la falta de cuidados seguros, es posible que nunca se les haya enseñado a valorar el juego, ni siquiera a jugar. Muchos se lanzan al trabajo (o navegan por Internet, juegan excesivamente con el ordenador, etc.) para evitar los recuerdos traumáticos mediante una distracción perpetua. En algunos pacientes, por ejemplo, en algunos casos de abuso sexual en el ámbito familiar, el juego puede haberse asociado al abuso. Es decir, el abuso puede haber sido enmarcado como un tipo de juego o puede haber implicado a veces excitación sexual o sensaciones físicas placenteras. Por lo tanto, el juego o el placer en la edad adulta puede ser un desencadenante que se evita. Todas estas asociaciones representan barreras para participar en actividades potencialmente placenteras y relajarse.

Según un estudio, las personas con trastorno de estrés postraumático pueden tener dificultades para reconocer emociones positivas en los demás, lo que puede ser más pronunciado en aquellos que han experimentado más traumas (Passardi et al., 2018). Además, como hemos comentado anteriormente, estos pacientes suelen ser bastante alexitímicos y, por lo tanto, pueden tener dificultades incluso para identificar cuándo están sintiendo emociones positivas, lo que dificulta el aumento de experiencias que puedan dar lugar a emociones positivas. Incluso si son capaces de participar en actividades teóricamente placenteras, pueden pasar por los movimientos de aumentar los eventos placenteros sin experimentar plenamente o ser conscientes de cualquier sensación de disfrute; por lo tanto, la intervención no produce ningún cambio significativo.

Las dificultades con el afecto positivo también están vinculadas a la vergüenza crónica, que es un problema común en los pacientes con TRT y que analizamos con más detalle en la siguiente sección. Si bien los pacientes pueden experimentar vergüenza aguda en respuesta a emociones positivas, la vergüenza crónica también puede llevarlos a creer que no merecen cosas positivas o placenteras porque han interiorizado que son malas personas o que no se las merecen. Esto puede llevar a evitar actividades placenteras, así como a una respuesta refleja de mayor vergüenza y disforia cuando empiezan a surgir emociones positivas en cualquier contexto. Las experiencias de sentimientos positivos también pueden desencadenar un aumento de los síntomas relacionados con el trauma (como los flashbacks), un aumento de la disociación y/o intentos de autocastigo (por ejemplo, mediante ALNS).

Esta intolerancia al afecto positivo también puede manifestarse en la relación terapéutica, como cuando se obtienen logros. Puede resultar desconcertante para los terapeutas que el paciente experimente una exacerbación de los síntomas tras periodos de aparente éxito en el tratamiento o en su vida cotidiana. Una de las razones más comunes por las que los pacientes evitan y temen mejorar es la sensación de que no se merecen sentirse bien o mejorar. Por lo tanto, pueden responder a los logros terapéuticos aumentando los comportamientos inseguros, faltando a las sesiones, llegando tarde o incluso abandonando el tratamiento por completo. Alternativamente, los pacientes pueden sentirse invalidados por el enfoque del terapeuta en el afecto positivo y pueden preocuparse de que el terapeuta les abandone o termine la terapia si muestran mejoría.

Un objetivo importante del tratamiento es aumentar las experiencias positivas. Sin embargo, el terapeuta debe ser consciente de que estas experiencias pueden ser inmensamente desencadenantes. Debe estar alerta ante la posibilidad de que el paciente se desarraigue al hablar de estas experiencias o al experimentar con ellas. Si el paciente empieza a empeorar de algún modo o a adoptar conductas que interfieren con el tratamiento después de haber conseguido avances, el terapeuta puede reflejárselo al paciente y explorar cualquier posible relación. Al igual que con cualquier emoción difícil, la exposición debe graduarse, y se puede animar al paciente a que empiece a experimentar pequeñas cantidades de afecto positivo o pequeños acontecimientos agradables. Puede ser necesario enseñar explícitamente al paciente qué tipo de actividades pueden ser placenteras y cómo integrarlas en su vida diaria.

JUEGO DE ROLES: TRABAJAR LAS DIFICULTADES RELACIONADAS CON LAS EMOCIONES

La asociación entre las emociones positivas y los estados desarraigados

TERAPEUTA: Imagínate en un lugar tranquilo de la naturaleza. ¿Hay algún lugar que te guste?

PACIENTE: Hay un parque cerca de mi casa.

TERAPEUTA: Imagina que estás allí. ¿Cómo es?

PACIENTE: Veo los árboles, siento la brisa; es relajante.

TERAPEUTA: ¿Qué más?

PACIENTE: [Silencio]

TERAPEUTA: Has dejado de respirar de repente. ¿Qué ha pasado?

PACIENTE: [Silencio]

TERAPEUTA: Abre los ojos y mira alrededor de la habitación; dime tres cosas que veas.

PACIENTE: La lámpara, el cuadro, la caja de pañuelos.

TERAPEUTA: Asegúrate de que estás respirando. Intenta respirar un poco más profundamente.

PACIENTE: [Respira más profundamente] De repente he visto a mi agresor salir de detrás del árbol, y ha sido como si todo estuviera pasando otra vez.

TERAPEUTA: Es interesante. Parece que justo cuando empezabas a sentirte más relajada, algo ha cambiado y has empezado a volver al pasado.

PACIENTE: Sí, es que no me gusta la sensación que he tenido. He sentido algo agradable en mi cuerpo, y eso me ha recordado lo que pasó.

TERAPEUTA: Eso tiene sentido para mí. Si sentirte bien va unido al abuso, es normal que empieces a sentirte desubicada cuando algo empieza a parecerte bien. Me pregunto si podemos trabajar juntos en formas en las que puedas sentir cosas agradables y saber que estás en el presente, donde es seguro hacerlo. Vamos poco a poco.

Incapacidad para sentir felicidad

TERAPEUTA: ¿Cuánto hace que no te autolesionas? Hace tiempo, ¿verdad?

PACIENTE: [Sonriendo] Casi un año.

TERAPEUTA: Guau, eso está genial. ¿Cómo te sientes?

PACIENTE: No lo sé. [Desplomándose en la silla y apartando la mirada] Creo que en realidad no siento nada.

TERAPEUTA: Por un momento, me ha parecido que sonreías, como si te sintieras feliz u orgulloso de ti mismo, pero luego se ha desvanecido. ¿Qué ha pasado?

PACIENTE: No lo sé. Supongo que me ha entrado miedo.

TERAPEUTA: ¿Ese miedo te recuerda a algo?

PACIENTE: Creo que a cuando era un crío. Si hacía algo bueno y hablaba de ello, normalmente me castigaban. Mis padres me decían que en realidad no era tan bueno y que estaba haciendo el tonto.

TERAPEUTA: Así que aprendiste que cada vez que te sintieras bien, lo más probable era que te castigaran. No me extraña que te cueste sentirte bien.

PACIENTE: Sí.

TERAPEUTA: Al mismo tiempo, ahora que ya eres adulto, estás trabajando para volver a aprender a sentirte bien. ¿Podemos volver a ese momento en el que has pensado en tu año sin hacerte daño y te has sentido feliz? ¿Cómo era esa felicidad?

PACIENTE: Estaba pensando en lo mucho que he trabajado y en que lo he conseguido a pesar de que realmente no creía que pudiera.

TERAPEUTA: Me estoy acordando de todas las veces que me has dicho que realmente no creías que pudieras arreglártelas sin autolesionarte. Cuando vuelves al momento en el que piensas en lo mucho que has trabajado para conseguirlo, ¿qué sensaciones físicas notas?

PACIENTE: Ligereza, supongo. Una especie de hormigueo. Me hace sonreír.

TERAPEUTA: Permítete experimentar esa sensación positiva.

PACIENTES QUE SIENTEN VERGÜENZA CRÓNICA

La vergüenza es una emoción inherentemente relacional vinculada al apego. A diferencia de la culpa, que generalmente consiste en la autodesaprobación con respecto a una acción o comportamiento pasado (por ejemplo, olvidarse de devolver una llamada telefónica), la vergüenza implica una sensación de mezquindad interna del self y una percepción de que otros nos desaprobarán o sentirán disgusto hacia nuestra persona (Frewen y Lanius, 2015; Herman, 2011). Dada la naturaleza relacional de la vergüenza, es de esperar que la vergüenza surja no solo en la vida cotidiana y en las interacciones sociales de estos pacientes, sino también en la relación con el terapeuta.

Con frecuencia, los pacientes con TRT experimentan tanto estados agudos de alta activación de vergüenza como vergüenza crónica disfórica de baja activación, que está vinculada a la sensación negativa subyacente de sí mismos que define su identidad (Frewen y Lanius, 2015). Normalmente, estos pacientes se experimentan a sí mismos como inherentemente malos, dañados, defectuosos y/o inferiores a otras personas. Uno de los resultados de esto puede ser el bajo rendimiento: los pacientes pueden subestimar sus habilidades o no trabajar a su máximo potencial en una variedad de ámbitos vitales.

Las personas que han sufrido traumas suelen tener un sentimiento de vergüenza profundo y relacionado con aspectos de sí mismas que, de hecho, son normativos y saludables, pero que fueron castigados. Por lo tanto, pueden experimentar vergüenza si sienten que el terapeuta ha "descubierto" aspectos de ellos mismos que les parecen repugnantes. Por ejemplo, a los supervivientes de traumas se les puede haber enseñado que es "malo" tener necesidades, tener emociones (especialmente emociones positivas), mostrar autoestima o tener éxito. Cuando experimentan cualquiera de esos aspectos de sí mismos, pueden experimentar una vergüenza paralizante, a pesar de que cada una de estas áreas es necesaria para una vida adulta plena. Además, la vergüenza y el secretismo que rodean al abuso suelen crear una sensación de maldad interior. Los niños maltratados suelen culparse a sí mismos por el maltrato, en lugar de culpar al agresor. Algunos maltratadores culpan directamente al niño de haber causado el maltrato. Por lo tanto, los supervivientes pueden creer que su maldad provocó que el agresor les hiciera daño.

Aunque la mayoría de los terapeutas son conscientes de la vergüenza potencial que a menudo se desencadena al hablar del abuso, también deberían ser conscientes de que muchos pacientes se sienten muy avergonzados (o tienen otras reacciones negativas inesperadas) por sucesos aparentemente inocuos. Estos acontecimientos pueden parecer experiencias positivas para el paciente. Entre los posibles desencadenantes de la vergüenza y/u otras reacciones negativas se encuentran los siguientes:

1. Avanzar en la terapia o alcanzar un objetivo.
2. Recibir elogios o consideraciones positivas del terapeuta.
3. Experimentar orgullo o felicidad; sentir relajación, excitación sexual u otras emociones o sensaciones corporales positivas (véase más adelante).
4. Sentirse "visto" por el terapeuta (esto puede adoptar la forma de sentirse comprendido o validado por el terapeuta, o simplemente puede desencadenarse literalmente al establecer contacto visual).
5. Hacer una petición o expresar una necesidad.
6. Necesitar la ayuda del terapeuta para afrontar una crisis.
7. Simplemente estar en terapia y necesitar ayuda (ya que el paciente puede sentir que no merece ayuda o apoyo o que eso le hace vulnerable a ser dañado).

Es poco probable que los pacientes manifiesten espontáneamente que se sienten avergonzados y puede que ni siquiera tengan palabras para describir su experiencia. Como la vergüenza se almacena en el cuerpo, el terapeuta debe ser consciente de los signos somáticos de vergüenza y estar alerta ante ellos. La vergüenza intensa puede fácilmente dejar al paciente en un estado de profunda hiperactivación y/o hipoactivación, disociación y/o desconexión relacional, mientras que intervenir a tiempo puede "mantener al paciente en la habitación" y comprometido con el trabajo.

Los indicadores somáticos de la vergüenza son los siguientes:

1. Evitar el contacto visual (sobre todo en pacientes que suelen mantenerlo).
2. Postura corporal encorvada (hombros caídos, torso físicamente hundido).
3. Respiración superficial o sensación de no respirar.
4. Cubrirse la cara, acurrucarse, taparse la cabeza con ropa o mantas, taparse la cara con el pelo u ocultarse de cualquier otra forma del terapeuta.

Si el terapeuta cree que el paciente está experimentando vergüenza, puede reflejar lo que ha notado en el paciente diciendo, por ejemplo: "Noto que te cuesta mirarme cuando hablamos de esto" (véase el siguiente juego de roles sobre el trabajo con la vergüenza). El terapeuta también puede detectar que está experimentando vergüenza y proporcionar psicoeducación sobre la asociación entre el trauma y la vergüenza tóxica/crónica. Aunque muchos terapeutas tranquilizarían a un paciente (por ejemplo, diciéndole que no tiene nada de lo que avergonzarse), la vergüenza que experimentan estos pacientes no se puede expresar con palabras. Hablar y educar sobre la vergüenza es un aspecto importante de la terapia, pero, además, es otra área en la que resulta vital implicar al cuerpo del paciente en la curación. Así como el apego puede desencadenar la vergüenza, los recursos de apego pueden ser una herramienta valiosa en el tratamiento y la curación de la vergüenza a través del fomento de una sensación de conexión y aceptación, como ya hemos visto (véase Dorahy et al., 2017[a], y Herman, 2011, para profundizar sobre la vergüenza en los TRT).

Juego de roles: trabajar con la vergüenza

TERAPEUTA: Me he dado cuenta de que, de repente, parece que te cuesta mirarme y te tapas la cara. Me pregunto si sientes vergüenza en este momento.

PACIENTE: Sí, me siento muy avergonzada por lo que me pasó.

TERAPEUTA: ¿Qué es lo que te hace sentir vergüenza?

PACIENTE: Debo de haber hecho algo mal, debo de haber hecho algo que le hizo pensar que yo quería...

TERAPEUTA: ¿En serio? ¿Cómo es posible eso?

PACIENTE: Me dijo que era culpa mía y que yo quería. No puedo hablar de ello. [Se desploma aún más]

TERAPEUTA: Me pregunto si parte de lo que hace que sea difícil hablar de ello es que te sientes tan avergonzada que ya no estás realmente conmigo aquí y ahora. Sé que te resulta difícil mirarme, y no tienes por qué hacerlo, pero ¿qué tal si intentas sentarte un poco más erguida y ves si puedes trabajar esa vergüenza, que es un tema realmente difícil para todos los supervivientes?

PACIENTE: [Se sienta más erguida]

TERAPEUTA: Eso es. ¿Notas algún cambio cuando te sientas así?

PACIENTE: Supongo que me siento un poco más arraigada. Lo hace menos intenso.

TERAPEUTA: Eso está muy bien. Trabajar con el cuerpo es muy importante para superar este tipo de vergüenza, y nos ayuda a ser capaces de hablar de ello con más eficacia. Y este tipo de vergüenza es muy común. ¿Sabes que muchas o incluso la mayoría de las personas que sufrieron abusos sexuales de pequeños se culpan a sí mismas y sienten una vergüenza tremenda por lo que les hicieron? ¿Crees que es culpa suya, que deberían avergonzarse?

PACIENTE: Eso no está bien. Es culpa del adulto. Eran niños. Ya sé lo que quieres que te diga.

TERAPEUTA: Así que ves lo injusto que es para otros supervivientes de abuso sexual culparse a sí mismos. Pero, de alguna manera, ¿te parece que tú eres la excepción? ¿Que solo tú tienes la culpa de que abusaran de ti?

PACIENTE: Bueno, me doy cuenta del doble rasero...

TERAPEUTA: Sí. ¿Por qué crees que tu maltratador puede haber dicho que era culpa tuya y que tú querías? En realidad, lo que te estaba haciendo iba contra la ley, era un delito grave.

PACIENTE: Quizás quería que fuera culpa mía, y no suya.

TERAPEUTA: Puede que tengas razón. ¿Qué sientes al decir eso?

PACIENTE: Me siento más erguida, como si mi cuerpo se desenroscara un poco. Me siento más curiosa, como si pudiera pensar con claridad.

TERAPEUTA: A veces es más fácil para los niños culparse a sí mismos que culpar a sus padres, porque si se culpan a sí mismos, significa que, si pudieran encontrar una manera de ser mejores, entonces tal vez el abuso se detendría. De lo contrario, tienen que creer que están indefensos y que no tienen a nadie que les proteja, y eso puede ser aún peor. Resulta más fácil pensar que tus padres no te harían nada horrible a menos que realmente te lo merecieras, porque todos necesitamos sentir que podemos contar con nuestros padres para que nos cuiden y nos protejan.

PROBLEMAS DE SALUD FÍSICA

La exposición temprana a traumas está relacionada con diversos problemas de salud física. Las preguntas sobre las experiencias adversas en la infancia (EAI) son un método utilizado para cuantificar la exposición al trauma infantil (Felitti et al., 1998). La puntuación EAI asigna 1 punto por la exposición a cada uno de los 10 tipos de adversidades infantiles. En otras palabras, una puntuación EAI de 4 indica que una persona ha experimentado cuatro tipos de experiencias infantiles adversas. En el estudio original, una puntuación EAI igual o superior a 4 se asociaba con un aumento significativo de la probabilidad de padecer diversas afecciones médicas crónicas, como diabetes, cáncer, enfermedad pulmonar crónica y cardiopatía isquémica. En términos más generales, una puntuación EAI alta se ha asociado con la presencia de múltiples afecciones médicas, un elevado uso de la atención sanitaria y una mala autoevaluación de la salud, dolor y discapacidad (Chartier et al., 2010; Felitti et al., 1998). Las puntuaciones altas de EAI también se han asociado con una variedad de comportamientos perjudiciales para la salud, como el tabaquismo, el embarazo adolescente no deseado, la obesidad mórbida y el consumo excesivo de alcohol (Bellis et al., 2014). Sin embargo, también está bien documentado que los traumas infantiles provocan alteraciones en una serie de sistemas físicos que también pueden contribuir a explicar los malos resultados en materia de salud. El trauma infantil se ha asociado con un aumento de la inflamación, medida por los niveles de múltiples marcadores inflamatorios, como enfermedades cardíacas, accidentes cerebrovasculares y diabetes (Baumeister et al., 2016). También se asocia con alteraciones en la respuesta al estrés del cortisol

(Heim y Nemeroff, 2001; McGowan et al., 2009). Cabe destacar que la puntuación EAI, aunque muy útil en el contexto de la investigación a nivel de población, no proporciona una descripción matizada o completa de la historia de trauma de un individuo y no puede predecir el riesgo de alguien en particular de obtener resultados adversos específicos para la salud (Anda et al., 2020). La implicación más importante de la investigación presentada anteriormente es que los terapeutas que trabajan con pacientes traumatizados deben estar preparados para hacer frente a altos niveles de enfermedad y complejidad médica.

Es importante que los terapeutas que trabajan con pacientes traumatizados sean conscientes de la alta probabilidad de comorbilidades médicas en esta población y que tengan alguna noción del estado de salud física del paciente (por ejemplo, preguntando rutinariamente sobre los problemas médicos, los síntomas somáticos, los medicamentos y otros proveedores de atención médica involucrados con el paciente como parte de la evaluación de admisión, y actualizando periódicamente esta información). Como resultado de las dificultades de los pacientes con TRT para confiar en los demás, la incomodidad para interactuar con figuras de autoridad u otras personas que les recuerdan a los agresores, y la evitación de otras situaciones que pueden recordarles traumas pasados, muchos pacientes tienen dificultades con los exámenes médicos y el mantenimiento rutinario de la salud (por ejemplo, la detección del cáncer) y pueden esquivarlos. Algunos pueden no buscar atención médica a pesar de tener síntomas físicos significativos y potencialmente peligrosos. Otros pueden utilizar mucho el sistema médico y tener un número abrumador de proveedores implicados en su atención. Incluso los pacientes que están muy comprometidos con el sistema médico en general pueden tener desencadenantes específicos relacionados con tipos específicos de exámenes médicos (por ejemplo, exámenes ginecológicos o limpiezas dentales) que se evitan, y puede ser útil que el terapeuta pregunte específicamente sobre esas áreas de evitación focal. Puede que el terapeuta tenga que desempeñar un papel pragmático en el cuidado de la salud física de los pacientes ayudándolos a superar la evitación y a enfrentarse de forma adaptativa a las situaciones médicas desencadenantes y/o, con el consentimiento informado del paciente, comunicándose directamente con otros proveedores para ayudarles a comprender el papel del trauma en los comportamientos de salud del paciente.

Los medicamentos psiquiátricos son una parte frecuente del tratamiento de los pacientes con TRT, y la polifarmacia es común en esta población, lo que también puede ser una fuente de complicaciones para la salud física (Brand et al., 2009b; Loewenstein, 2005). Por ejemplo, en el estudio naturalista TOP DD, el 80% de los pacientes recibían medicación psiquiátrica, siendo los tipos de medicación más comunes los antidepresivos y los ansiolíticos (Brand et al., 2009b). Algunos de los medicamentos utilizados en pacientes con TRT pueden causar efectos secundarios significativos y también pueden predisponer a los pacientes a consecuencias metabólicas a largo plazo, como la obesidad y la diabetes. Incluso cuando el terapeuta no es médico y/o no es responsable de prescribir medicamentos al paciente, es importante tener una conciencia básica de esta posibilidad, ya que el terapeuta puede ser el primer profesional sanitario al que el paciente revele que está teniendo efectos secundarios, o el único profesional que ve al paciente con la regularidad suficiente como para notar signos sugestivos de un cambio en el estado de salud (por ejemplo, un aumento significativo de peso).

SÍNTOMAS MÉDICOS INEXPLICABLES

Además de tener múltiples comorbilidades médicas, los pacientes con TRT presentan con frecuencia síntomas físicos para los que no se ha encontrado una causa orgánica demostrable: los denominados síntomas somáticos (antes llamados síntomas somatomorfos). Entre los síntomas somáticos más comunes se incluyen disfunción sexual, dolor pélvico, dolor abdominal, convulsiones no epilépticas (a veces denominadas pseudoconvulsiones o convulsiones psicógenas), cefaleas y dificultad respiratoria. Según dos estudios de pacientes con trastornos disociativos, refieren una media de 12,4 a 13,5 síntomas somáticos, y se ha descubierto que las medidas de disociación somatomorfa (que incluyen dolor, sensación alterada y otros síntomas físicos similares) son instrumentos de cribado sensibles y específicos para los trastornos disociativos (Nijenhuis et al., 1998a; Ross et al., 1989b; Saxe et al., 1994). En el estudio naturalista TOP DD, el 22% de los pacientes tenían un trastorno somatomorfo comórbido (Brand et al., 2009b).

Dada la alta prevalencia de comorbilidad médica en estos pacientes, los terapeutas no deben atribuir en exceso los síntomas médicos al trauma. Por el contrario, deben animar al paciente a buscar atención adecuada en respuesta a los cambios en su salud física. Cuando no se puede identificar una causa física, es importante educar a los pacientes sobre la conexión entre el trauma y los síntomas somáticos, al tiempo que se hace hincapié en que no son producidos conscientemente. En el proceso de búsqueda de atención por síntomas inexplicables desde el punto de vista médico, estos pacientes pueden experimentar interacciones con el sistema médico que les hagan sentirse invalidados, avergonzados o descartados. Es posible que algunos proveedores de atención médica no sean conscientes de la conexión entre el trauma y el cuerpo o que no dispongan de un lenguaje para hablar de estos síntomas con los pacientes de una forma que los valide. Por lo tanto, es posible que los terapeutas necesiten proporcionar psicoeducación adicional a sus pacientes y ayudarles a llegar a una comprensión no peyorativa de sus síntomas. Expresar compasión por el impacto real de estos síntomas en la vida de los pacientes es crucial para mantener una relación terapéutica. Algunas modalidades psicoterapéuticas pueden trabajar directamente con los síntomas en el cuerpo (Ogden et al., 2006a; Steele et al., 2017). Incluso los terapeutas que no operan desde un enfoque específicamente somático pueden explorar el significado de los síntomas para el paciente y proporcionar apoyo para maximizar la función, hacer frente a la incertidumbre cuando no se puede encontrar un diagnóstico y gestionar el impacto de los síntomas en la vida cotidiana (véase el siguiente juego de roles).

Juego de roles: síntomas médicamente inexplicables

PACIENTE: Estoy bastante segura de que todo mi cuerpo está mal. Siento dolor todo el tiempo. He ido a un millón de médicos y nunca encuentran nada. Solo quiero saber qué me pasa.

TERAPEUTA: Eso tiene sentido, debe de ser muy difícil para ti sentir que no sabes lo que te está pasando en el cuerpo. ¿Puede contarme algo más sobre el dolor?

PACIENTE: Me duele todo. Me duele la cabeza todos los días, me duele... bueno... *abajo* [parece avergonzada]. Tengo náuseas todo el tiempo. Es como si cada parte de mi cuerpo tuviera algo malo, pero nadie puede decirme qué me pasa.

TERAPEUTA: A menudo la gente que ha experimentado un trauma lo guarda en su cuerpo de muchas maneras. Me pregunto si hay alguna posibilidad de que tu dolor pueda estar relacionado con algunas de las experiencias traumáticas que hemos estado trabajando juntas.

PACIENTE: Lo que siento es *real.* Todo el mundo me dice que todo está en mi cabeza, ¡pero tengo dolor de verdad y sé que algo va mal! Creo que, si me hicieran más pruebas, encontrarían algo y podrían hacer que desapareciera. No creen que mi dolor sea real. Si no, se esforzarían más por solucionarlo.

TERAPEUTA: Por supuesto que tu dolor es real. Es real tanto si existe un diagnóstico como si no. Y también es cierto que la mente y el cuerpo están profundamente conectados. Tu cuerpo puede expresar algo de lo que has experimentado a través de síntomas médicos o sensaciones físicas. Será importante que sintamos curiosidad tanto por tu cuerpo como por tu mente, y por lo que tu cuerpo pueda estar intentando decirnos.

PACIENTE: Pero eso no hará que desaparezca. Podemos hablar de ello eternamente y seguiré viviendo con ese mismo dolor estúpido.

TERAPEUTA: Ninguna de las dos sabe qué pasará con tu dolor, eso es cierto. Puede que cambie a medida que trabajemos con algunas de tus experiencias traumáticas, y puede que siempre te sientas igual que ahora. No tienes que dejar de esperar un diagnóstico, pero lo que podemos hacer juntas ahora es ayudarte a afrontar tu dolor real y a encontrar formas de vivir tu vida lo más plenamente posible, y también a comprender cómo te ha afectado el trauma y cómo puedes encontrar nuevas formas de gestionarlo.

CONCLUSIÓN

Es comprensible que las personas que se han sentido profundamente inseguras, desprotegidas y repetidamente victimizadas tengan que hacer frente a una serie de retos. Como se desprende claramente de este análisis, muchos de estos retos se derivan de las dificultades con la regulación de las emociones. Cuando no hay escapatoria del peligro y la traición interpersonal (Freyd, 1996), la disociación puede permitir que el individuo sobreviva; sin embargo, una vez que el peligro y la victimización han terminado, los supervivientes necesitan desarrollar una serie de formas saludables de manejar las emociones, tolerar las sensaciones físicas y vivir en sus cuerpos para poder vivir más cómodamente y vivir bien en el presente. En lugar de evitar estas dificultades emocionales y somáticas, así como el miedo comprensible a no disociarse, abordar repetidamente estos patrones ayuda a los supervivientes a curarse del trauma.

CAPÍTULO 7

COMPRENDER Y TRABAJAR CON LOS ESTADOS DISOCIATIVOS DEL SELF

Muy pocos proveedores de servicios de salud mental reciben formación sistemática en la evaluación y el tratamiento de personas con trastornos relacionados con el trauma (TRT), entre los que se encuentra la disociación, y con estados disociativos del self (DSS) como parte de sus programas de formación. Para complicar aún más las cosas, existen descripciones inexactas de los DSS en los medios de comunicación y en la literatura profesional. Lamentablemente, incluso los libros de texto de psicología contienen información inexacta sobre los TRT y los DSS (véase el capítulo 1). Como resultado, pocos clínicos tienen un conocimiento sólido de la disociación, basado en la investigación, que les sirva de guía para reconocer y ayudar a las personas que experimentan DSS. La escasez de formación sobre el TRT contribuye al frecuente diagnóstico erróneo de personas con DSS y a que el tratamiento no se dirija a su dificultad principal, es decir, la disociación (véase el capítulo 1). Incluso después de ser diagnosticados con TRT, muchos individuos tienen dificultades para encontrar un clínico que tenga tanto formación en el tratamiento de la disociación como disponibilidad para aceptar un nuevo paciente, porque simplemente no hay suficientes clínicos formados disponibles para tratar a los individuos que buscan tratamiento para los DSS (Nester, Hawkins y Brand, 2022). Lamentablemente, estos factores a menudo prolongan el sufrimiento de las personas con DSS. Esto es particularmente lamentable, ya que el tratamiento coherente con las directrices de consenso de expertos y la investigación (por ejemplo, International Society for the Study of Dissociation, 2011) ha demostrado dar lugar a resultados de tratamiento positivos y reducir las necesidades de tratamiento (véase el capítulo 4).

Este libro y los estudios de la Red de Tratamiento de Pacientes con Trastornos Disociativos (TOP DD) pretenden mejorar esta situación. Este capítulo ofrece una introducción a la comprensión y el trabajo con personas que padecen DSS. (Para recomendaciones de evaluación, véase el capítulo 2.) Sin embargo, como pauta general, recuerda que, para garantizar una evaluación y un tratamiento precisos, las personas con antecedentes traumáticos deben ser evaluadas para detectar fenómenos disociativos, incluido los DSS.

ENTENDER LOS DSS

Para entender los DSS, puede ser útil pensar en ellos como una variación de un conjunto de experiencias con las que todos podemos sentirnos identificados. La experiencia de tener diferentes formas de ser que están relacionadas con diferentes situaciones relacionales no es exclusiva de las personas con DSS, y de hecho es una parte normal, adaptativa y saludable de la experiencia humana (Putnam, 2016). Cada uno de nosotros desarrolla múltiples identidades/sentidos de sí mismo a través de las relaciones que experimentamos en el transcurso de nuestras vidas (por ejemplo, pariente, amigo, estudiante, terapeuta, colega, supervisor), y las diferentes situaciones y relaciones requieren que estén presentes diferentes aspectos de nosotros mismos o diferentes lados de nuestro conjunto global de identidades. Por ejemplo, relajarse con un amigo con el que nos sentimos muy cómodos evoca aspectos diferentes de nosotros mismos (comportamientos, asociaciones y expectativas diferentes) que una actividad relacionada con el trabajo.

Del mismo modo, la mayoría de las personas se dan cuenta de que cambian entre distintos aspectos de sí mismas en función de su papel y contexto social. Por ejemplo, la mayoría de los terapeutas pueden identificar fácilmente al menos algunas diferencias entre cómo se relacionan con los demás cuando trabajan, es decir, cuando están en su "self profesional" y cuando están en su "self doméstico". Puede que se vistan de forma diferente, que hablen con un tono de voz distinto, que respondan de forma diferente a los demás y que se comporten de forma diferente cuando están en la consulta que cuando están en casa. (Una de las razones por las que puede resultar incómodo encontrarse con un paciente fuera de la consulta es la sensación de que el paciente está presenciando aspectos del terapeuta que no suelen formar parte de su "self profesional").

Además, muchas personas que no experimentan disociación piensan automáticamente en términos de "partes" cuando se enfrentan a un conflicto interno. Por ejemplo, al despertarse un fin de semana, una persona puede pensar: "una parte de mí quiere quedarse en la cama un par de horas más, y otra parte de mí quiere levantarse e ir a dar un paseo". (Este también es un ejemplo de coexistencia de diferentes estados o aspectos del self, de la multiplicidad interna presente en las personas no disociativas). Muchos también pueden reconocer experiencias de personas no disociativas que de repente "se sienten" o actúan como si fueran más jóvenes cuando están asustadas o que adoptan comportamientos antiguos y menos saludables cuando se ven seriamente sobrepasadas durante un tiempo prolongado.

Estas experiencias normales de cambios y divisiones entre distintos aspectos de nosotros mismos suelen ser funcionales, ya que nos permiten responder con éxito a distintos entornos con distintas exigencias y a realizar la transición entre ellos. En las personas que no son muy disociativas, estos diferentes aspectos de sí mismas se experimentan como parte del mismo self. Estas personas pueden pasar de un estado del self a otro con bastante fluidez, manteniendo un sentido general relativamente coherente de sí mismas y de sus acciones a lo largo del tiempo, y la información contenida en cada estado (recuerdos, emociones, habilidades) es razonablemente accesible para todos los aspectos del self. Por ejemplo, un terapeuta que está en casa con su familia puede seguir recordando a los pacientes de su consulta y recordar los principios del tipo de terapia que practica. Las transiciones entre los estados del self son suaves, apropiadas y, en gran medida, están bajo control consciente: si de repente recibiera una llamada de teléfono relacionada con el trabajo, la mayoría de la gente podría cambiar de forma relativamente automática. Además, los estados del self no disociativos suelen estar orientados al presente y a los acontecimientos externos.

Una diferencia crucial entre los DSS y los aspectos no disociativos del self es la presencia de desconexión/disociación entre y dentro de los DSS. Debido a la disociación *entre los estados del self*, los DSS están más separados entre sí que los estados del self no disociativos; como resultado de la disociación *dentro de* los estados del self, los DSS también suelen estar desorientados hacia el presente. Como veremos más adelante, existen razones para que esto sea así: estas cualidades generalmente ayudaron a la persona a sobrevivir.

Al igual que ocurre con otras formas de disociación, la disociación de los estados del self en el TRT surge como un medio para escapar del impacto emocional de experiencias abrumadoras que no se pueden evitar o de las que no se puede escapar físicamente. Más concretamente, es más probable que los DSS se desarrollen en personas con relaciones de apego desorganizadas (apego "tipo D"; véase el capítulo 1) cuando se enfrentan a experiencias que la mente percibe como inmanejables, intolerables de conocer o imposibles de identificar como "mías". Entonces, la mente desconecta (es decir, disocia) los recuerdos y las acciones relacionados con estas experiencias de otros aspectos del self, lo que da lugar a estados del self que se perciben como más separados, extraños ("yo no") y autónomos.

En términos generales, los DSS consisten en recuerdos, emociones, percepciones, patrones relacionales y/o comportamientos que se experimentan como extraños o distintos de otros recuerdos, emociones, percepciones, patrones relacionales y/o comportamientos. Los DSS son una característica de los TRT más complejos, en particular, pero no exclusivamente, los TRT más graves, como el OTDE-1 y el trastorno de identidad disociativo (TID). En el trastorno de estrés postraumático complejo, el trastorno límite de la personalidad o el OTDE, el individuo puede experimentar estados de trance con conciencia parcial o alteraciones frecuentes y prolongadas en la experiencia del flujo del tiempo. En el extremo más grave del TRT y del espectro disociativo, puede haber períodos de falta de respuesta completa y, en el TID, la participación periódica en conductas complejas asociadas a la amnesia.

Dependiendo del grado de disociación presente, los DSS varían en complejidad (la gama de experiencias que contienen), así como en el grado de separatividad (es decir, "yo no") y autonomía (capacidad de actuar de forma independiente). El grado de separación y autonomía de los DSS parece variar en función de lo que es tolerable conocer. Para algunos, es posible tolerar la conciencia parcial de los contenidos de la conciencia de uno o más estados. En estos casos, el individuo puede ser consciente de las emociones o recuerdos contenidos en los DSS, pero puede seguir sintiendo que no controla sus acciones cuando esos DSS están más activados, o puede tener la experiencia de que esas emociones "no me pertenecen realmente". Pueden tener algún recuerdo de las actividades de varios DSS, pero estos recuerdos pueden ser irregulares, confusos o fragmentados. En otros, especialmente aquellos con la compartimentación más extrema, como en el TID, puede haber una ausencia completa de conciencia de al menos algunos otros estados del self. En particular, los criterios diagnósticos para el TID solo requieren amnesia completa entre algunos de los estados del self en algún momento; puede haber conciencia parcial entre algunos estados del self y negación completa de otros.

Las personas con TID perciben los pensamientos, sentimientos y acciones de uno o más DSS como "no míos", aunque en algunos casos perciben a los DSS como "personas" completamente diferentes que habitan el mismo cuerpo o se apoderan de su cuerpo. La investigación sobre imágenes cerebrales ha demostrado que los DSS experimentados como "otros" están asociados a patrones únicos de activación cerebral en comparación con otros estados del self dentro del mismo individuo, lo que respalda científicamente las experiencias subjetivas descritas por las personas con DSS (véase el capítulo 3). Otros términos utilizados para referirse al DSS son partes, aspectos, identidades y alteraciones. (Desaconsejamos el uso del término "personalidades", un remanente de la terminología anterior de "trastorno de personalidad múltiple", ya que puede parecer que reifica una concepción de todos los DSS como más separados y complejos de lo que necesariamente son). El conjunto de DSS dentro de un individuo dado suele denominarse "autosistema" o simplemente "sistema". El número y la complejidad de los DSS en un individuo parecen depender de la necesidad de la mente de la persona de mantener las experiencias y las acciones separadas unas de otras en aras de la seguridad y de su capacidad de "seguir adelante". Algunos pacientes hablan de la experiencia de un self central con uno o más DSS de diversos grados de menor complejidad. Otros describen la experiencia de un sistema complejo con múltiples DSS con identidades bien definidas y una influencia significativa en ellos mismos y en sus comportamientos.

Funciones de los DSS en los TRT

Cuando hablamos de los DSS en el contexto de los TRT, nos referimos a aspectos del self con diversos grados de (1) separación (el grado en que los DSS se experimentan como "yo no", incluyendo la separación de recuerdos, conocimientos y habilidades) y (2) autonomía (el grado en que la actividad de los DSS se experimenta como fuera de control consciente). Normalmente, cuanto más grave es el TRT, más separados y autónomos se han vuelto al menos algunos DSS.

Para alguien que ha sufrido un trauma infantil prolongado, los DSS puede suponer un medio de supervivencia. La realidad de que un niño sufra abusos, por ejemplo, especialmente si los comete una persona de confianza como su cuidador principal, puede ser intolerable. Mantener esta realidad fuera de la conciencia es una estrategia de supervivencia esencial para hacer tolerable lo intolerable. El desarrollo de DSS permite que ciertos aspectos de la experiencia (y las respuestas a ellos) se mantengan fuera de la conciencia mientras se sigue funcionando y manteniendo relaciones, especialmente si estas incluyen una relación dependiente y/o ineludible con alguien implicado en su trauma. Esto puede cumplir una función emocional (permitir que el niño no conozca información que le resultaría emocionalmente intolerable), así como una función práctica (inhibir comportamientos o expresiones emocionales que podrían aumentar el riesgo de sufrir mayores daños). Un niño que sufre malos tratos se enfrenta a múltiples exigencias interrelacionadas y contradictorias. Por ejemplo:

1. No querer saber o creer que alguien pueda hacer algo así (especialmente alguien en quien el niño, sus familiares o la comunidad han depositado su confianza) y, al mismo tiempo, necesitar saber qué ha ocurrido para poder protegerse.
2. Especialmente en el contexto de una relación de cuidados, depender de esa persona, tener fuertes sentimientos positivos hacia ella, y necesitar y desear experiencias positivas con ella... y a la vez estar aterrorizado por ella.
3. La angustia por los malos tratos y el intenso terror a sufrir nuevos abusos pueden hacer que el niño quiera contar lo sucedido a los demás, pero los agresores pueden exigir directa o indirectamente que se guarde el secreto con amenazas de causar más daño a la persona y/o a sus seres queridos si se rompe el secreto. Del mismo modo, la extraordinaria angustia que seguiría naturalmente a un trauma así podría perjudicar el funcionamiento, lo que daría lugar a que otras figuras de autoridad descubrieran el abuso. Esto podría poner al niño maltratado y/o a sus seres queridos en una situación de gran riesgo con el maltratador.
4. Comportamientos como la sumisión, que pueden ser exigidos y/o necesarios para la supervivencia en un contexto traumático, podrían conducir a problemas significativos en otros contextos. Además, los comportamientos necesarios para la supervivencia pueden ser extraordinariamente extraños para el sentido emergente de los jóvenes de "quiénes son" y/o lo que generalmente se espera de ellos.
5. Además de sentirse conmocionado, confuso, horrorizado y triste, un niño puede sentir naturalmente rabia/ira por haber sido maltratado, lo que le lleva a querer defenderse. Sin embargo, los intentos de defenderse pueden provocar más abusos y mayores lesiones. En consecuencia, mantener estos sentimientos fuera de la conciencia evita el agobio y reduce el riesgo de un daño mayor.

En esos casos, cada una de estas emociones y reacciones puede compartimentarse en un DSS que funciona para "manejar" a ese perpetrador, trauma o imperativo de supervivencia contradictorio en particular. El niño disociativo puede manifestar esta compartimentación externamente (por ejemplo, mostrando diferentes conjuntos de respuestas que apaciguan a un perpetrador particular o una situación amenazante con el fin de minimizar el daño) o internamente (por ejemplo, a veces el único medio disponible para regular las emociones intensas es que el niño las repudie y las compartimente dentro de su mente). Es imposible para un niño mantener en su mente todas estas emociones, recuerdos e imperativos conflictivos intensamente dolorosos y a menudo contradictorios al mismo tiempo. Para sobrevivir, el niño se vuelve inconsciente de algunos de ellos. Como resultado, los recuerdos de esos traumas pueden compartimentarse dentro de ese DSS, y otros DSS pueden no ser conscientes de que el trauma ocurrió, o pueden tener solo una vaga sensación de que ocurrió algo horrible. A medida que estos niños crecen y llegan a la edad adulta, es posible que se evite la información contradictoria, de modo que la información no se comparte entre los estados del self. Como resultado, los estados del self que mantienen emociones y experiencias relacionadas con el trauma a menudo no son conscientes de que el trauma ha terminado; en su lugar, siguen creyendo y reaccionando como si el pasado estuviera sucediendo en el presente. Sobrevivir de esta manera durante años puede crear una serie de DSS que contienen emociones, recuerdos y comportamientos contradictorios y no integrados. Esto puede llevar a que el adulto reaccione a los acontecimientos actuales como si el trauma continuara, y/o a comportamientos, reacciones emocionales, patrones de relación con los demás y acceso a la memoria y habilidades variables muy discrepantes que pueden causar un deterioro significativo, así como confusión en los supervivientes, sus seres queridos y sus terapeutas.

Patrones relacionales de los DSS

Como ya se ha señalado, los DSS suelen organizarse en torno a la respuesta a un tipo concreto de problema o situación. Aunque las características de cada DSS dependerán del "problema" que haya que resolver (que se analiza con más detalle a continuación), los patrones que siguen pueden producirse automáticamente (es decir, no necesariamente de forma consciente) al responder a una situación muy estresante o potencialmente traumática:

- **Huida/evitación:** la respuesta más común es intentar escapar o evitar situaciones altamente estresantes/potencialmente traumáticas.
- **Lucha/interrupción:** si no es posible evitar la situación y parece posible interrumpirla, esta se convierte en una opción. Esto puede incluir pedir ayuda a gritos.
- **"Congelación" (es decir, inmovilidad tónica) y/o disociación:** la disociación (desconectarse del aquí y ahora) es la vía de escape cuando no es posible escapar físicamente, evitar o detener la situación.
- **Sometimiento/sumisión:** para evitar que ocurran cosas peores, las personas pueden aceptar lo que parece inevitable o imparable. Esto puede incluir reacciones del tipo "complacer y apaciguar" o de cierre.
- **Identificación:** para aumentar la sensación de control en situaciones en las que no parecen tenerlo, las personas pueden disociar sus propios pensamientos, sentimientos y preferencias, y adoptar la perspectiva de la persona que tiene el poder/control de la situación, incluso si eso significa sonar o comportarse como un maltratador.

Los DSS tienden a poner en práctica estas reacciones relacionadas con el trauma con respecto a los demás (y a otros DSS), tal y como parece indicar la situación. Por ejemplo, después de orientarse hacia una situación amenazante, un estado del self puede escapar "escondiéndose dentro del cuerpo". Si parece posible defender "el cuerpo" (muchas personas con DSS utilizan un lenguaje como este, indicando síntomas activos de despersonalización), un DSS que ha adoptado un papel protector puede "presentarse" para hacer precisamente esto (es decir, luchar para prevenir/reducir el daño). Si el éxito de esta acción parece (o resulta) poco probable, la persona puede entrar en inmovilidad tónica (que a menudo se asocia o "asigna" a un DSS específico). Si parece más ventajoso "seguir la corriente" (es decir, someterse) a lo que está ocurriendo para reducir un daño mayor, puede surgir un estado del self que ha evolucionado para asumir este tipo de papel. (Nótese que los estados que evolucionan para "soportar" el trauma pueden disociar su visión de estas situaciones como traumáticas. Esto es una manera de que estos estados continúen sintiendo como si estuvieran eligiendo seguir con una actividad, incluso si en realidad no tienen elección o control real. Esto puede resultar confuso para los supervivientes de un trauma y puede llevarlos a culparse y avergonzarse injustamente a sí mismos y/o a ese DSS).

Por último, con el fin de reducir la prevalencia y la gravedad del trauma, algunos estados del self pueden modelarse a sí mismos a partir de un abusador (es decir, creer realmente que son un abusador en particular o actuar/sonar como él). Estos DSS "introyectos" o "críticos internos" permiten a la persona predecir activamente las acciones y respuestas probables de un abusador, y amonestar internamente (y/o castigar) las transgresiones contra "las reglas" que la persona ha sido implícita o explícitamente "enseñada" a seguir para reducir el riesgo y la severidad del daño. El DSS duramente crítico proporciona una sensación de control que es esencial para sobrevivir a experiencias de abuso impredecibles e incontrolables. Si el niño comprendiera la realidad de que realmente no tenía ningún control sobre la violencia del maltratador, sería insoportable y podría haberle llevado a la desesperanza absoluta, a la desesperación y al cierre. En su lugar, pueden desarrollarse DSS muy críticos que se culpan a sí mismos (o a otra parte de sí mismos) del maltrato; esta autoculpabilización les da la sensación de tener el control. Aunque esta estrategia significa que más adelante en la vida la persona probablemente seguirá culpándose injustamente por el abuso, durante la infancia proporciona un mínimo de control, un medio para tolerar el apego al abusador (en los casos en que el abusador es también un cuidador o un padre), e incluso un pequeño rayo de esperanza en el sentido de que "si me reprendo escrupulosamente y me centro en ser perfecto, puede que no me meta en problemas o que no me hagan daño tan a menudo".

En resumen, aunque no siempre resulte obvio para otros estados del self (u otras personas), cada estado reacciona por miedo a sufrir más traumas o humillaciones y actúa de la forma que cree más probable que provoque menos traumas. Dado que las otras partes no suelen darse cuenta fácilmente, son frecuentes las experiencias de "guerra interior" en respuesta a señales de situaciones posiblemente traumáticas y/o recordatorios de traumas. Estas guerras internas sobre qué hacer están relacionadas con la aparición simultánea de múltiples reacciones traumáticas (a menudo en respuesta a dobles vínculos percibidos).

Cuando se entiende de este modo, queda claro que, de forma similar a muchos otros síntomas disociativos, tener DSS relacionados con el trauma es una estrategia de supervivencia que se deriva de capacidades humanas generales llevadas al extremo que una vez fueron necesarias para sobrevivir a situaciones extremas.

TRABAJAR CON PACIENTES CON DSS

Los expertos en trastornos disociativos recomiendan trabajar con DSS, en particular cuando el paciente tiene amnesia con respecto a un comportamiento inseguro que no se debe a intoxicación, a problemas médicos o a un traumatismo craneoencefálico (Brand et al., 2012b; Fisher, 2017; International Society for the Study of Dissociation, 2011; Mosquera, 2019; Putnam, 1989; Steele et al., 2017; van der Hart et al., 2006). Por ejemplo, si un paciente no recuerda haberse cortado repetidamente, y no hay indicios de que su falta de memoria se deba a intoxicación o enfermedad (por ejemplo, ataques epilépticos), con el fin de estabilizar su seguridad, es importante evaluar si estos comportamientos inseguros están ocurriendo en estados disociativos. Si el terapeuta determina que el paciente tiene DSS (véase el capítulo 2 sobre evaluación) y que la conducta insegura ocurrió mientras estaba en un estado disociativo, es probable que los problemas de seguridad no se estabilicen suficientemente a menos que el terapeuta aborde e incluya el/los estado(s) de autoagresión en los que se produce la autolesión.

Aquí ofrecemos un breve apunte sobre el trabajo con DSS. Recomendamos que los profesionales de la salud mental que sean nuevos en el trabajo con personas con DSS busquen formación especializada, consulten con colegas que hayan tratado con éxito a pacientes con trastornos disociativos y busquen lecturas adicionales (véase el apéndice C para recursos adicionales de formación y lectura). La perspectiva de tratamiento que detallamos a continuación es coherente con las directrices de consenso de expertos y la investigación sobre recomendaciones de tratamiento con expertos en trastornos disociativos (véase también el capítulo 4) (Brand et al., 2012b; International Society for the Study of Dissociation, 2011; Myrick et al., 2015).

Los principios para trabajar con DSS son los siguientes:

1. Los pacientes pueden sentirse avergonzados y aterrorizados por tener DSS y les puede preocupar que los vean y/o traten como si estuvieran "locos". Puede ser útil que el terapeuta normalice el hecho de tener DSS y los conflictos internos relacionados, como nos esforzamos en hacer en la sección anterior. El terapeuta también puede hablar en términos de "partes" para ayudar al paciente a hacer conscientes estos conflictos internos. Por ejemplo: "Aunque una parte de ti quiere estar en terapia, parece que hay una parte de ti que no quiere hablar conmigo hoy". Varios de los

juegos de roles que proporcionamos ilustran el uso del lenguaje de las partes para explorar una variedad de temas terapéuticos, lo que puede resultar una herramienta poderosa para ayudar a reducir la vergüenza y generar reflexividad autocompasiva en pacientes con y sin DSS.

2. Cuando se trabaja con alguien con DSS, el objetivo global es aumentar la comunicación y la colaboración entre los estados del self hacia objetivos compartidos (por ejemplo, satisfacer las necesidades de salud de forma segura). El terapeuta debe esforzarse por fomentar la comprensión mutua y la comunicación entre las partes, con el objetivo de que el paciente llegue a ser capaz de realizar este trabajo crucial de forma independiente. Esto llevará tiempo y práctica repetida, tanto dentro como fuera de la terapia.
3. Al explorar los conflictos internos (y al trabajar con las partes en general), es importante que el terapeuta mantenga la postura de ser el terapeuta de todas las partes, interesarse por las preocupaciones y experiencias de todas las partes y respetar a todas las partes por igual. En otras palabras, el objetivo es ayudar a la persona a tomar decisiones que aborden las preocupaciones subyacentes de sus partes mientras trabaja para alcanzar objetivos compartidos. Por ejemplo, al explorar las razones de los comportamientos de riesgo, insalubres o inseguros, y al establecer acuerdos/planes de seguridad con el paciente, el terapeuta debe invitar activamente a todas las partes a expresar sus perspectivas y preocupaciones, y todas las partes deben participar en la elaboración y el acuerdo de seguir estos planes.
4. El terapeuta debe mantener un marco terapéutico generalmente coherente independientemente de las partes que estén presentes (por ejemplo, seguir terminando las sesiones a tiempo, cumplir los acuerdos previos sobre la duración y la frecuencia de las llamadas telefónicas o hablar con su voz habitual de adulto, aunque en la sesión esté presente un DSS que se identifique como niño).
5. Aunque los terapeutas deben interesarse por todas las partes del paciente y aceptarlas, no deben atribuir a los estados propios un grado de autonomía mayor del que ya tienen. Por ejemplo, el terapeuta no debe animar al paciente a nombrar sus partes si aún no tienen nombre. En su lugar, puede referirse a las partes utilizando sus necesidades, las emociones que encarnan o sus puntos fuertes:

por ejemplo, "la parte de ti que necesita sentirse cuidada por los demás", "la parte de ti que puede sentir ira" o "la parte de ti que sabe poner límites".

6. Con las personas cuyas partes demuestran una mayor separación y autonomía, el terapeuta puede ayudar a fomentar una mejor comunicación/colaboración utilizando metáforas que hablen a la persona, como la necesidad de que los diferentes miembros de un mismo grupo de música y/o baile, equipo deportivo, etc. trabajen juntos si quieren alcanzar sus objetivos. Para ello, con el tiempo, el terapeuta puede ayudar a la persona a desarrollar reglas básicas eficaces y medios de comunicación independientes entre los estados del self. Algunos ejemplos de formatos de comunicación que pueden ser útiles son llevar un diario conjunto o celebrar "reuniones" en espacios de reunión imaginados que pueden configurarse según sea necesario para satisfacer las preocupaciones de seguridad y comunicación de las partes. Las normas básicas deben garantizar que la comunicación sea respetuosa y que las preocupaciones subyacentes de las partes estén representadas de forma significativa en los procesos de toma de decisiones.
7. Las partes de algunos pacientes pueden temer o esperar que el tratamiento haga que algunas partes se pierdan, "mueran" o sean "aniquiladas". Es importante que los pacientes sepan explícitamente que cada parte contiene una fuerza crítica que les ayudó a sobrevivir y que la función de la terapia es ayudar a las partes que están atascadas en el pasado a acudir al presente y adaptar sus fuerzas para que sirvan al paciente en su vida actual, y que el aspecto concreto de esto dependerá del autosistema de la persona en su conjunto, que se desarrollará con el tiempo en respuesta a sus objetivos y preocupaciones. Estas son algunas posibilidades de cambios eventuales que funcionan para muchos: las partes infantiles pueden aportar un sentido de alegría y juego al tiempo que se pasa con los amigos, y las partes protectoras pueden ayudar al paciente a establecer límites apropiados con los demás y ayudar a las partes más vulnerables a mantenerse a salvo de forma saludable. En las personas con un mayor número de DSS separados o autónomos, después de desarrollar una comunicación adecuada entre los estados del self, a muchos pacientes les resulta útil cambiar hacia partes que trabajan juntas en grupos, con partes "mayores" que

ayudan a las partes "más jóvenes" a aprender a utilizar habilidades de afrontamiento saludables.

8. Después de desarrollar la comprensión y la compasión mutuas y de participar en una colaboración constructiva durante un período prolongado, dos o más estados del self pueden optar por aumentar aún más su cercanía mediante la unificación (Kluft, 1993b; Steele et al., 2017) o "convertirse en uno."

DSS COMUNES

Aunque las características de los DSS en el sistema del self de una persona variarán en función de las demandas de la situación traumática y de las experiencias y características individuales, hay dos tipos de estado del self que son particularmente comunes en personas con trauma infantil: partes jóvenes del self (partes que son experimentadas por el individuo como si fueran niños o adolescentes) y partes enfadadas que se presentan como rabiosas, pasivo-agresivas o desvinculadas. Estas partes suelen activarse especialmente por los intentos del terapeuta de reducir la disociación y trabajar para reducir los comportamientos inseguros. Pueden intentar ralentizar o bloquear la terapia porque perciben que los cambios fomentados van en contra de las "reglas" que ellos imponen (es decir, las "reglas" que la persona aprendió a seguir para reducir la probabilidad o la gravedad del trauma), y/o son inseguros. Hemos decidido abordar estas partes primero, ya que el terapeuta debe trabajar con ellas al principio del tratamiento, particularmente cuando están interrumpiendo el tratamiento y/o causando un comportamiento inseguro. Por lo general, se debe trabajar con estas partes enfadadas antes de trabajar con las partes más jóvenes y con el contenido traumático. Hasta que no se consiga que estas partes cooperen con la terapia o al menos la toleren, es probable que bloqueen los esfuerzos del terapeuta por implicarse, a veces de forma perjudicial para el paciente o para el tratamiento (por ejemplo, aumentando las autolesiones o propiciando un abandono prematuro de la terapia). El trabajo con estas partes suele llevar bastante tiempo y puede requerir repeticiones a lo largo de la terapia a medida que se incorpora más material al tratamiento o se activan más partes.

Trabajar con estados del self enfadados o críticos

A menudo, las partes enfadadas y críticas pueden ser conceptualizadas como partes del self que luchan contra lo que perciben como cambios arriesgados en la forma en que están acostumbrados a hacer las cosas y/o internalizaciones de la perspectiva o de las reacciones de un abusador. (En personas con sistemas de DSS que demuestran altos grados de separatividad o autonomía, no es raro que un estado del self no solo se identifique con el abusador, sino que sea *como él* como un medio de concebir a la persona como un todo o de mantener su cuerpo "más seguro" anticipando proactivamente las reacciones del abusador real). Estas partes tienen importantes funciones protectoras para el paciente y, como todas las partes, tienen valiosos puntos fuertes que pueden reutilizarse para ayudarlo a vivir bien en el presente. Estas partes pueden funcionar para proteger al paciente de la vulnerabilidad en la relación terapéutica y en otras relaciones. Pueden intentar mantener a la persona a distancia de los demás (incluido el terapeuta) y perpetuar comportamientos inseguros que cumplen una función autoprotectora o reguladora. Estas partes a menudo perciben lo que otros consideran "conductas inseguras" como más seguras que otras opciones porque creen que estas conductas reducen la probabilidad y la gravedad de futuros traumas. Por ejemplo, estas partes pueden hacer que un paciente se autolesione después de una sesión de terapia si el paciente abordó un tema particularmente vulnerable o prohibido internamente. También pueden arremeter verbalmente contra el terapeuta en respuesta a una pregunta aparentemente inocua.

Aunque no todas las acciones de ira o autodestructivas por parte de un paciente son indicativas de la presencia de DSS, el terapeuta debe escuchar atentamente hasta qué punto estas acciones están conectadas con un DSS, tienen la cualidad de "yo no" o de negación de la disociación y/o están asociadas con un recuerdo pobre o nulo. El terapeuta también debe prestar atención a qué tipo de situaciones o interacciones desencadenan la activación de estas partes para anticiparse mejor y ser consciente de ellas en el momento y, finalmente, antes de que se activen.

Aunque estas partes puedan parecer poco útiles e incluso intimidatorias, reconocer su función de supervivencia es crucial para el éxito del tratamiento. Todas las partes del paciente contienen importantes puntos fuertes y han desempeñado funciones cruciales para reducir el impacto y/o la prevalencia del trauma. Sin embargo, estas partes pueden estar atrapadas en el pasado traumático al comienzo de la terapia y creer que las antiguas formas de funcionar siguen siendo necesarias. También pueden caer en la percepción del "ahora como antes" a lo largo del tratamiento. Sin embargo, cuando se les ayuda a ser conscientes del presente no traumático y de las opciones de las que ahora puede disponer la persona, pueden ser extremadamente útiles para ayudar a los pacientes a reafirmarse adecuadamente y a establecer límites saludables.

Las estrategias para trabajar con los estados del self de enfado, crítica y/o "maltratador interiorizado" son las siguientes:

1. Mostrar curiosidad y compasión por estas partes preguntando y especulando sobre sus preocupaciones, sentimientos, puntos fuertes y reacciones.
2. Proporcionar a la persona educación sobre las funciones adaptativas de estas partes y el papel que suelen desempeñar en un individuo disociativo.
3. Ayudar a las partes internalizadas a orientarse hacia el presente, reconocer los papeles que han estado desempeñando y encontrar formas de utilizar adaptativamente sus puntos fuertes en el presente. Por ejemplo, en el caso de las partes "abusadoras internalizadas", esto implicaría ayudar a esos estados del self a entender que el trabajo difícil y desagradable de actuar y posiblemente "sonar y parecer" como un abusador y hacer cumplir las "reglas del trauma" ayudó a mantenerlos a ellos y al "cuerpo" más seguros antes de pasar a explorar cómo podrían mantener a la persona más segura de manera más efectiva en el aquí y ahora. Es preciso señalar que ayudar a estos estados del self a reconocer que estas son las motivaciones que impulsan sus comportamientos a menudo se logra más eficazmente a través de (en ocasiones muchas) preguntas compasivas sobre sus preocupaciones. Como parte de este proceso, los estados que han estado desempeñando esos papeles pueden optar por cambiar la forma en que internamente "aparecen" y/o "suenan". Sin ignorar la necesidad de abordar adaptativamente cualquier preocupación de seguridad que surja, puede ser útil saber que a menudo hay un estado del self "joven" asustado y solitario debajo de la "máscara" de un "abusador internalizado" que preferiría no tener que seguir desempeñando este papel de esta manera, pero no siente que sea seguro no hacerlo.
4. Ayudar al sistema del self del paciente a reducir la evitación de estas partes y aumentar la compasión por ellas. Esto requiere que el terapeuta sea consciente y aborde cualquier impulso que pueda tener para evitar comprometerse con estas partes. Estos impulsos son comprensibles a la luz de los comportamientos de estado del self informados/observados e indican la necesidad de una mayor curiosidad y comprensión de las preocupaciones y dinámicas implicadas.

A lo largo de este trabajo, el terapeuta debe recordar la importancia de seguir manteniendo límites y fronteras saludables a través de la confrontación compasiva, incluida la discusión transparente de los fundamentos de las intervenciones. Puede resultar útil ser consciente del riesgo de caer en los roles triangulares de Karpman (2011) descritos en el capítulo 5: tanto el terapeuta como el paciente pueden caer en roles pasivos, de espectador desprotegido o de víctima, y el terapeuta corre el riesgo de desempeñar un papel de salvador sobreimplicado en lugar de facilitar la mejoría de las relaciones entre los DSS del paciente. El objetivo es trabajar con las partes para desarrollar una comunicación interna y una colaboración eficaces, y poner fin a cualquier comportamiento que amenace la seguridad emocional o física del paciente, del terapeuta o de la terapia.

Este trabajo crucial puede llevar tiempo y a menudo hay que revisarlo a medida que avanza la terapia. También es importante que los terapeutas controlen su reacción ante estas partes, ya que pueden resultar frustrantes o aterradoras para los terapeutas. Si el terapeuta tiene fuertes reacciones negativas hacia estas partes y/o se siente incapaz de trabajar con ellas, es una indicación importante para buscar consulta. Para más información sobre el trabajo con partes y voces enfadadas, véase Chefetz (2015); Loewenstein (1993, 2006); Mosquera y Ross (2016); Putnam (1989); y Steele et al. (2017).

Trabajar con estados del self jóvenes

Algunos pacientes pueden tener partes que se experimentan como bebés, niños o adolescentes. Las partes infantiles pueden ser atractivas y entrañables, y la presencia de partes jóvenes puede tentar al terapeuta a tratarlas como niños reales, a veces de formas que no son saludables para el paciente como persona adulta. El papel del terapeuta no es criar a las partes jóvenes, sino ayudar al paciente a cuidar de ellas. Este es otro punto en el que se puede poner en práctica la dinámica descrita por Karpman y sus colegas: el paciente puede tener poca comprensión sobre cómo calmar y regular los estados infantiles repudiados (y como resultado actuará como un "espectador desprotegido") y/o puede ser agresivo (es decir, actuar como un "perpetrador") en relación con estos estados debido a la vulnerabilidad y los recuerdos traumáticos que a menudo encapsulan. Cada uno de estos escenarios deja a los estados infantiles en un papel de "víctima". Es crucial para la curación del paciente reconocer cuándo está representando estos papeles y aprender a atender las necesidades de todos los estados propios de forma segura y saludable.

Los recursos de apego (como se expone en el capítulo 6) pueden ser muy útiles para ayudar a los pacientes a cuidar de estas partes, ya que las partes jóvenes a menudo encapsulan intensas necesidades de apego insatisfechas e inseguridad de apego. El objetivo final es que el self adulto del paciente se convierta en la figura de apego segura para estas partes jóvenes. Esto puede lograrse a través de imágenes, como se demuestra en el juego de roles que veremos a continuación). Sin embargo, en muchos casos, las partes adulta e infantil tienen fobia la una de la otra, especialmente si las figuras de apego anteriores eran aterradoras o estaban implicadas en un trauma. El terapeuta debe ser consciente de que puede llevar mucho tiempo y trabajo que el paciente sea capaz de tolerar incluso dosis muy pequeñas de conexión entre las partes infantil y adulta, debido al grado de emociones, necesidades y recuerdos traumáticos repudiados que mantienen estas partes. Las imágenes relacionadas con el apego, como animales o elementos de la naturaleza, pueden utilizarse como sustitutos tranquilizadores en los casos en los que la parte adulta o la infantil no quieren o no pueden proporcionar o recibir apego (Boon et al., 2011; Steele et al., 2017). Otra intervención de regulación útil es imaginar lugares seguros y tranquilos (International Society for the Study of Dissociation, 2011). Utilizadas de este modo, las imágenes pueden proporcionar una sensación de seguridad, autocontrol y autorregulación.

JUEGO DE ROLES: TRABAJAR CON DSS

Trabajar con los estados del self en relación con la seguridad

En este juego de roles, el terapeuta se encuentra con el silencio al confirmar lo que parecía haber sido un plan desarrollado en colaboración, lo que sugiere que hay una parte del paciente que no está de acuerdo con el devenir de este trabajo. Afortunadamente, el terapeuta siente curiosidad y verbaliza esta posibilidad.

TERAPEUTA: Así que hemos establecido y acordado que el plan es que la próxima vez que quieras autolesionarte, vas a salir de tu apartamento y a alejarte de las cosas que utilizas para hacerte daño, y vas a ir a una cafetería o a llamar a un amigo. ¿Sabes a qué amigos puedes llamar?

PACIENTE: [Silencio]

TERAPEUTA: ¿Te ves capaz de hacerlo?

PACIENTE: [Silencio]

TERAPEUTA: Hmm, parece que hay una parte de ti que no quiere hablar más del tema, que pone obstáculos en cuanto empezamos a hacer un plan juntos. ¿Es eso lo que está pasando?

PACIENTE: [Silencio]

TERAPEUTA: Es muy importante que todas las partes de ti tengan voz en el plan para controlar tu autolesión, así que vamos a mostrarnos curiosos hacia esa parte de ti que lo cierra todo. ¿Qué crees que puede estar pensando o sintiendo?

PACIENTE: No sé, es una estupidez. Cuando empezamos a hablar de ello, ya no puedo pensar con claridad.

TERAPEUTA: La mayoría de las veces, cuando las partes bloquean cosas, hay una razón que tiene sentido. ¿Qué tal si dejamos de lado el juicio por ahora e intentamos comprender realmente esa parte de ti?

PACIENTE: Bueno, supongo que la autolesión es la forma en que hemos gestionado las cosas todos estos años, ha sido muy útil en algunos aspectos.

TERAPEUTA: Tiene sentido. ¿Es posible que esa parte de ti esté preocupada por cómo te las arreglarás sin ella? ¿Que no se dé cuenta de que ahora eres un adulto y que tienes otras formas de gestionar los sentimientos difíciles?

PACIENTE: Supongo.

TERAPEUTA: ¿Puedes preguntarle y averiguar si eso es lo que le preocupa?

PACIENTE: Sí, es eso. Y no quiero ser una carga.

TERAPEUTA: Creo que es muy importante dar las gracias a esa parte de ti por cuidarte y asegurarse de que puedes arreglártelas, y también es muy importante recordarle a esa parte de ti que ahora tienes más herramientas y que puedes arreglártelas de otra manera.

PACIENTE: ¿Por qué? Esa parte de mí me está metiendo en problemas.

TERAPEUTA: Creo que esa parte de ti es muy fuerte después de haberte ayudado a gestionar durante todo este tiempo. El objetivo es que esa parte y tú trabajéis juntas para mantenerte a salvo. De hecho, creo que esa parte de ti podría ser realmente útil para trabajar en ese objetivo. El problema es que creo que esa parte no se da cuenta de que el abuso ya no está ocurriendo. Si podemos ayudarla a darse cuenta realmente de que ahora estás más segura, esa parte podría tener algunas habilidades realmente valiosas.

PACIENTE: Tal vez. También me preocupa ser una carga para mis amigos.

TERAPEUTA: Ahora tienes amigos que se preocupan por ti. No tienes que contarles detalles sobre tus problemas de seguridad para que sea una carga. Puedes decirles simplemente que te sería útil que os reunierais para distraeros y divertiros.

Investigar las preocupaciones subyacentes de un estado del self que lucha contra el cambio

En medio de la resolución de problemas, el paciente empieza a distanciarse y a mostrar signos de desubicación.

TERAPEUTA: Parece que mientras hablamos de esto, te estás alejando. Te has quedado callado y ya no me miras.

PACIENTE: [Silencio]

TERAPEUTA: Parece que te estás desarraigando. Hagamos juntos un ejercicio de enraizamiento. ¿Puedes sentarte más erguido y poner los pies en el suelo?

PACIENTE: [No se mueve]

TERAPEUTA: ¿Me oyes? Estamos en 2024 y estás aquí en mi consulta. Aquí no hay peligro. Recuerda a todas tus partes que es seguro estar aquí e invítalas a echar un vistazo por la habitación para comprobarlo por sí mismas.

PACIENTE: [Se desploma en la silla]

TERAPEUTA: Parece que te estás disociando mucho. ¿Puedes mover alguna parte de tu cuerpo? Tal vez puedes empezar por mover ligeramente un dedo.

PACIENTE: [Tranquilamente] No.

TERAPEUTA: Parece que una parte de ti no quiere arraigarse. ¿Puede la parte de ti que acaba de decir “no” decirnos por qué no quiere arraigarse?

PACIENTE: [Silencio]

TERAPEUTA: Creo que esto es muy importante. Me gustaría mucho saber qué es lo que preocupa a esa parte de ti para poder ayudarte. Estoy seguro de que hay una muy buena razón por la que esa parte está preocupada.

PACIENTE: Tu ayuda no sirve.

TERAPEUTA: Ciertamente me gustaría intentarlo. ¿Por qué esa parte cree que no puedo servir de ayuda?

PACIENTE: Porque no es seguro.

TERAPEUTA: ¿Te refieres al hecho de que yo ayude o al proceso de enraizarte?

PACIENTE: Ambas cosas.

TERAPEUTA: ¿Puede la parte de ti que piensa que es no es seguro arraigarse decirnos qué lo hace inseguro? Es muy importante que todas las partes se sientan seguras en la terapia, así que, si algo te parece inseguro, quiero saberlo.

PACIENTE: No es seguro para ti.

TERAPEUTA: ¿Qué quiere decir?

PACIENTE: Si nos ayudas, te harás daño. Así que no puedo dejarte.

TERAPEUTA: ¿Por qué iba a hacerme daño?

PACIENTE: No podemos confiar en ti. Nos debilita. Si estamos aquí contigo, una parte de mí te hará daño para que te alejes.

TERAPEUTA: Parece que una parte de ti está muy preocupada por tener una relación conmigo. Es muy importante que encontremos la forma de que ambos estemos seguros en esta relación, y creo que puede haber formas de hacerlo sin que te sientas desconectado.

Trabajar con pacientes que no pueden recordar su comportamiento y/o experiencias

Especialmente en los pacientes con DSS y un alto grado de separación entre las partes, puede haber amnesia o periodos de pérdida de memoria, que puede influir en el trabajo realizado en las sesiones de terapia. En estos casos, puede ser útil explorar la función de la pérdida de memoria: se puede preguntar a los pacientes, por ejemplo, si hay alguna parte de ellos que tenga miedo de recordar el contenido de la sesión. Se puede pedir a los pacientes con DSS que comprueben en su interior si alguna otra parte puede contener la información que falta o si alguna otra parte estaba presente durante el tiempo que indican no recordar. Es importante no darse por vencido demasiado rápido, ya que el paciente puede simplemente necesitar más tiempo para recuperar la información. A veces, los pacientes también pueden evitar intentar recordar lo que no recuerdan fácilmente porque les resulta incómodo. El terapeuta puede simplemente sentarse con el paciente, a veces incluso durante 10 o 15 minutos, y animarlo a que se tome su tiempo, como en el siguiente juego de roles.

PACIENTE: ¿Puedes decirme qué pasó en nuestra última sesión?

TERAPEUTA: ¿Qué recuerdas?

PACIENTE: Bueno, recuerdo entrar por la puerta. Quedamos en hablar del aniversario de la muerte de mi padre, y luego nada, es un agujero negro. No recuerdo nada en absoluto después de eso.

TERAPEUTA: Me pregunto si no lo recuerdas o si tú, o alguna parte de ti, tiene miedo de recordar.

PACIENTE: No lo sé.

TERAPEUTA: Creo que la información puede estar ahí. Solo tenemos que ayudarte a recuperarla. ¿Y si nos sentamos juntos mientras intentas recordarla? Puedes tomarte todo el tiempo que necesites; no hay prisa. [Espera]

PACIENTE: [Silencio] Bueno, me sentí muy cansada después de la sesión y tenía los ojos rojos cuando me miré en el espejo. Recuerdo haber llorado. Supongo que preferiría no haberte dejado ver toda esa emoción. Ojalá no hubiera ocurrido. No quiero pensar en ello.

TERAPEUTA: ¿Por qué no?

PACIENTE: No lo sé. Te da mucho poder sobre mí. Antes, si alguien sabía que me emocionaba por algo, siempre lo utilizaba en mi contra.

TERAPEUTA: Pues en esta relación es una oportunidad para que tengas una experiencia diferente. Has traído sentimientos aquí antes. ¿Los he usado en tu contra?

PACIENTE: Supongo que no. En general está todo bien. Es solo que me siento vulnerable.

Trabajar con pacientes con estados del self infantiles

En este caso, una paciente pide algo al terapeuta de un modo que reconoce la vulnerabilidad, lo que puede hacer que el terapeuta actúe de un modo que (1) vaya en contra de ayudar al sistema de la paciente a aprender a estar ahí con y para el otro, (2) pueda asustar a otros aspectos del paciente y/o (3) pueda cruzar los límites terapéuticos.

PACIENTE: Es muy difícil para mí hablar de esto, es muy molesto. Estoy muy avergonzada. ¿Puedes abrazarme? Me siento tan pequeña ahora mismo. Creo que mis partes jóvenes necesitan un abrazo.

TERAPEUTA: Parece que tus partes más jóvenes necesitan consuelo. Una de las cosas que acordamos trabajar juntos es ayudarte a aprender a dárselo. Creo que esta es una oportunidad muy importante para que intentes consolarlas. A ver si podemos intentar una cosa para ayudar a esas partes jóvenes a sentirse un poco más arropadas.

PACIENTE: No me gusta pensar en esas partes de mí. Me da vergüenza y asco.

TERAPEUTA: ¿Qué tal si probamos, solo para ver qué tal? Creo que podría ser muy importante para ti empezar a relacionarte más con esas partes. ¿Recuerdas que hemos hablado de lo fácil que es caer en el papel de espectador desprotegido? No querrás ignorar sus necesidades como antes ignoraron las tuyas.

PACIENTE: Bien, pero no me va a gustar.

TERAPEUTA: Si miras dentro, ¿puedes ver esa parte joven de ti?

PACIENTE: Qué asco. No quiero verla. Es asquerosa; está tan necesitada.

TERAPEUTA: ¿Y si intentas mirar desde el otro lado de la habitación para que podamos hacernos una idea de cómo es?

PACIENTE: Tendría que ser una habitación muy grande.

TERAPEUTA: Está bien. Puede ser tan grande como ambas necesitéis. En este momento, el objetivo es aprender más sobre esa parte de ti, con qué puede estar luchando y qué puede ayudarla a sentirse menos molesta.

PACIENTE: Supongo que, si estoy muy lejos, puedo intentar mirarla.

TERAPEUTA: Si la miras, ¿qué ves?

PACIENTE: Tiene unos 5 años. Se parece a mí: tiene el pelo más largo, como yo cuando tenía esa edad. Está sentada en un rincón y llora. Está muy triste.

TERAPEUTA: ¿Cómo crees que reaccionaría esa parte de ti si te acercaras un poco más a ella?

PACIENTE: No creo que pueda.

TERAPEUTA: Bien, pues quédate ahí por el momento y prueba a ser consciente de que está ahí. ¿Se te ocurre algo que pueda ayudarla?

PACIENTE: No lo sé. Quizá no estar sola.

TERAPEUTA: ¿Por qué no le preguntas qué necesita para sentirse menos sola? No tiene por qué ser una persona. Podría ser un animal, o algo de la naturaleza.

PACIENTE: Quiere tener un perro.

TERAPEUTA: OK, eso es bueno. ¿Qué tipo de perro?

PACIENTE: Uno grande y negro.

TERAPEUTA: ¿Por qué no dejas que pase un rato con el perro? Siente el pelaje del perro, nota cómo respira, mírale a los ojos. Fíjate en cómo se siente en tu cuerpo que la parte más joven de ti tenga un perro.

PACIENTE: Ella no puede mirar todavía. Es demasiado abrumador.

TERAPEUTA: Está bien, no tiene que mirar hasta que esté preparada. Céntrate en respirar juntas, en notar cómo la respiración sube y baja [Pausas]. ¿Qué se siente en el cuerpo?

PACIENTE: Está más caliente, menos molesto.

TERAPEUTA: Eso es maravilloso. Es muy importante construir experiencias de conexión segura para esa parte de ti. Seguid respirando juntas y asimilando lo que se siente al estar conectadas.

CONCLUSIÓN

Los terapeutas deben anticipar y esperar que los individuos con TRT y DSS luchen con una variedad de desafíos en el tratamiento. Como se desprende claramente de esta explicación, estos desafíos suelen derivarse de dificultades relacionadas con el trauma y el apego en la regulación de las emociones, una sensación de que el paciente no se lo merece y es malo, y una sensación de que los demás van a dañar y/o abandonar al paciente si este llega a confiar en ellos, baja la guardia o se muestra vulnerable de alguna otra forma. En lugar de evitar estas dificultades, hablar repetidamente de ellas (y de los posibles trastornos que a veces pueden causar en la relación terapéutica) es un método poderoso para ayudar al paciente a curarse de un trauma interpersonal. Estas dificultades emocionales e interpersonales pueden servir como momentos cruciales para trabajar repetidamente los daños causados por la traumatización crónica y los cuidadores, que pueden no haber sido capaces de proporcionar experiencias de apego saludables.

CAPÍTULO 8

ESTABILIZAR LOS COMPORTAMIENTOS INSANOS E INSEGUROS

En los pacientes traumatizados, el terapeuta trabaja frecuentemente no solo con experiencias pasadas de trauma y abuso, sino también con la retraumatización actual y las conductas inseguras. Como se menciona a lo largo de este libro, estos pacientes pueden involucrarse en una variedad de comportamientos que, en términos generales, pueden considerarse inseguros, como el uso de demasiadas drogas, beber demasiado alcohol, autolesiones no suicidas (ALNS), intentos de suicidio, trastornos alimentarios, agresividad hacia los demás, ponerse en situaciones físicamente peligrosas y entablar relaciones interpersonales inseguras (Ford y Gómez, 2015; Myrick et al., 2013; Najavits y Walsh, 2012; Webermann et al., 2014, 2017). Las personas que se involucran en comportamientos poco saludables, de riesgo o inseguros necesitan comprender gradualmente las razones por las que se involucran en estos comportamientos y aprender a usar formas más saludables de manejar los sentimientos, las necesidades y los impulsos que impulsan estos comportamientos. Muchas personas con trastornos relacionados con el trauma (TRT) han sufrido ALNS y otras conductas de riesgo (véase el capítulo 1). Debido a sus formas primarias de afrontar el estrés, las emociones y los síntomas relacionados con el trauma, a menudo les resulta muy amenazador plantearse "ponerse a salvo". A menudo ni siquiera tienen idea de lo que significa la palabra "seguridad". Los clínicos deben ser conscientes del reto que supone para muchos de estos individuos, desde su perspectiva, "renunciar" a uno de los pocos métodos de tener el control y gestionar su caótico mundo interior. Deben esforzarse por ser empáticos sobre lo profundamente aterrador y difícil que puede ser para los pacientes con TRT disminuir el uso de comportamientos potencialmente inseguros, teniendo en cuenta lo que pueden ser décadas de dependencia de esta forma de autorregulación.

A menudo resulta útil un enfoque basado en el modelo de las adicciones (Loewenstein, 2006). Al principio del tratamiento, suele ser más fácil comprometerse a estar a salvo "día a día" que la abrumadora perspectiva de un compromiso a largo plazo, aparentemente permanente, con la seguridad. Este enfoque reconoce que estos comportamientos han cumplido funciones cruciales, como calmar a un niño muy traumatizado, disminuyendo así los sentimientos de estar completamente solo, indefenso, avergonzado y traicionado. Estos comportamientos a menudo se desarrollaron en la infancia o la adolescencia para gestionar experiencias y emociones que resultaban intolerables. Debido al uso repetido y crónico de métodos inseguros para manejar esta angustia, la perspectiva de renunciar al uso de comportamientos inseguros puede ser totalmente aterradora.

Es imperativo que los clínicos reconozcan y discutan abiertamente lo difícil que es tomar la decisión de empezar a desarrollar métodos saludables para enfrentarse a impulsos y emociones peligrosos que en el pasado han parecido catastróficos e interminables. Para trazar una analogía de lo que los clínicos estamos pidiendo cuando pedimos a las personas que abandonen conductas de riesgo o potencialmente dañinas, es útil pensar que renunciar a estas conductas es similar a aceptar renunciar a la anestesia para una cirugía mayor. La disociación y las conductas autolesivas pueden haber servido de "anestesia" a un paciente a lo largo de su vida cuando no podía confiar en sus cuidadores para protegerle y tranquilizarle. Se requiere un enorme coraje y un esfuerzo consciente diario, incluso cada hora, para no "ceder" a la "solución rápida" de cortarse, beber alcohol o cualquier otra forma de conducta insegura en la que la persona haya confiado para aliviar su dolor emocional. Es esencial ayudar a estos pacientes a aprender formas centradas en la recuperación para regular sus emociones, cuerpos, síntomas, estrés y relaciones.

Sin embargo, al igual que ocurre con las adicciones, los pacientes con TRT a veces recaen en conductas inseguras, incluso después de largos periodos de seguridad. Por este motivo, es importante que la gestión saludable de la desregulación sea un aspecto central en todas las fases del tratamiento. Para reducir el impacto negativo de las posibles recaídas, anima a los pacientes a no ocultarlas, sino a hablar abiertamente de lo sucedido y de cómo conseguir inmediatamente apoyo suficiente y alternativas saludables para hacer frente a la vulnerabilidad subyacente que impulsó la recaída. Este enfoque desintoxica la vergüenza que sienten la mayoría de los pacientes cuando adoptan comportamientos poco saludables. Por ejemplo, después de enterarse de que un paciente ha recaído en el hábito de cortarse, el clínico puede agradecerle que haya tenido la honestidad y la confianza de revelar la recaída. Juntos pueden trabajar para determinar qué sentimientos, factores estresantes, síntomas u otros factores crearon los impulsos de ser inseguro y para identificar a otras personas de apoyo y métodos alternativos y saludables para manejar el sentimiento o factor estresante tanto en el presente como en el futuro en situaciones similares. Estos pacientes necesitan entender lo que les impide utilizar habilidades de afrontamiento saludables, además de lo que los lleva a adoptar comportamientos inseguros o potencialmente arriesgados.

Es bastante frecuente que los pacientes que han aprendido estas estrategias de autorregulación no las utilicen o se "olviden" de utilizarlas. Una de las razones más comunes es que el maltrato y las dificultades de apego han contribuido a que crean que no merecen sentirse o vivir bien. Además, pueden experimentar ansiedad por lo que imaginan que implicará el proceso de tratamiento o una vida sana. Por ejemplo, pueden creer que, si se ponen a salvo, el caos de sus vidas se calmará, y entonces habrá suficiente quietud en sus mentes como para que surjan recuerdos de experiencias de apego traumáticas y dolorosas. Estos temores no son necesariamente "distorsiones cognitivas": es habitual que las personas traumatizadas que consiguen mantenerse sobrias tras consumir sustancias o adoptar conductas adictivas empiecen a pensar en los traumas dolorosos y, lo que es más grave, a sentir las emociones dolorosas que se esforzaban por adormecer manteniéndose drogadas o ebrias. Sin embargo, los "costes" de vivir en medio de tal caos y autodestructividad a menudo se vuelven tan altos que, si se les anima a explorar sin prejuicios sus comportamientos inseguros y sus creencias basadas en el trauma, estas personas suelen darse cuenta de que sus comportamientos inseguros y sus autojuicios críticos ya no son tan útiles como probablemente lo fueron en el pasado en momentos en los que realmente tenían poco o ningún control.

Los terapeutas pueden tener sus propios juicios sobre estos comportamientos y pueden inclinarse instintivamente a decir a los pacientes que pongan fin a las relaciones abusivas y abandonen los comportamientos inseguros. Los terapeutas pueden sentirse impotentes cuando tratan con pacientes que se autolesionan gravemente o con tendencias suicidas. Pueden tener el deseo de proteger o rescatar al paciente. También pueden tener miedo de que el paciente muera o resulte gravemente herido o preocuparse por las posibles consecuencias médico-legales. Todas estas reacciones son comprensibles. Merece la pena tener presente la fuerza con que la cuestión de la seguridad tira de los papeles descritos en el triángulo de Karpman, que hemos tratado en otros capítulos. Sin embargo, es importante reconocer que estos comportamientos son estrategias que han ayudado a la persona a sobrevivir a sus experiencias traumáticas y a sus atroces sentimientos actuales. Aunque pueda parecer contraintuitivo, estos comportamientos cumplen una función en la vida del paciente (Brand, 2001). Normalmente, representan intentos de satisfacer necesidades humanas naturales y saludables, de sobrevivir a experiencias abrumadoras o de gestionar un sufrimiento intenso. Hay muchas funciones posibles de estos comportamientos:

1. Calmar o escapar de emociones abrumadoras (especialmente relacionadas con desencadenantes traumáticos; Nester, Boi et al., 2022) en ausencia de estrategias más adaptativas para autocalmarse (o para aumentar la sensación de entumecimiento en pacientes traumatizados que prefieren sentirse adormecidos).
2. Despertar sentimientos (físicos o emocionales) y disminuir el entumecimiento.
3. Satisfacer las necesidades de apego, conexión y cercanía a través de los cuidados que puedan recibir tras un comportamiento inseguro (por ejemplo, atención médica, preocupación de amigos o familiares, o incluso cuidado de sus propias lesiones).
4. Sustituir o prevenir conductas que ponen en peligro la vida de forma más inmediata (por ejemplo, darse un atracón en lugar de una sobredosis, beber alcohol en lugar de inyectarse opiáceos, cortarse en lugar de suicidarse).
5. Castigarse a sí mismos en respuesta a sentimientos profundos de vergüenza e inutilidad.
6. Mostrar a los demás (incluido el terapeuta) cuánto les duele, especialmente si tienen dificultades para describir los sentimientos con palabras o para validar por sí mismos su propio dolor.

Es importante explorar con los pacientes, sin juzgarlos, lo que ellos perciben como funciones o beneficios de una conducta o relación insegura. Las preguntas pueden ser las siguientes

1. ¿Qué te gusta o te resulta útil de esta relación?
2. ¿Cómo te ayuda beber alcohol?

3. ¿Cómo te sientes antes y después de autolesionarte?
4. ¿Qué esperabas de la autolesión?
5. ¿Cuándo empezaron los atracones?

Es importante dedicar tiempo a evaluar las ventajas y beneficios percibidos del comportamiento inseguro. Al dedicar algún tiempo a comprender el comportamiento o las relaciones, el terapeuta refuerza la alianza con el paciente y puede aumentar la su motivación para cambiar de comportamiento. Esta información sobre las funciones que cumple la conducta sienta las bases para un plan más adaptado y detallado sobre cómo puede cambiar el paciente. Una vez que el terapeuta comprende la función de la conducta, puede proporcionar psicoeducación y validar el hecho de que las necesidades subyacentes del paciente son probablemente normales y sanas, y que el paciente no conoce (actualmente) otras formas de satisfacer esas necesidades (o no está dispuesto a satisfacerlas de formas que pueden no funcionar tan bien o tan rápido, o que se perciben como "sanas"). El terapeuta puede entonces trabajar para explorar las desventajas de seguir siendo inseguro y llegar a un acuerdo con el paciente para trabajar en la búsqueda de otras formas de satisfacer sus necesidades, ya que los pacientes pueden equiparar renunciar a comportamientos inseguros con renunciar a la posibilidad de satisfacer sus necesidades.

En pacientes traumatizados, que a menudo han experimentado a las figuras de autoridad como controladoras, autoritarias y atemorizantes, es especialmente importante un enfoque colaborativo que haga hincapié en la autonomía. Cualquier intento por parte del terapeuta de controlar el comportamiento del paciente es terreno fértil para recreaciones y estancamientos terapéuticos y puede, de hecho, aumentar el comportamiento en cuestión o llevar a que el paciente continúe con el comportamiento, pero ocultándoselo al terapeuta. Puede ser particularmente útil enfatizar y explorar las desventajas que obstaculizan los propios objetivos del paciente para sí mismo en lugar de enmarcar un comportamiento particular como inherentemente "malo" o centrarse en aquellas consecuencias que parecen las más problemáticas desde la perspectiva del terapeuta. Por ejemplo, el terapeuta puede recordar al paciente que ha observado que se pelea más con su pareja cuando está ebrio, si el paciente tiene el objetivo de mejorar sus relaciones y de hecho ha observado que el consumo de alcohol interfiere con ese objetivo. Esto puede ser más eficaz en el paciente que, por ejemplo, centrarse en el impacto de la bebida en el hígado y en su futura salud física si no parece preocupado por ello. De hecho, algunos pacientes que beben mucho pueden hacerlo activamente en parte porque quieren dañar su cuerpo para "morir antes".

Este tipo de enfoque colaborativo de reducción de daños no excluye la necesidad de evaluar cuidadosamente el riesgo e intervenir de forma más directiva cuando sea necesario para evitar daños graves al paciente o a otras personas o para mantener el marco terapéutico. Por ejemplo, a los pacientes que consumen sustancias se les deben proporcionar recursos para la educación sobre estrategias de reducción de daños (como el intercambio de agujas, pruebas de enfermedades infecciosas o naloxona). Los pacientes que permanecen en relaciones abusivas deben tener un plan de seguridad en caso de que la violencia aumente, y los servicios de protección infantil deben participar si la seguridad de los niños está potencialmente en peligro. Los pacientes con tendencias suicidas crónicas o con conductas físicamente peligrosas deben ser monitorizados y hospitalizados (contra su voluntad, si es necesario) en los momentos en los que su riesgo aumente por encima del valor de referencia (por ejemplo, no mantener un peso seguro desde el punto de vista médico, intentos de suicidio cada vez más graves desde el punto de vista médico o ALNS). El terapeuta también puede establecer límites razonables al comportamiento del paciente a medida que se desarrolla en la terapia (por ejemplo, autolesionarse durante una sesión).

Muchas luchas con la seguridad se relacionan con conflictos dentro de una persona que se desarrollan entre estados disociativos del self. Tratamos estos conflictos y los métodos para abordarlos en el capítulo 7.

JUEGOS DE ROLES

Explorar la violencia interpersonal existente

PACIENTE: Mi novio y yo hemos estado discutiendo mucho últimamente. Ha sido un detonante para mí. Hemos hablado de romper, pero yo no quiero.

TERAPEUTA: ¿Qué te provoca la discusión?

PACIENTE: Bueno, normalmente discutimos más cuando ha estado bebiendo. De pequeña, mi padre se ponía muy violento cuando bebía. No te lo he dicho antes porque me daba mucha vergüenza, pero mi novio también puede ponerse bastante violento cuando bebe.

TERAPEUTA: ¿Qué quieres decir con "violento"?

PACIENTE: Bueno, me grita y me insulta mucho cuando está borracho.

TERAPEUTA: ¿Alguna vez llega a las manos?

PACIENTE: A veces me empuja. Ayer me empujó contra la pared y me hice daño en el brazo.

TERAPEUTA: Me alegro de que me hayas dicho que esto está pasando, es muy importante que lo sepa. ¿Puedes decirme algo más sobre lo de no querer contármelo?

PACIENTE: Supongo que no quiero que me digas que rompa con él. Y no quiero que pienses que soy mala, como él cree que soy. Sé que no es bueno que haga esto, pero es que no quiero dejarlo.

TERAPEUTA: Parece que hay una parte de ti a la que le preocupa que esta relación no sea segura, y lo que dices me hace preocuparme por tu seguridad, pero también parece que hay una gran parte de ti a la que esta relación le parece realmente importante. ¿Puedes decirme qué hace que esta relación sea tan importante? No es mi trabajo decirte lo que tienes que hacer, pero sí es mi trabajo entender lo que te está pasando para que podamos averiguar juntos qué es lo mejor para ayudarte a sanar.

PACIENTE: Bueno, yo realmente lo quiero. Cuando no bebe, es muy dulce conmigo y se disculpa por todo. ¿Y si no puedo encontrar a nadie más? No es que la gente haga cola para estar conmigo. Al menos él me quiere. Y me entiende, él también ha pasado lo suyo.

TERAPEUTA: Es lógico que quieras una pareja que te quiera. Todas las personas quieren sentirse conectadas con los demás: somos criaturas sociales. ¿Hay algo más que te mantenga en la relación?

PACIENTE: Bueno, yo en realidad no me siento una buena persona por dentro. Probablemente hago cosas para que se enfade. Realmente no merezco nada mejor.

TERAPEUTA: Podemos estar de acuerdo en no estar de acuerdo en esa parte. No creo que nadie merezca que le insulten y le empujen contra la pared. ¿Hay niños en casa?

PACIENTE: No, bueno, mi hija vive en casa, pero es mayor.

TERAPEUTA: Me has dicho antes que realmente quieres que tu hija tenga mejores relaciones con los hombres que tú.

PACIENTE: Sí, lo pienso mucho. No me gusta que me vea pelearme con mi novio. Su último novio era un imbécil y quiero que sepa que se merece algo mejor.

TERAPEUTA: Eso es importante. Parece que, por un lado, la relación te hace sentir querida y conectada con otra persona y, al mismo tiempo, te preocupa el impacto en tu hija. Quizá en algún momento, cuando estés preparada, podamos hablar de si hay formas de aumentar tu sensación de conexión con otras personas que no te hagan sentir insegura o maltratada.

PACIENTE: Supongo, tal vez. Pero por ahora quiero quedarme con él.

TERAPEUTA: Si te quedas con él, ¿estás dispuesta a que dediquemos algún tiempo a elaborar un plan para estar segura en casa si las cosas empeoran?

PACIENTE: De acuerdo, supongo que podemos hacerlo.

Ropa sexualmente provocativa y seguridad interpersonal

TERAPEUTA: Hemos pasado mucho tiempo en terapia hablando sobre tu seguridad, algunas de las cosas que te impiden sentirte segura y cosas en las que has decidido trabajar para ayudarte a estar y mantenerte más segura, como establecer y mantener límites saludables. Últimamente, me he estado preguntando si tus elecciones de ropa podrían estar relacionadas con tu dificultad para establecer y mantener límites saludables.

PACIENTE: ¿Qué quieres decir? Me gusta vestirme así. ¿Me estás diciendo que hay algo malo en mi ropa? ¿Estás diciéndome que me merezco que me hagan daño por lo que llevo puesto?

TERAPEUTA: En absoluto. No hay nada bueno ni malo en vestirse de una determinada manera, y ninguna elección de ropa da derecho a nadie a hacer daño a nadie. Solo me pregunto qué relación tiene tu forma de vestir con tu forma de relacionarte contigo misma y con los demás, y creo que valdría la pena explorarlo juntos.

CONCLUSIÓN

El dolor emocional causado por el trauma suele expresarse a través de una serie de comportamientos inseguros y poco saludables. Aunque las luchas por la seguridad pueden volverse crónicas en pacientes con TRT, su seguridad y autocuidado *pueden* mejorar, como se muestra en el estudio del Tratamiento de Pacientes con Trastornos Disociativos (TOP DD), así como en otros estudios. El enfoque para mejorar la seguridad y el autocuidado que subyace en el programa Finding Solid Ground se describe con más detalle en el siguiente capítulo y en el libro de trabajo que lo acompaña. Con tratamiento y educación, los individuos disociativos pueden profundizar en su autocompasión y en sus habilidades de autocuidado para poder sentirse finalmente seguros. Trabajando con estos pacientes, podemos ayudarles a poner los pies en la tierra.

CAPÍTULO 9

EL PROGRAMA FINDING SOLID GROUND. USO INDIVIDUAL Y GRUPAL

Los retos a los que se enfrentan a menudo los supervivientes de traumas pueden resultar abrumadores para los pacientes y los clínicos. Los cambios neurobiológicos provocados por el trauma pueden llevar a las personas con antecedentes traumáticos a tener diversos problemas, entre ellos:

- Sensación de inminencia de un nuevo trauma.
- Experimentar con frecuencia emociones intensas que pueden llevar a la disociación (sentir "demasiado" o "demasiado poco").
- Dificultad para darse cuenta de cuándo están más seguros.
- Sentir que el presente es "igual" que el pasado, incluso cuando existe más seguridad y capacidades, opciones y recursos diferentes.
- Tener emociones, recuerdos y sensaciones físicas relacionadas con traumas pasados que se inmiscuyen en el presente sin previo aviso ni comprensión.
- Dificultades para desarrollar y mantener un autocuidado y unas relaciones saludables.
- Sufrir diversos problemas médicos y enfermedades.

Además, cada una de estas experiencias difíciles interfiere en la atención, la concentración y la retención, lo que dificulta que los pacientes con trastornos relacionados con el trauma (TRT) asimilen, recuerden y utilicen la información nueva, como las habilidades de afrontamiento sanas y centradas en la curación que pueden ayudarles a progresar para sentirse más seguros.

A pesar de querer estar y sentirse más seguros, a los supervivientes de un trauma puede no parecerles posible o pueden pensar que no se merecen nada mejor que su nivel actual de síntomas y dificultades. En ausencia de habilidades de afrontamiento saludables que funcionen o de la sensación de merecerse estar a salvo, pueden recurrir a comportamientos poco saludables y arriesgados que parecen ayudar a corto plazo. A menudo no son conscientes de que estos comportamientos poco saludables contribuyen a seguir sintiéndose inseguros e interfieren en su progreso hacia la recuperación. Puede que no reconozcan que adoptar comportamientos poco saludables refuerza implícitamente la idea de que no merecen estar seguros y sanos.

Aprender nuevas formas de hacer las cosas es difícil para todo el mundo, especialmente si alguien se siente en conflicto por estar más seguro y hacer las cosas de manera diferente, como a menudo sucede con los pacientes con TRT. Puede parecer inaceptable hacer cambios que van en contra de las "lecciones" o "normas" nacidas del trauma y basadas en la experiencia vivida en un pasado que todavía parece presente. Además, recordar el trauma al hablar de las reacciones relacionadas con él (por ejemplo, incurrir en conductas de riesgo o poco saludables) puede provocar aún más reacciones relacionadas con el trauma. Esto, a su vez, puede aumentar los impulsos de caer en comportamientos poco saludables, arriesgados e inseguros.

Estos son los retos interrelacionados a los que se enfrentan los supervivientes de traumas complejos. Este ciclo aparentemente interminable de síntomas, comportamientos poco saludables y de riesgo, y "obstáculos" para el progreso puede resultar confuso, frustrante y desalentador tanto para los pacientes como para los terapeutas. Es comprensible que los proveedores de salud que no han recibido formación en el diagnóstico, la gestión y el tratamiento del TRT puedan sentirse perplejos sobre cómo tratar a estas personas.

Sin embargo, tal y como muestra la investigación analizada en el capítulo 4, los pacientes con TRT complejo *pueden* progresar de forma significativa en el tratamiento. La investigación y el consenso de los expertos sugieren que es más probable que el progreso se produzca dentro de un tratamiento que haga hincapié en el control de los síntomas y la estabilización de la seguridad desde el principio y a lo largo de todo el tratamiento.

Los materiales psicoeducativos del programa Finding Solid Ground están destinados a facilitar este enfoque. Este programa, que se centra en el manejo de los síntomas y la estabilización de la seguridad, aborda cada uno de los retos que acabamos de comentar. Inicialmente, el programa se desarrolló para su uso en el estudio de la Red de Tratamiento de Pacientes con Trastornos Disociativos (TOP DD). El programa aborda el control de los síntomas y la estabilización que suelen necesitar los pacientes con TRT. La versión del estudio de la Red TOP DD del programa Finding Solid Ground se basó en años de debates entre los miembros del equipo de investigación TOP DD, que son expertos en el tratamiento y la investigación de TRT, y en los comentarios de los pacientes con TRT.

El programa psicoeducativo Finding Solid Ground fue el núcleo del estudio de la Red TOP DD. Como se explica en el capítulo 4, los pacientes participantes en el estudio de la Red TOP DD mostraron una mejoría significativa al utilizar el programa como complemento de la psicoterapia individual. A continuación, utilizamos los comentarios de los pacientes y terapeutas del estudio de la Red para perfeccionar los materiales del programa que el coinvestigador del estudio de la Red TOP DD, el Dr. Hugo Schielke, ha estado utilizando en grupos de tratamiento de manejo de síntomas. El programa Finding Solid Ground se perfeccionó aún más basándose en los comentarios de estos pacientes. Así, la filosofía del equipo TOP DD de "trabajar juntos, aprender juntos, sanar juntos" guio el intercambio de ideas que condujo al desarrollo inicial y a los repetidos ajustes del programa Finding Solid Ground.

Este libro expone los fundamentos teóricos y clínicos y las bases de investigación del programa. En este capítulo se incluye una visión general para los terapeutas del contenido presentado en *Tener los pies en la tierra: libro de trabajo del programa Finding Solid Ground* (Schielke et al., 2022). Este libro de trabajo proporciona las fichas informativas y los ejercicios escritos y prácticos que sirven de base para el programa Finding Solid Ground. A continuación, ofrecemos una descripción general de los materiales y recomendaciones para utilizar el programa FSG en contextos individuales y grupales, seguido de un análisis de las consideraciones prácticas para utilizar los materiales.

LOS MATERIALES DEL PROGRAMA FINDING SOLID GROUND: UNA VISIÓN GENERAL

El objetivo general del programa es ayudar a las personas que han sufrido un trauma a estar y sentirse más seguras aprendiendo formas sanadoras de gestionar y reducir las dificultades relacionadas con el trauma. Pretendemos aumentar la autocompasión, en parte ayudando a los pacientes a entender que estas dificultades tienen sentido dada una historia de trauma, y nos esforzamos por enseñarles cómo ayudarse a sí mismos a curarse del trauma, empezando por formas saludables de gestionar las reacciones y los síntomas relacionados con el trauma.

Los materiales se presentan en un orden que pretende brindar primero la información más útil para gestionar la desregulación. A continuación, proporcionamos información en una secuencia que se basa en el trabajo previo y que cuenta con mayores posibilidades de ofrecer pasos asequibles para progresar en la consecución y en la sensación de seguridad. A lo largo de este proceso, hacemos hincapié en la importancia de gestionar y reducir la desregulación con habilidades de afrontamiento saludables cuando se notan por primera vez signos de sentir "demasiado" o "demasiado poco" (es decir, en los primeros signos posibles de estar en riesgo de salirse de la ventana de tolerancia).

Los materiales del programa FSG tratan 30 temas e incluyen hojas de información psicoeducativa, así como ejercicios escritos y prácticos para cada tema. Las fichas informativas ofrecen resúmenes sucintos de lo que hemos considerado más importante y útil. Para ayudar a los pacientes a seguir las explicaciones, a centrar la atención y ser menos propensos a sentirse abrumados, las fichas informativas son breves y cada subtema se presenta dentro de su propio recuadro. Las fichas informativas también sirven como recurso que los pacientes pueden tener a mano y utilizar cuando lo necesiten. El programa también ofrece una serie de ejercicios escritos y prácticos para cada tema. Estos ejercicios están diseñados para ayudar a los pacientes a reflexionar, aplicar y practicar la información tratada en la ficha informativa del tema. A lo largo de los materiales, animamos a los participantes a trabajar a un ritmo manejable, haciendo pausas para gestionar cualquier desregulación que pueda surgir con habilidades de afrontamiento saludables, y a hablar con los proveedores de tratamiento sobre cualquier dificultad o pregunta que pueda surgir mientras trabajan en el programa.

Al utilizar los materiales en contextos grupales o individuales, recomendamos comenzar compartiendo los marcos generales del programa (véase la fila "Preparar el escenario" de la tabla 9.1), entre los que se encuentran los principios de la atención sobre traumas (que abordamos más adelante) y las etapas del tratamiento de traumas (analizadas en el capítulo 4). También describimos los objetivos del programa y ofrecemos recomendaciones sobre cómo participar en él. (La introducción al programa FSG que aparece en el libro de trabajo presenta información y lenguaje que puede resultarte útil al respecto). Es importante hacer hincapié en que los pacientes trabajen con los materiales del programa a un ritmo manejable, con paciencia, persistencia y un reconocimiento autocompasivo de que aprender nuevas formas de hacer las cosas requiere una práctica repetida a lo largo del tiempo.

Tabla 9.1. Resumen del programa Finding Solid Ground

Categoría *(objetivos)*	Temas *(notas)*
Preparar el escenario ***(preparación para trabajar con los módulos del programa. Objetivos: comprender los marcos y los propósitos del programa)***	Recuperación y curación del trauma *(las etapas del tratamiento del trauma)* y Principios de la atención basada en el trauma *(ficha informativa en la sección "Recursos" del libro de trabajo)* Bienvenida al programa Finding Solid Ground *(introducción en el libro de trabajo; ofrece contexto para aumentar la autocompasión y recomendaciones para sacar el máximo partido al programa).*
Enraizamiento ***(objetivo: reducir el riesgo de angustia aprendiendo a conectar con el presente y a regular las emociones cuando se siente demasiado o demasiado poco)***	Enraizamiento: cuándo, cómo, por qué *(cuándo, cómo y por qué utilizar las habilidades de enraizamiento para orientarse y anclarse en el presente)* Signos de que estás empezando a desenraizarte y formas saludables de volver a tener los pies en la tierra *(signos mentales y físicos de pérdida de arraigo o de empezar a disociarse, formas mentales y físicas saludables de recuperar el contacto con la tierra)* 101 formas saludables de enraizarte *(formas de enraizarse que han funcionado a los pacientes, organizadas en categorías de actividades de enraizamiento sensoriales/físicas, mentales y creativas)*

Categoría *(objetivos)*	Temas *(notas)*
Separar el pasado del presente *(objetivos: notar cuándo el presente es más seguro y mejor que el pasado, ser consciente de los recursos y opciones actuales, aprender a gestionar y contener las intrusiones relacionadas con el trauma)*	Separar el pasado del presente: cuándo, cómo, por qué *(trabajar activamente para darse cuenta de cómo cambia el presente cuando una situación se siente "como" o "igual que" el pasado; Loewenstein, 2006)* Uso de imágenes para separar el pasado del presente *(pantalla dividida o imágenes de contención)* Separar el pasado del presente: gestión de las reacciones 90/10 *(es decir, gestión de sentimientos fuertes/intensos en el presente desencadenados por similitudes con el pasado; Lewis et al., 2004)*
Fundamentos adicionales *(objetivo: aprender formas adicionales de ayudar a progresar para conseguir y sentir más seguridad)*	Más formas saludables de autoayuda cuando sientes demasiado *(respiración profunda, imágenes de balanceo lento, imágenes de lugares tranquilos, imágenes del medidor, del regulador y del botón de pausa)* Cómo autoayudarte a curar el impacto del trauma en el cerebro *(cómo el trauma cambia el cerebro, cómo las habilidades de gestión de los síntomas del trauma ayudan a curar el cerebro, anticipando el proceso)* Gestión de los sentimientos críticos *(combinar habilidades para ayudar a gestionar sentimientos intensos)* La importancia de la autocompasión en el proceso de curación *(desarrollo de la autocompasión, como la curiosidad por lo que está sucediendo y por lo que puede ser de ayuda; cómo la falta de atención a uno mismo y la autocrítica severa se interponen en el camino de la curación)*

Categoría *(objetivos)*	Temas *(notas)*
(CONT.) **Fundamentos adicionales *(objetivo: aprender formas adicionales de ayudar a progresar para conseguir y sentir más seguridad)***	Gestión de los pensamientos traumáticos *(por qué pueden ocurrir, signos de pensamientos traumáticos, pasos para gestionarlos)*
Conseguir y sentir más seguridad, parte 1 *(objetivo: aprender a reconocer e interrumpir los patrones que pueden contribuir a un comportamiento de riesgo, poco saludable o inseguro, o que se interponen en el camino para conseguir y sentir más seguridad)*	Reconocer y planificar cómo gestionar situaciones difíciles *(identificar y gestionar los desencadenantes)* Satisfacer las necesidades sanas de forma segura *(cómo ayuda esto a curar el trauma, por qué puede ser difícil para las personas con historias traumáticas y cómo trabajar para conseguirlo con autocompasión)* Motivos por los que los supervivientes al trauma incurren a veces en cosas arriesgadas, poco saludables o inseguras, y cómo estar más sanos y seguros *(por qué las personas con antecedentes traumáticos a veces hacen cosas poco saludables o inseguras, cómo estos comportamientos se interponen en el camino de la curación del trauma o mantienen a las personas atrapadas en un ciclo de inseguridad percibida, cómo conseguir más salud y más seguridad)* El ciclo del comportamiento poco saludable y cómo salir de él *(cómo entender e interrumpir este ciclo que perpetúa una sensación de inseguridad)* Comprender y reducir las reacciones relacionadas con el trauma

Categoría *(objetivos)*	**Temas *(notas)***
Abordar el pensamiento basado en el trauma *(objetivo: identificar y reducir las distorsiones cognitivas provocadas por el trauma)*	Pasar de pensamientos traumáticos a pensamientos curativos *(información esencial sobre los pensamientos traumáticos, cómo reconocerlos y cómo cambiarlos por pensamientos curativos)* Tomar la decisión de tener más salud y más seguridad *(por qué puede ser tan difícil, cómo ayudar a prepararse para tomar la decisión)*
Conseguir y sentir más seguridad, parte 2 (objetivo: aprender más formas de reconocer, interrumpir y reducir los patrones que pueden contribuir a un comportamiento de riesgo, poco saludable o inseguro)	Trabajar para calmar tu sistema de alarma *(cómo hacerlo)* Sentir demasiado o demasiado poco y la ventana de tolerancia *(gama de sensaciones manejables [Siegel, 1999]; qué es, por qué es importante ser consciente de ella, cómo advertir el riesgo de salir de ella, cómo reducir la probabilidad de que eso ocurra y trabajar para sanar/ampliar la ventana)* Cómo autoayudarte a reconocer las señales de que está aumentando el riesgo de hacer cosas poco saludables o inseguras *(cómo reconocer y reducir el riesgo)*
Mejorar la relación con las emociones, las sensaciones corporales y los aspectos del self	Cómo hacer que tus sentimientos te ayuden *(por qué las emociones/sensaciones corporales pueden parecer atemorizantes, malas o erróneas, por qué trabajar para tener una mejor relación con ellas, cómo hacerlo)* Por qué puede ser difícil nombrar los sentimientos *(razones para ello, por qué no limitarse a reprimir las emociones, recomendaciones)*

Categoría *(objetivos)*	**Temas *(notas)***
(CONT.) **Mejorar la relación con las emociones, las sensaciones corporales y los aspectos del self**	Nombrar los sentimientos *(sentimientos básicos, sentimientos relacionados, sensaciones relacionadas, lo que cada sentimiento tratado intenta ayudarte a notar)*
	Autocomprensión a través de la compasión: aceptar todos tus sentimientos *(qué significa y qué no significa aceptar los sentimientos y las partes disociadas; información importante para las personas con partes; cómo desarrollar relaciones sanas con las emociones y con las partes).*
	Practicar con seguridad cómo percibir y nombrar los sentimientos *(preparación y pasos para una práctica manejable)*
	Culpa, vergüenza y autocompasión *(qué son la culpa y la vergüenza; cómo determinar si estás siendo injusto contigo mismo; diferencias entre la culpa sana [una emoción que aumenta la conciencia de la discrepancia entre los valores y la acción] y la vergüenza tóxica [síntoma de depresión]; cómo ayudar a salir de la vergüenza tóxica)*
Mantener el proceso y seguir avanzando	Sentir seguridad requiere MUCHA práctica *(recordatorios de cómo ayuda la práctica, lo importante que es, cómo enfocar este trabajo)*
	Que empiecen los buenos tiempos: aprender a permitir los buenos sentimientos y las experiencias positivas *(por qué puede resultar difícil, cómo autoayudarse a sentirse mejor, cómo gestionar los pensamientos traumáticos sobre sentirse bien)*

Categoría *(objetivos)*	Temas *(notas)*
(Cont.) **Mantener el proceso y seguir avanzando**	Has aprendido mucho: cómo seguir curándote *(repaso de lo tratado en el programa, cómo seguir avanzando a partir de los progresos realizados)*

Con respecto al contenido del programa, comenzamos con módulos que enseñan habilidades básicas para el manejo de los síntomas del trauma, como el enraizamiento (orientarse y anclarse en el presente) y separar el pasado del presente (darse cuenta de cómo el presente es diferente del pasado), así como habilidades de imaginación que ayudan a separar el pasado del presente (por ejemplo, la contención). Estas habilidades facilitan la capacidad de los participantes para conectarse y permanecer en el aquí y ahora (frente al "allí y entonces" del trauma pasado), regular la emoción cuando se siente demasiado o demasiado poco y reducir el riesgo de angustia. A medida que los pacientes mejoran en estas áreas, reducen la desregulación y, por tanto, el riesgo de adoptar conductas de riesgo o poco saludables. El progreso en el uso de estas habilidades también puede mejorar su capacidad de concentración, atención y retención de la información. A continuación, el programa Finding Solid Ground ofrece formación sobre técnicas de autoapaciguamiento, el impacto del trauma en la neurobiología y cómo ayudar a curar el impacto del trauma, la gestión de los sentimientos cuando ocurre una crisis, la importancia de la autocompasión y sugerencias sobre cómo acordarse de prestarse la atención necesaria y sobre cómo gestionar los pensamientos basados en el trauma.

En la primera serie de fichas informativas y ejercicios centrados explícitamente en reconocer e interrumpir patrones relacionados con comportamientos de riesgo, poco saludables e inseguros, proporcionamos información sobre cómo identificar y gestionar los desencadenantes; cómo satisfacer las necesidades sanas de forma segura; y cómo comprender las razones por las que las personas traumatizadas pueden adoptar comportamientos de riesgo, poco saludables o inseguros. Es mucho más probable que los pacientes se sientan motivados para comprometerse con el arduo trabajo que se requiere para estar más seguros si pueden comprender con autocompasión cómo el afrontamiento insano que parece una "solución rápida" a corto plazo impide en última instancia conseguir y sentirse más seguros y curarse del trauma al mantenerlos atrapados en un ciclo de comportamiento poco saludable. Esperamos que esta información aumente la autoconciencia y la autocompasión de los pacientes. Los animamos a trabajar para aprender a reconocer y responder a las señales de advertencia tempranas, así como los métodos para romper cualquier ciclo de comportamiento poco saludable en el que puedan haber incurrido.

Los siguientes materiales ofrecen información sobre las reacciones relacionadas con el trauma y cómo reducir la susceptibilidad a las mismas en situaciones más seguras, y reconocer y cambiar las creencias basadas en el trauma que se interponen en la capacidad de las personas para sentir que merecen estar y sentirse más seguras. A esto le sigue material sobre el reconocimiento, la reducción y la interrupción de patrones relacionados con la participación en comportamientos de riesgo o poco saludables. Les enseñamos a ser más conscientes de sus ventanas de tolerancia (es decir, a darse cuenta de los primeros signos de que empiezan a sentir demasiado o demasiado poco) y de cuándo pueden estar en riesgo de tener comportamientos poco saludables. A continuación, les enseñamos a desarrollar un plan para hacer frente a esos riesgos mediante el uso de habilidades de regulación emocional y autoapaciguamiento centradas en la recuperación.

A continuación, el programa se centra en mejorar el autoconocimiento y la tolerancia de las emociones, las sensaciones corporales y los aspectos del self (incluso los estados disociativos del self [DSS], si procede). Dado que la vergüenza es particularmente difícil, la abordamos directa e indirectamente en repetidas ocasiones a lo largo del programa. Sin embargo, debido a que la vergüenza es un desencadenante muy habitual, solo la abordamos brevemente hasta este punto en el programa FSG; de este modo, es de esperar que los pacientes hayan desarrollado suficientes habilidades de regulación emocional como para que puedan comenzar a trabajar en el abordaje incluso de esta emoción altamente desafiante relacionada con el trauma.

La última serie de materiales hace hincapié en reconocer los progresos que han hecho y en aprovecharlos mediante la práctica continua de lo que han ido aprendiendo. Conseguir y sentir más seguridad requiere mucha práctica, y esta práctica es esencial para ayudar a sus cerebros a desarrollar nuevos patrones y vías saludables. También hacemos hincapié en la importancia de trabajar para permitirse tolerar "sentirse bien" y tener experiencias positivas. El programa termina con un repaso de todo lo que han aprendido, animándolos a seguir trabajando para continuar su proceso de curación.

En consonancia con el énfasis del programa en la gestión de la desregulación, se anima repetidamente a los participantes a trabajar con los materiales a un ritmo que les resulte asequible. También les invitamos a que no repasen más de un tema a la semana (es decir, que lean una ficha informativa y completen los ejercicios escritos y prácticos que la acompañan). Ir demasiado rápido impide a los participantes dedicarse a la práctica necesaria para incorporar lo que están aprendiendo en forma de hábitos saludables que mejorarán sus vidas, lo que contradice el objetivo del programa. Ir demasiado rápido también aumenta el riesgo de que los participantes se sientan abrumados, una experiencia que intentamos reducir. Por eso, en palabras del experto en traumas Dr. Richard Kluft, "cuanto más despacio vayas, más rápido llegarás".

UTILIZACIÓN DEL PROGRAMA FINDING SOLID GROUND EN ENTORNOS INDIVIDUALES

Aunque creemos que la secuencia presentada, que parece adecuada para su aplicación general en contextos individuales y grupales, tiene un fundamento sólido, resulta útil adaptar el tiempo dedicado a cada área temática a las necesidades del paciente. Teniendo esto en cuenta, los clínicos que trabajan con pacientes en terapia individual pueden descubrir que los pacientes que están más avanzados en el tratamiento tienen suficientes puntos fuertes en algunas áreas, por lo que puede que no necesiten centrarse más en esas habilidades. Por otro lado, también pueden detectar que a otros pacientes les vendría bien repasar ciertos materiales antes de comenzar con la secuencia estándar. Animamos a los terapeutas que estén familiarizados con los materiales y los principios subyacentes a la organización presentada a que utilicen su criterio para individualizar la secuencia y el ritmo de los materiales para cada paciente. No obstante, recomendamos realizar una evaluación cuidadosa y reflexionar detenidamente a la hora de tomar tales decisiones, ya que los pacientes pueden no ser conscientes de lo que aún no saben (o de lo que podría abrumarles). Alternativamente, los pacientes pueden ser capaces de identificar y describir fácilmente varias habilidades, pero tienen dificultades para ponerlas en práctica cuando es necesario, por lo que se beneficiarían de una atención activa centrada en poner en práctica la información comprendida intelectualmente antes de pasar a los temas de la secuencia posterior.

UTILIZACIÓN DEL PROGRAMA FINDING SOLID GROUND EN ENTORNOS GRUPALES

Cuando se utilicen los materiales en entornos grupales, recomendamos que haya dos proveedores a cargo de cada grupo para que haya una mayor atención a la comprensión y regulación del paciente (es decir, por si alguien necesita ayuda para comprender el contenido o para autorregularse). Recomendamos reunirse individualmente con los posibles participantes para comprobar si son aptos, aumentar la probabilidad de un compromiso sostenido y obtener el consentimiento informado sobre el grupo y sus objetivos. En las reuniones de selección, es beneficioso ofrecer a los posibles participantes una visión general de los objetivos del grupo, la importancia de la confidencialidad y los marcos que estructuran el grupo, incluido el modelo de tratamiento del trauma en tres etapas y los principios de la atención informada sobre el trauma (que se tratan más adelante) (en la sección "Recursos" del libro de trabajo se incluye una ficha informativa que describe estos dos marcos). Creemos que, en la mayoría de los contextos, lo mejor es llevar a cabo sesiones de grupo cerradas, es decir, solo añadir nuevos miembros al grupo a mitad del ciclo cuando se considere apropiado o manejable tanto para el grupo como para el posible nuevo miembro. Esto también debe compartirse o abordarse como se indica en las reuniones previas a la inscripción.

Compartir los principios de la atención enfocada al trauma (por ejemplo, Huang et al., 2014) durante el proceso de selección puede ayudar a aumentar la sensación de seguridad de los posibles participantes e incrementar su disposición a unirse al grupo y participar de forma significativa en él. Estos principios tienen como objetivo facilitar la curación del trauma y reducir la probabilidad de desencadenar reacciones relacionadas con él. En pocas palabras, la atención enfocada al trauma implica esforzarse por mostrar sistemáticamente lo siguiente:

- Seguridad (física y emocional).
- Fiabilidad (transparencia sobre lo que se hace y por qué).
- Colaboración (a través de la curiosidad y la reciprocidad).
- Empoderamiento (compartir el poder, incluso ofreciendo opciones significativas; animar a los participantes a dar voz a sus perspectivas y preferencias).
- Atención a las cuestiones culturales, históricas y relacionadas con el género (racismo, machismo y discriminación LGBTQIA).

- Apoyo entre iguales y autoayuda mutua (trabajar y aprender juntos, reconocer que los errores forman parte del proceso y esforzarse por aprender de ellos).

El hecho de compartir estos principios con los miembros del grupo puede ayudar a clarificar los fundamentos (de otro modo potencialmente tácitos) de las recomendaciones específicas que los proveedores puedan hacer en la facilitación del grupo. Puede resultar útil articular y plasmar estos principios como marco para la terapia individual por las mismas razones.

La sensación de seguridad del grupo tiende a aumentar cuando se ponen en práctica estos principios. Por ejemplo:

- La fiabilidad aumenta con descripciones claras de las razones que sustentan las recomendaciones y del interés demostrado en la colaboración.
- Una colaboración significativa es posible si se anima a dar voz a las preferencias y preocupaciones de cada persona, reconociendo que puede ser difícil dar voz efectiva a estas preferencias y preocupaciones como consecuencia del impacto del trauma.
- Es más fácil aprender y trabajar juntos en un ambiente que reconoce que todos cometemos errores en el camino.

Al describir el modelo de tratamiento en tres etapas a los posibles miembros del grupo, es importante señalar que el grupo se centrará en el manejo y la estabilización de los síntomas. De acuerdo con esto, es necesario recalcar que el trabajo grupal no implicará abordar detalles del trauma o comportamientos inseguros, ya que esto puede ser desregulador para ellos mismos y para los demás. Tratar detalles del trauma puede llevar rápidamente a la reexperimentación y a los flashbacks, por lo que está contraindicado para este grupo centrado en la estabilización. Dicho de otro modo, hablar de los detalles del trauma forma parte del *procesamiento*, la segunda etapa del tratamiento del trauma, que es posible gracias al aprendizaje de formas sanas y centradas en la curación para gestionar las reacciones y los síntomas relacionados con el trauma, que es el objetivo de este programa.

Una directriz grupal útil es que los miembros acuerden no compartir detalles sobre traumas o comportamientos inseguros en el grupo o fuera de él con otros miembros, debido a la posibilidad de desregularse mutuamente y desdibujar los límites. Si es necesario evaluar a algún paciente por motivos de seguridad, esto debe hacerse individualmente con ese miembro del grupo. En cambio, se anima a los miembros del grupo (tanto antes de unirse como cuando sea necesario) a mantener las referencias al material traumático en un nivel de detalle de "titulares" no específicos (Loewenstein, 2006) en el entorno del grupo (por ejemplo, "me ha desencadenado un recuerdo del trauma"; "estaba teniendo un flashback"; "estaba teniendo impulsos de hacer algo arriesgado y/o poco saludable"). (Nota: si a los terapeutas les preocupa que los participantes hablen de comportamientos poco saludables o arriesgados incluso a grandes rasgos en un entorno grupal, es posible gestionar al grupo con directrices que no permitan esa interacción y reservar los materiales para el trabajo individual.)

A la mayoría de pacientes este enfoque les parecerá tranquilizador. Otros pueden necesitar que se les asegure que estas directrices están pensadas para protegerles a ellos y a los demás y que se ofrecen para salvaguardar el bienestar de todos los miembros del grupo (para que no se convierta en otro lugar donde la gente no quiere oír hablar de lo que les ha pasado).

La reunión inicial del grupo debe incluir una revisión de los marcos y fundamentos grupales y debe dejar espacio para la sugerencia y discusión de posibles directrices adicionales que los participantes y terapeutas en colaboración consideren coherentes con estos marcos.

Recomendamos que las reuniones grupales comiencen con el enraizamiento (orientarse y anclarse en el presente; véase, por ejemplo, el guion de enraizamiento del apéndice B), dirigido inicialmente por un proveedor, pero invitando a un participante a tomar la iniciativa cuando se sienta preparado. Más adelante, también puede ser útil que los participantes guíen al grupo a través de otras formas saludables de enraizamiento que ellos utilicen, como las que se enumeran en la ficha informativa "101 formas saludables de enraizarte".

También recomendamos que los participantes se turnen para leer el contenido de la ficha informativa y que los proveedores reformulen y añadan información, además de dejar espacio para las preguntas y comentarios de los participantes, redirigiéndolos si es necesario para garantizar la seguridad emocional y reducir el riesgo de angustia. Para ser de gran ayuda, los terapeutas deben estar receptivos a los signos de una posible desregulación, comprobando e iniciando el uso del enraizamiento y otras habilidades de afrontamiento según se indique (véase el capítulo 6). Los pacientes que se desencadenan corren el riesgo de angustiarse; cuanto más esperen los terapeutas, más difícil les resultará intentar reorientarse y volver a conectar con el presente.

En general, recomendamos que el trabajo detallado con temas de ejercicios escritos tenga lugar fuera del grupo. En el grupo, los terapeutas deberían animar a los participantes a compartir sus experiencias relacionadas con este trabajo (sin incluir detalles del trauma). Dicho esto, en algunos entornos hay pacientes que no se adaptan tan bien a este enfoque; en estos casos, los temas sugeridos para los ejercicios escritos pueden ser útiles para inspirar las charlas del grupo, al tiempo que se recuerda y se hace cumplir la directriz de no hablar de detalles sobre el trauma.

Adaptación de los horarios de los grupos a las necesidades del entorno o de la población atendida

Aunque la secuencia estándar parece adecuada para entornos que permiten ciclos largos, cada entorno y población pueden tener necesidades y demandas diferentes. Para facilitar la respuesta a las necesidades de los participantes del grupo y a los diferentes ritmos de progreso, puede ser útil organizar diferentes grupos que se centren en diferentes aspectos del programa y que los participantes pasen a los grupos siguientes según se indique. Cabe destacar que varios participantes del grupo han manifestado que les resulta útil repetir subconjuntos del programa, señalando que son más capaces de hacer uso de la información y de aplicarla a diferentes dificultades con la práctica adicional que proporciona la repetición. En los grupos que se centran en los materiales de los módulos posteriores, no es raro que los debates en grupo tiendan a ser más extensos y profundos, lo que es posible gracias a la capacidad de los miembros del grupo para aplicar las habilidades aprendidas en los grupos anteriores. Las asignaciones de grupos y las modificaciones en la secuencia de los materiales deben basarse en una cuidadosa consideración de las capacidades de los participantes potenciales y de los principios subyacentes a la organización presentada, entre los que se encuentra la garantía de que los participantes tengan la capacidad suficiente para hacer uso de las habilidades básicas presentadas en los primeros módulos antes de avanzar hacia el trabajo presentado en los módulos posteriores.

CONSIDERACIONES CLÍNICAS PRÁCTICAS

El objetivo del programa es ayudar a los pacientes con TRT a aprender nuevas habilidades y aprovechar los puntos fuertes que ya tienen, y guiar a sus terapeutas para que ayuden a los pacientes a lograr una mayor estabilización en el tratamiento. Es importante transmitir un sentimiento de compasión y respeto, reconociendo que cada individuo tiene enormes fortalezas porque, de lo contrario, no habría podido sobrevivir al trauma.

Tal y como se ha comentado anteriormente, animamos a los participantes a que sigan su propio ritmo a medida que avanzan en este programa, a que hagan pausas para utilizar estrategias de afrontamiento saludables para gestionar cualquier desregulación que pueda surgir y a que se pongan en contacto con los proveedores de tratamiento cuando sea necesario. Es posible que los terapeutas deseen hacer hincapié en una frase que se utiliza a menudo en el programa Finding Solid Ground: "Paso a paso, estás llegando", lo que significa que cada vez que hacen el esfuerzo de practicar las técnicas y la autoconciencia que fomenta el programa, se están ayudando a sí mismos a "llegar", a encontrar más estabilidad y a sentirse más seguros, con una calidad de vida más sana y elevada.

Fue un reto desarrollar un programa que presentara habilidades interrelacionadas y formas de pensar sobre el impacto del trauma en píldoras que introdujeran poco a poco temas difíciles en trozos manejables. El siguiente texto del vídeo introductorio del estudio de la Red TOP DD puede ser de ayuda:

> Cuanto más practiques estas habilidades, mejor controlarás tus síntomas y tus emociones. Es fundamental que practiques las habilidades varias veces al día, porque se necesita mucha práctica para recordar y aprender una habilidad. A nadie se le da bien una habilidad nueva de inmediato. La única manera de sentirse cómodo y recordar el uso de estas habilidades es practicándolas para que se conviertan en nuevos hábitos saludables. A lo largo del programa te enseñaremos diversas habilidades. Sigue empleando las técnicas anteriores conforme vayas avanzando. Las habilidades se complementan y funcionan bien juntas. También te animamos a que comentes tus reacciones a los ejercicios de escritura y práctica.

Para curarse de un trauma crónico se requiere mucha práctica y trabajo diarios y constantes. Los materiales educativos repiten a menudo este mensaje. En la práctica clínica, muchos pacientes con TRT (¡así como la mayoría de las demás personas!) no logran hacer el esfuerzo diario de practicar un comportamiento nuevo y saludable y de cambiar de un pensamiento basado en el trauma a un pensamiento centrado en la recuperación. En el estudio de la Red, transmitimos la importancia del trabajo concertado y diario de múltiples maneras, entre las que se incluyen las siguientes:

> Perseverar es la parte más importante [de la curación]. Dado que el cambio suele ser difícil por muchas razones comprensibles, puede resultar complicado conseguir y mantener la motivación para hacer cosas que te ayuden a sentirte mejor, pero trabajar para desarrollar habilidades es la única forma de curarse. Requiere un esfuerzo real, cada semana. Si quieres desarrollar músculo, tienes que usarlo a menudo; lo mismo ocurre con el desarrollo de habilidades que te permitirán controlar mejor tu vida. Si quieres entender y mejorar el control de tus síntomas, tienes que practicar las habilidades todos los días.

ÁREAS QUE ATENDER A LO LARGO DEL PROGRAMA FSG PARA AUMENTAR SU EFICACIA

Mejorar la autocomprensión y la autocompasión

Ayudar a los pacientes a desarrollar la autocompasión es un componente fundamental del tratamiento de las personas con TRT, especialmente de aquellas que han sufrido abusos y abandono crónicos en la infancia. Sin el desarrollo de cierto grado de autocompasión, es excepcionalmente difícil que estas personas acepten plenamente trabajar en el desarrollo de habilidades basadas en el autocuidado y la recuperación. Respaldar la curiosidad es una parte fundamental del fomento de la autocompasión, y es un antídoto contra la autodesatención aprendida. Por eso, a lo largo del libro de trabajo, modelamos y recalcamos la importancia de interesarse y sentir curiosidad por lo que se experimenta internamente, por lo que ocurre en la situación externa y por lo que podría ayudar. Por eso también destacamos explícitamente lo esencial que resulta la curiosidad para tratarse a uno mismo con autocompasión en la ficha informativa "La importancia de la autocompasión en el proceso de curación".

Ser maltratado y estar desprotegido durante los años en que se desarrollan la identidad, la cognición social y las pautas interpersonales crea una profunda sensación de no ser digno de recibir amor y protección. La creencia de que uno no merece sentirse mejor ni recibir ayuda es un obstáculo importante para la recuperación del trauma. Sin cierto grado de autocompasión, estas personas pueden sentirse tan abrumadas por la vergüenza y el odio hacia sí mismas que no pueden esforzarse plena y activamente por superar el daño que el trauma y la negligencia han provocado. El tratamiento del trauma complejo es intensivo y requiere un gran esfuerzo. El odio hacia uno mismo y la vergüenza minan la energía y la motivación necesarias para dedicarse plenamente a este trabajo. La autocompasión es un antídoto contra la vergüenza. Como tal, es de vital importancia para el éxito del tratamiento del TRT.

RESOLVER LA AMBIVALENCIA PROVOCADA POR EL MIEDO CON ESPERANZA Y ATENCIÓN BASADAS EN LA INVESTIGACIÓN

Reconocer y abordar la ambivalencia provocada por el trauma respecto a sentirse mejor, progresar en el tratamiento y sentirse más seguro es crucial en el tratamiento de individuos crónicamente traumatizados. Por ejemplo, es común que estos individuos hayan desarrollado la creencia de que son tan defectuosos e indignos que no tienen derecho a sentirse bien, y mucho menos a curarse. Por eso es tan importante ayudarles a desarrollar un sentido de autocompasión. Además, a menudo les aterroriza el cambio porque se han acostumbrado a sentirse desgraciados y a llevar un estilo de vida crónicamente deteriorado y discapacitado. El cambio también les hace temer perder el control; después de todo, en la infancia pueden haber estado terriblemente fuera de control con adultos que se comportaban de forma impredecible y peligrosa. La imprevisibilidad asusta a la mayoría de la gente, pero suele ser profundamente amenazadora para las personas que crecieron en familias caóticas, abusivas y/o disfuncionales. Los niños gravemente abandonados y maltratados aprenden a través de la experiencia repetida que, cuando los acontecimientos son impredecibles, los adultos pueden llegar a ser dañinos o los acontecimientos pueden parecer una amenaza para la vida de un niño pequeño y aterrorizado que está a merced de sus cuidadores. A lo largo de los años, el cambio y la imprevisibilidad pueden haberse fusionado con la sensación de que el peligro extremo o la muerte eran posibles, aunque el riesgo real de muerte fuera bajo. Tras estas experiencias, el temor y el miedo al cambio pueden ser paralizantes y, en ocasiones, los pacientes demuestran sus temores saboteando su progreso en el tratamiento.

Para los pacientes con TRT que sufrieron maltrato psicológico, puede haber resultado totalmente devastador escuchar en la infancia frases como "te odio" u "ojalá no hubieras nacido". Sentirse devastado y en peligro perjudica enormemente la iniciativa, la autoconfianza y la capacidad de tolerar el cambio de un niño. Estar aterrorizado por cometer un error y ser atacado verbal o físicamente puede mermar la capacidad del niño para identificar y llevar a cabo comportamientos que podrían ser vistos como independientes o como un desafío a la figura de autoridad. Ser asertivo o incluso simplemente establecer contacto visual puede aumentar el riesgo de un niño maltratado de ser "visto" o notado, lo que puede equipararse a "ser herido". Los niños maltratados pueden haber afrontado este entorno precario intentando hacerse pequeños o invisibles, intentando no sobresalir o hacerlo bien, escondiéndose o evitando a la gente, y/o quedándose congelados. En la edad adulta, tomar medidas activas para cambiar y, por lo tanto, asumir los riesgos percibidos que implica comportarse de forma diferente puede despertar miedos profundamente arraigados al fracaso o a ser señalado como objeto de maltrato o abandono. Los cambios de conducta y actitud pueden hacer que los pacientes con TRT se sientan "visibles", lo que puede suscitar profundos temores a que se fijen en ellos y a ser vulnerables a ataques o al abandono. Realizar cambios en la edad adulta va en contra de estas formas infantiles, pero profundamente arraigadas, de afrontar el estrés y las emociones.

Los médicos deben comprender lo profundamente arraigadas que están estas creencias y conductas condicionadas, y por qué a veces el cambio solo puede producirse a paso de tortuga. Sin embargo, el clínico no debe consentir o mostrarse "insensible" y aparentemente indiferente cuando un paciente adopta un autocuidado deficiente o conductas de alto riesgo. Si el clínico no muestra preocupación o parece indiferente ante comportamientos inseguros, puede estar representando el papel del espectador impasible que hizo poco o nada para proteger al niño del maltrato (véase el capítulo 5).

La exposición repetida a la traición, la falta de protección y el trauma continuo pueden contribuir a que los pacientes saboteen consciente o inconscientemente su progreso en el tratamiento. Pueden temer enfrentarse a hablar y pensar sobre el trauma que en un principio fue tan abrumador cuando eran niños. Pueden temer perder al terapeuta si mejoran. También pueden temer "tener" que socializar o volver al trabajo si mejoran. A menos que estas y muchas otras fuentes de ambivalencia se aborden de forma rutinaria y repetida a lo largo del tratamiento, este puede estancarse.

Los terapeutas deben animar a los pacientes a seguir trabajando en estos temas a pesar del miedo y a hacer de la ambivalencia ante el cambio una experiencia universal en lugar de algo vergonzoso que ocultar. Deben intentar crear la sensación de que, dada la historia traumática, estas dificultades son comprensibles para reducir aún más la vergüenza y empatizar con la dificultad de realizar cambios en patrones a largo plazo, al tiempo que proporcionan una visión del camino que queda por recorrer y de la estabilización como una realidad alcanzable utilizando herramientas como las proporcionadas en el programa. Así lo expresamos en el estudio:

> Las personas suelen tener miedo al cambio: forma parte del ser humano. Por lo tanto, muchas personas [...] sentirán a veces miedo a mejorar o miedo al cambio. Esto es normal. Cuando ocurra, coméntalo con tu terapeuta. No tienes por qué avergonzarte de esos sentimientos. Te ayudaremos a superarlos, al igual que tu terapeuta. Cuídate mucho esta semana. Lo conseguiremos, ¡trabajando juntos!

MEJORAR LA GESTIÓN DE LAS INTRUSIONES TRAUMÁTICAS

El trauma crónico del desarrollo tiene graves efectos a largo plazo en la respuesta al estrés y en el cerebro. Este programa explica algunas de las formas básicas en que el trauma afecta al cerebro, las emociones y la capacidad de afrontamiento. Esta información puede aumentar la autocomprensión de los participantes, mejorar la autocompasión y motivarles a practicar con frecuencia habilidades saludables para recuperarse del impacto persistente del trauma.

Explicamos el condicionamiento del miedo y las intrusiones traumáticas en términos sencillos:

> Como consecuencia de un trauma, el cerebro está sensibilizado para detectar el peligro. Tener un cerebro que te dice que estás en peligro cuando en realidad estás a salvo puede ser muy agotador. Así que empezaremos a trabajar para ayudarte a determinar cuándo estás realmente en peligro y cuándo no lo estás. Ten en cuenta que las viejas vías cerebrales condicionadas pueden cambiarse. Puedes ayudar a tu cerebro a sanar y a desarrollar vías nuevas y más tranquilas con práctica, mucha práctica. Poco a poco, algunas de esas viejas vías del miedo pueden ir desapareciendo.

Los materiales explican que es habitual reaccionar con mucha fuerza ante situaciones actuales con una emocionalidad exacerbada debido al condicionamiento traumático. En concreto, la persona traumatizada puede reaccionar con mucha más fuerza que la mayoría de la gente en una situación determinada, porque percibe una amenaza o una traición, aunque la situación actual no sea tan amenazadora como la percibe. Estas intrusiones emocionales basadas en el trauma pueden hacer que la persona crea que las emociones son peligrosas e incontrolables. Algunos individuos incluso se sienten como si estuvieran "locos" y fuera de control debido a la intensidad e imprevisibilidad con la que pueden surgir sus emociones sin que entiendan por qué las tienen o cómo gestionarlas. (Nota: estas emociones desconcertantes también pueden estar relacionadas con otros fenómenos, como el cambio a DSS.)

Durante estos "flashbacks emocionales" o "reacciones 90/10" (Lewis et al., 2004), una cantidad significativa de la emoción que se siente (es decir, posiblemente el 90%, como estimación) no está relacionada con la situación actual; en su lugar, la mayor parte de la emoción representa sentimientos relacionados con el trauma desencadenados por un recuerdo de un trauma pasado. Solo una pequeña parte de la reacción emocional actual de la persona (es decir, posiblemente el 10%, como estimación) está relacionada con lo que la persona está experimentando.

Para ayudar a los participantes a sentirse menos controlados por las intrusiones traumáticas y las emociones relacionadas, enseñamos métodos para distinguir el pasado del presente y para emplear imágenes de contención y formas de reconocer y gestionar las reacciones 90/10. A medida que las personas empiezan a reconocer que a veces son muy emocionales debido a desencadenantes de malos tratos pasados, suelen sentirse menos fuera de control y con más autocompasión. Al comprender sus reacciones, están mejor preparadas para calmarse y utilizar técnicas centradas en la recuperación cuando se desencadenan, en lugar de adoptar comportamientos potencialmente inseguros o disociarse.

DISOCIACIÓN FRENTE A ENRAIZAMIENTO

Los niños expuestos repetidamente al maltrato y que no tienen un apego seguro con cuidadores que puedan proporcionarles protección y consuelo pueden desarrollar un afrontamiento disociativo (véase el capítulo 1). En ausencia de cuidadores que les ayuden a regular los intensos estados de activación emocional y fisiológica que crea el maltrato, la desconexión de sus cuerpos y emociones a través de la disociación puede ser un método esencial de supervivencia. Los individuos con TRT pueden desarrollar estados conductuales independientes como resultado del maltrato infantil; estos estados del self se estructuran en torno a la emoción y las experiencias traumáticas (véase Putnam, 1997, 2016; Frewen y Lanius, 2015). Desprotegidos y maltratados por adultos poderosos que a menudo son figuras de apego, los niños maltratados deben gestionar experiencias abrumadoramente dolorosas y la inundación intrusiva y la hiperactivación resultantes sin el alivio de los cuidadores.

Las personas traumatizadas repetidamente pueden aprender a desconectar su cuerpo, sus emociones y el mundo que les rodea para no sentir ni reconocer plenamente la traición, la impotencia, el terror y el dolor físico que han experimentado. "Desconectarse" o disociarse durante el trauma puede haber sido una de las únicas formas de hacer frente al trauma infantil. Como ha señalado Frank Putnam, "la disociación es la escapatoria cuando no hay escapatoria".

Sin embargo, seguir disociándose repetidamente en la edad adulta, cuando la persona tiene más poder y está mucho más segura, en realidad la pone en peligro: al no estar en contacto con su cuerpo y con el mundo en la edad adulta, aumenta el riesgo de ser víctima en el presente. Puede ignorar las emociones que podrían alertarla de que alguien o algún lugar no es seguro, y estar tan desconectada del peligro actual que puede no ver lo que ocurre a su alrededor. Una parte crucial de la curación es pasar de la disociación habitual, que con frecuencia la desconecta del aquí y ahora, al aprendizaje y uso de habilidades de enraizamiento para orientarse y anclarse en el presente (Boon et al., 2009).

Dado que el enraizamiento puede asustar a algunos supervivientes de traumas con disociación significativa, es útil concienciar sobre los beneficios del enraizamiento. Por ejemplo, se puede explicar que estar con los pies en la tierra puede permitir a una persona aprender a sentirse sólida y conectada a su cuerpo, de modo que literalmente pueda caminar con más firmeza y tener mejor equilibrio, y gradualmente experimentar más confianza y poder. Estar conectado a tierra podría ayudarla a tener menos caídas o accidentes mientras conduce (si se disocia mientras lo hace). Para los pacientes, ser más conscientes de sí mismos y del mundo que les rodea puede ayudarlos a "mantenerse firmes" en las relaciones y en el trabajo. Cuando tienen los pies en la tierra, pueden darse cuenta de las cosas que los rodean en la naturaleza o captar sutilezas en situaciones sociales, como el humor, la amabilidad o incluso indicios de que alguien es potencialmente peligroso. Uno de los autores tenía una paciente que, tras asistir a terapia durante varios años en los que el mobiliario de la oficina seguía siendo el mismo, de repente comentó un día: "Creía que estas sillas eran azules, ¡pero en realidad son verdes!". Esta toma de conciencia de su entorno coincidió con su vuelta a la vida cotidiana a medida que reducía su dependencia excesiva de la disociación. Sin embargo, hay que tener en cuenta que, para algunas personas, "sintonizar" con su cuerpo puede hacerles disociar más al principio. Esto significa que la disociación se ha convertido en una forma habitual de "abandonar" su cuerpo. Los terapeutas deben animar a estos participantes a practicar proactivamente las técnicas de enraizamiento muchas veces al día y a utilizar la hoja de control de enraizamiento del programa para darse cuenta de cuándo se han disociado.

MEJORAR EL CONOCIMIENTO Y LA ACEPTACIÓN DE LOS DSS

En lugar de desarrollar gradualmente un sentido relativamente estable de sí mismas, las personas con TD complejos pueden desarrollar estados conductuales separados como resultado del maltrato infantil y las alteraciones del apego (véase el capítulo 1). Estos estados conductuales independientes, a los que nos referimos como DSS, pueden encapsular aspectos conflictivos del afecto, la identidad, la memoria autobiográfica, el comportamiento y la cognición, entre otros dominios importantes (Putnam, 1997, 2016). Los pacientes con amnesia parcial o total entre los DSS pueden sufrir un trastorno de identidad disociativo (TID). Como los TID a menudo se estructuran en torno a la emoción, se pueden conceptualizar como una forma de regulación de la emoción (existen complejas influencias neurobiológicas, genéticas y socioemocionales que desempeñan papeles fundamentales en el desarrollo y mantenimiento de los TID, pero están fuera del alcance de este libro; véase Putnam, 2016, y Frewen y Lanius, 2015).

Desprotegidos y maltratados por adultos poderosos que a menudo son figuras de apego, los niños deben manejar experiencias abrumadoramente dolorosas y la inundación intrusiva e hiperactivación resultantes, sin el alivio de los cuidadores. Los DSS se desarrollan como aspectos del self compartimentados dependientes del estado que permiten al niño evitar recordar, pensar y sentir continuamente el golpe completo de la traición. Pueden proporcionar cierto nivel de evitación de las emociones relacionadas con el trauma y la hiperactivación, permitiendo así que el niño tenga periodos de relativa desconexión de las emociones basadas en el trauma y de apego conflictivo a los cuidadores. Visto a través de esta lente, el TID puede ser conceptualizado como un trastorno complejo basado en el trauma de la emoción y la regulación del apego, aunque hay aspectos críticos adicionales que son influyentes, como la neurobiología, la genética, los apoyos sociales y las variables socioculturales (Brand y Lanius, 2014).

Con el tiempo, estos DSS pueden experimentarse cada vez más como "yo no", lo que lleva al individuo a tener menos conciencia de estos aspectos repudiados de sí mismo y, gradualmente, menos conocimiento de las emociones y recuerdos autobiográficos que encarnan estos estados. Para muchos pacientes disociativos complejos, esto puede contribuir a una sensación de confusión sobre quién es uno mismo y una sensación de conflicto interno o, en algunos casos, incluso una "guerra interna" entre sentimientos, valores, comportamientos, objetivos y sentido de sí mismo y de los demás marcadamente diferentes. Esta falta de aceptación y la sensación de estar fragmentado a menudo contribuyen a fenómenos como oír voces e impulsos de cometer autolesiones no suicidas (ALNS) o incluso intentos de suicidio.

Los expertos en TD recalcan la importancia de trabajar directamente con los DSS para ayudar a los pacientes disociativos complejos a desarrollar conciencia, aceptación (aunque sea a regañadientes) y cooperación entre los DSS (International Society for the Study of Dissociation, 2011; Myrick et al., 2015). La investigación demuestra que, a medida que los individuos con TD participan en el tratamiento, su sensación de estar fragmentados y escuchar voces disminuye, lo que sugiere que el tratamiento puede estar asociado con una curación gradual de la compartimentación y el destierro de los DSS (véase el capítulo 4).

SEGURIDAD ESTABILIZADORA

El programa Finding Solid Ground intenta ayudar a los pacientes con TRT a considerar detenidamente qué creencias, necesidades y emociones los exponen a comportamientos inseguros y de riesgo, como las ALNS y los intentos de suicidio. Los materiales del programa instan a los pacientes a abordar estas cuestiones cruciales con sus terapeutas. Nos esforzamos por guiar a los pacientes para que consideren si estarían dispuestos a hacer cambios en la forma en que se ven y se tratan a sí mismos. Los terapeutas pueden guiar una exploración de lo que el individuo cree que significaría para él "curarse". La participación de los terapeutas es crucial para ayudar a los pacientes con TRT a poner a prueba cualquier suposición potencialmente infundada sobre sí mismos y sobre el proceso de curación.

Es importante ser consciente de que los pacientes con TRT a menudo comienzan a mostrar cambios saludables en el establecimiento del autocuidado, pero recaen repetidamente en ALNS u otros comportamientos de riesgo. Estas regresiones repetidas a formas de afrontamiento poco saludables y firmemente arraigadas pueden ser tremendamente frustrantes tanto para los pacientes como para los terapeutas, lo que hace que ambos se cuestionen si el tratamiento es útil. Los terapeutas deben esforzarse repetidamente por sentir y mostrar empatía por el pánico que pueda sentir el paciente mientras da lo que pueden parecer pasos infinitesimales hacia el cambio, así como animarle continuamente a seguir dando pequeños pasos, sin avergonzar a la persona por los inevitables pasos en falso.

Transmitimos una actitud de paciencia y autocompasión ante la lentitud de los cambios en los materiales del programa FSG. Aconsejamos a los participantes que perseveren ante los retrocesos en la seguridad y los síntomas, y que no se dejen intimidar por ellos porque son habituales. He aquí un ejemplo de la información del estudio de la Red sobre la lentitud del cambio y las recaídas:

> La seguridad es la base de la curación. Aprender habilidades que te ayuden a curarte es un trabajo arduo, así que ten paciencia contigo mismo mientras aprendes y practicas. Desaprender viejos hábitos y poner en práctica nuevas habilidades lleva su tiempo. La mejoría a lo largo del tiempo se consigue haciendo progresos constantes cada día. La mayoría de las personas notarán que a veces tienen más síntomas o más dificultades con la seguridad, incluso después de días en los que las cosas han sido más fáciles. Esto puede parecer un retroceso. Sin embargo, nuestros pacientes nos han enseñado que eso es justo lo que le ocurre a la mayoría de la gente: altibajos a lo largo del tiempo. Hay que buscar mejorías graduales a lo largo de los meses, no de un día para otro. Así que no te enfades contigo mismo ni te rindas. Sigue practicando pase lo que pase y ten paciencia.

El programa Finding Solid Ground se esfuerza por reducir la vergüenza y el autoataque por las dificultades que tienen muchos pacientes con TRT para establecer y mantener la seguridad. Es crucial que los clínicos gestionen su propia frustración y ayuden a sus pacientes a gestionar su frustración y vergüenza por los contratiempos. Se anima a los terapeutas a que consulten con sus colegas cuando sea necesario y a que hablen repetidamente con los pacientes sobre estos patrones u otros relacionados, como "olvidarse" de practicar técnicas saludables como las que se enseñan en el programa.

MEJORAR LA TOLERANCIA EMOCIONAL Y USO EFICAZ DE LAS EMOCIONES

El programa proporciona información sobre por qué las personas tienen sentimientos, cómo identificarlos y una serie de formas saludables de tolerarlos y gestionarlos. Los pacientes con TRT suelen tener pavor a las emociones y se esfuerzan por evitarlas. Esta evitación y dificultad para manejar los sentimientos es una de las dificultades fundamentales que subyacen a la mayoría de los trastornos relacionados con el trauma (véase el capítulo 1). En nuestras prácticas clínicas, los pacientes con TRT a menudo reaccionan con pánico cuando les sugerimos que necesitan aprender a tolerar las emociones. Sin embargo, el agobio emocional es a menudo lo que desencadena comportamientos inseguros, como, por ejemplo, conductas adictivas, cortes e intentos de suicidio. Esto sugiere que es probable que las dificultades en la regulación de las emociones alimenten gran parte de las ALNS y otras conductas inseguras de estos individuos. Si pueden desarrollar formas más sanas de tolerar las emociones, probablemente podrían disminuir su dependencia de las conductas inseguras y de la disociación para manejar las emociones.

Sin embargo, aprender a "sentarse con" las emociones y tolerarlas con seguridad es todo un reto. Adaptamos el programa para abordar de forma gradual y repetida la regulación saludable de las emociones, incluyendo la exposición repetida de las razones por las que es importante aprender a manejar los sentimientos de forma saludable. Introducimos el concepto de "ventana de tolerancia" para explicar el vínculo con el hecho de sentirse abrumado por las emociones (Ogden et al., 2006b; Siegel, 1999).

Muchas personas traumatizadas tienen problemas por sentir demasiado o demasiado poco. En el capítulo 6 ilustramos la ventana de tolerancia en un diagrama (véase la página 136). La estrecha franja de sentimientos que hay en el centro del diagrama representa la cantidad de sentimiento o sensación corporal que una persona puede experimentar cómodamente. Para los supervivientes de traumas, esta franja de tolerancia a las emociones tiende a ser muy estrecha. Si un sentimiento se vuelve demasiado fuerte, muchos pacientes con TRT comienzan a tener dificultades. Un pequeño sentimiento puede ser algo manejable, pero si se vuelve fuerte, estos individuos pueden querer hacerse daño a sí mismos, o comer o dormir demasiado, o incurrir en otros comportamientos poco saludables, arriesgados o inseguros. Por ejemplo, si un sentimiento de frustración se vuelve demasiado fuerte, pueden empezar a sentir ira o incluso rabia, y eso puede hacer que se sientan tan mal consigo mismos, y tan ansiosos, que pueden tener impulsos de ser autodestructivos o de desquitarse con alguien o con algo.

Del mismo modo, a muchos supervivientes de traumas les incomoda sentirse bien o seguros, o tener sentimientos felices. No sentir nada puede parecer aceptable y más seguro. Si empiezan a sentir algo de felicidad, pueden sentirse culpables y avergonzados. Pueden pensar que no tienen derecho a sentirse felices, o a cualquiera de los sentimientos positivos. Si empiezan a tener esos sentimientos "buenos", algunas personas tienen impulsos de hacerse daño. Las personas con DSS pueden oír voces que les dicen que deben hacerse daño para "pagar" por haberse sentido mejor o por otros fallos percibidos. Además de sentir demasiado, para algunas personas sentir muy poco supone un reto. Para algunos pacientes con TRT, es aterrador sentirse insensibles porque se sienten muertos. Pueden llegar a cortarse hasta el punto de sentir dolor y/o ver sangre porque eso les demuestra que están vivos.

Como tener sentimientos puede ser tan difícil, recomendamos que los participantes realicen el enraizamiento antes de llevar a cabo el trabajo relacionado con el programa, y el terapeuta debe enseñar que el desarrollo de habilidades de regulación del afecto puede aumentar el control de la persona sobre el comportamiento, en particular el comportamiento potencialmente inseguro. Al abordar este tema en los vídeos del estudio de la Red, señalamos que:

> Sentir demasiado o demasiado poco puede llevar a las personas a tomar decisiones con consecuencias inseguras. Sentirse inundado de emociones puede llevar a la gente a beber demasiado alcohol o a consumir drogas para ayudar a adormecer las emociones abrumadoras. Algunas personas recurren a comer en exceso o a dejar de comer para conseguir el mismo efecto. Otros se cortan, se pinchan o se queman la piel o utilizan otras formas de comportamiento autodestructivo para intentar controlar la fuerza y el caos de sus sentimientos. Sentirse abrumado por los sentimientos puede llevar a las personas a optar por intentos de suicidio o a hacer daño a otras personas u otros comportamientos inseguros. Por lo tanto, es absolutamente esencial aprender habilidades que te ayuden a

sentirte "en medio" del rango de emociones y, por lo tanto, a tener un mayor control de tu comportamiento.

Proporcionamos una explicación biológica y no vergonzosa sobre por qué las emociones de un individuo traumatizado pueden ser tan intensas y abrumadoras. Nuestra intención es desintoxicar la vergüenza y el miedo sobre los sentimientos y aumentar la motivación para practicar estrategias de regulación emocional. Específicamente, afirmamos:

> Cuando los niños están muy asustados y alterados, se crean redes de miedo en el cerebro. Estas redes hacen que ahora sea más probable que reacciones a un detonante con facilidad y que tengas miedo. Por lo tanto, la exposición al peligro en aquel entonces creó un cerebro reactivo al estrés en la actualidad. Es probable que ahora reacciones con fuerza ante posibles peligros o situaciones perturbadoras. Y si perpetúas situaciones o relaciones temerosas, dolorosas y perturbadoras, las redes del miedo pueden mantenerse fuertes. Si quieres que esas viejas redes basadas en el miedo pierdan gradualmente su poder, tienes que trabajar para podarlas y que se formen en tu cerebro nuevos patrones y redes más saludables. Para ayudar a tu cerebro a sanar, tienes que dejar de estar rodeado de peligro, daño y violencia. Estar muy asustado o estresado en la infancia o en la edad adulta no es bueno ni para el cerebro ni para el cuerpo. Para que tu cerebro se cure del pasado, debes ponerte a salvo y aprender a afrontarlo utilizando habilidades de afrontamiento sanas. Es crucial que desarrolles una mayor capacidad para afrontar los sentimientos con seguridad, sin disociarte y sin sentirte abrumado. A medida que aprendas gradualmente a cuidarte mejor, ayudarás a tu cerebro y a tu cuerpo a sanar.

Las personas traumatizadas suelen tener fobia a las emociones por diversas razones, entre ellas la vergüenza de tener sentimientos y su dificultad para tolerar las emociones. Otro enfoque que ofrecemos para desintoxicar la vergüenza y la evitación de los sentimientos es el siguiente:

> Las personas traumatizadas suelen tener sentimientos *por* tener sentimientos. En concreto, tienden a avergonzarse o tener miedo de sus emociones. Ya hemos hablado de ello en este programa.

> Esperamos que hayas podido suavizar tus juicios sobre tener sentimientos y que estés empezando a reconocer lo importantes que son los sentimientos para estar sano y vivir una buena vida.

También ofrecemos compasión por lo desalentador que es enfrentarse a las emociones, además de proporcionar educación sobre ellas. Es importante destacar que, al enfrentarse a las emociones, los pacientes pueden aprender gradualmente a aceptar todo lo que son, lo que ayuda a disminuir la tendencia a compartimentarlas y, en algunos casos, a repudiarlas a través de estados fragmentados del self. Vinculamos el aprendizaje al manejo de las emociones como un método para ayudar a sanar su cerebro traumatizado:

> Puedes desaprender el miedo a los sentimientos. Puedes crear nuevas vías en tu cerebro que sean sanas y que te ayuden a sentirte completo y conectado contigo mismo y, gradualmente, con los demás. Si te esfuerzas por enfrentarte al miedo a sentir y, poco a poco, a los propios sentimientos (y también poco a poco a las partes compartimentadas de ti mismo), puedes curar tu cerebro. Puedes recuperar todo lo que eres, incluidos tus sentimientos. Puedes hacerlo paso a paso, a un ritmo que puedas controlar. Puedes sanar tu cerebro y aprender a aceptar todo lo que eres.

EN RESUMEN, HAY ESPERANZA

Los resultados de la investigación de TOP DD y otros estudios, nuestro trabajo con pacientes y los comentarios de pacientes y terapeutas de todo el mundo demuestran que las personas tienen una enorme capacidad de resiliencia y curación, incluso después de traumas devastadores y trastornos del apego. Aunque después de un trauma los síntomas y el sufrimiento pueden persistir durante décadas, un enfoque de tratamiento del trauma cuidadosamente escalonado puede permitir a los pacientes desarrollar gradualmente la autocomprensión y la autocompasión, la conciencia y la capacidad de aceptar sus emociones, la habilidad para manejar sus síntomas y una capacidad de afrontamiento y unas relaciones más sanas. Con tratamiento y educación, las personas traumatizadas pueden recuperar todo lo que son, aumentar su capacidad de sentirse en paz y seguras y crear una vida en la que se sientan bien. Trabajando, aprendiendo y curándose juntos, pacientes, terapeutas e investigadores pueden ayudar a los pacientes a *poner los pies en la tierra.*

ANEXO A

Medidas de evaluación: PITQ-t y PITQ-p

CUESTIONARIO DE PROGRESO EN EL TRATAMIENTO - TERAPEUTA (PITQ-T)

Marca con un círculo el porcentaje de veces que tu paciente ha mostrado los siguientes comportamientos, cogniciones o experiencias en los **últimos 6 meses**.

1. Tiene conductas autolesivas (por ejemplo, cortarse, quemarse) o intentos de suicidio.

   0% 10 20 30 40 50 60 70 80 90 100%
   (nunca) (siempre)

2. Incurre en acciones potencialmente perjudiciales para sí mismo, como abusar de sustancias, purgarse, robar en tiendas o conducir temerariamente.

   0% 10 20 30 40 50 60 70 80 90 100%
   (nunca) (siempre)

3. Su identidad está fuertemente ligada a ser víctima de abusos.

   0% 10 20 30 40 50 60 70 80 90 100%
   (nunca) (siempre)

4. Comprende que padece un trastorno disociativo (TD) y generalmente reconoce que este diagnóstico es exacto.

   0% 10 20 30 40 50 60 70 80 90 100%
   (nunca) (siempre)

5. Es capaz de mantener una alianza de tratamiento bastante sólida y, cuando se producen interrupciones, es capaz de trabajar de forma productiva para repararla.

   0% 10 20 30 40 50 60 70 80 90 100%
   (nunca) (siempre)

6. Conoce y utiliza estrategias autocalmantes (por ejemplo, cualquier tipo de estrategia tranquilizadora que no se utilice explícitamente para contener los síntomas del TEPT o evitar la disociación) cuando es necesario.

   0% 10 20 30 40 50 60 70 80 90 100%
   (nunca) (siempre)

7. Conoce y utiliza estrategias de contención (por ejemplo, técnicas hipnóticas o de recreación de imágenes utilizadas para contener los síntomas intrusivos del TEPT) cuando es necesario.

   0% 10 20 30 40 50 60 70 80 90 100%
   (nunca) (siempre)

8. Conoce y utiliza técnicas de enraizamiento para evitar entumecerse, desconectarse o tener lapsus amnésicos cuando es necesario (por ejemplo, técnicas como contracciones musculares, movimiento o tocar un objeto para evitar disociarse).

   0% 10 20 30 40 50 60 70 80 90 100%
   (nunca) (siempre)

9. Se mantiene orientado en el presente (es decir, NO confunde entre pasado y presente).

   0% 10 20 30 40 50 60 70 80 90 100%
   (nunca) (siempre)

10. Muestra una buena conciencia de sus emociones y percibe sus sensaciones corporales.

    0% 10 20 30 40 50 60 70 80 90 100%
    (nunca) (siempre)

11. Muestra buena tolerancia a los afectos (puede sentir emociones sin agobiarse).

    0% 10 20 30 40 50 60 70 80 90 100%
    (nunca) (siempre)

12. Muestra un buen control de los impulsos (por ejemplo, puede sentirse enfadado o deprimido sin exteriorizarlo).

 0% 10 20 30 40 50 60 70 80 90 100%
 (nunca) (siempre)

13. Es consciente de que el trauma no fue culpa suya.

 0% 10 20 30 40 50 60 70 80 90 100%
 (nunca) (siempre)

14. Gestiona bien el funcionamiento diario (por ejemplo, la higiene, el mantenimiento del hogar, el pago de facturas).

 0% 10 20 30 40 50 60 70 80 90 100%
 (nunca) (siempre)

15. Tiene conciencia continua de las conductas; es decir, no refiere perder la noción del tiempo ni otros signos de amnesia (por ejemplo, no hay conductas fuera de su conciencia ni posesiones cuyo origen no pueda recordar).

 0% 10 20 30 40 50 60 70 80 90 100%
 (nunca) (siempre)

16. Es capaz de afrontar situaciones estresantes sin disociarse.

 0% 10 20 30 40 50 60 70 80 90 100%
 (nunca) (siempre)

17. Es capaz de mantener relaciones personales y profesionales sanas con otras personas.

 0% 10 20 30 40 50 60 70 80 90 100%
 (nunca) (siempre)

18. Es capaz de experimentar el duelo derivado de pérdidas traumáticas.

 0% 10 20 30 40 50 60 70 80 90 100%
 (nunca) (siempre)

19. Ha encontrado formas de hacer que la vida tenga sentido y sea gratificante.

 0% 10 20 30 40 50 60 70 80 90 100%
 (nunca) (siempre)

20. Tiene una visión generalmente positiva de sí mismo.

    0% 10 20 30 40 50 60 70 80 90 100%
    (nunca) (siempre)

21. Tiene una visión generalmente positiva de los demás.

    0% 10 20 30 40 50 60 70 80 90 100%
    (nunca) (siempre)

22. Es capaz de experimentar intimidad sexual sin dificultades como vergüenza intensa, flashbacks o disociación, y con cierto placer.

    0% 10 20 30 40 50 60 70 80 90 100%
    (nunca) (siempre)

23. Es capaz de tolerar el trabajo abreactivo centrado en el trauma (es decir, es capaz de expresar afectos intensos sobre traumas pasados, hablar en detalle sobre sucesos traumáticos y explorar el significado, el impacto y los conflictos relacionados con el trauma).

    0% 10 20 30 40 50 60 70 80 90 100%
    (nunca) (siempre)

Preguntas relacionadas con las partes. Las siguientes preguntas son para personas que tienen estados disociativos del self (partes). Si estos ítems no se aplican a tu paciente, por favor, marca "no procede". En caso contrario, marca con un círculo el porcentaje de veces que cada afirmación se aplica a tu paciente.

24. Tiene conciencia de que todos los estados disociativos del self son parte de sí mismo y comparten un mismo cuerpo (es decir, no cree que un *alter* pueda "matar" a otro y sobrevivir al suicidio).

    0% 10 20 30 40 50 60 70 80 90 100%
    (nunca o no procede) (siempre)

25. Conoce las partes y comprende sus funciones (es decir, para qué sirven, por ejemplo, para ayudar a gestionar los sentimientos relacionados con el trauma).

    0% 10 20 30 40 50 60 70 80 90 100%
    (nunca o no procede) (siempre)

26. Muestra una buena comunicación interna y cooperación entre las partes.

    0% 10 20 30 40 50 60 70 80 90 100%
    (nunca o no procede) (siempre)

27. Tiene una consciencia fiable con respecto a todas las partes.

    0% 10 20 30 40 50 60 70 80 90 100%
    (nunca o no procede) (siempre)

28. Ha integrado al menos dos partes.

    0% 10 20 30 40 50 60 70 80 90 100%
    (nunca o no procede) (siempre)

29. Ha integrado todas las partes y ya no experimenta amnesia, voces, influencia pasiva ni otros signos de fragmentación de la identidad.

    0% 10 20 30 40 50 60 70 80 90 100%
    (nunca o no procede) (siempre)

Puntuación del PITQ-t. Para puntuar el PITQ-t, trata los porcentajes como puntos (por ejemplo, 0% = 0 puntos, 100% = 100 puntos). *NOTA:* los ítems 1, 2 y 3 se puntúan a la inversa (es decir, 0 = 100 puntos, 10 = 90, 20 = 80, 30 = 70, 40 = 60, 50 = 50, 60 = 40, 70 = 30, 80 = 20, 90 = 10, 100 = 0 puntos).

El procedimiento para calcular la puntuación del PITQ-t es diferente para los pacientes con y sin estados disociativos. Para los pacientes sin estados disociativos, se suman los puntos correspondientes a los porcentajes de los ítems 1 a 23 y se dividen entre 23 (es decir, puntuación máxima = 100, puntuación mínima = 0). Para los pacientes con estados disociativos propios, suma los puntos correspondientes a los porcentajes de los ítems del 1 al 29 y luego divide el total entre 29 (es decir, puntuación máxima = 100, puntuación mínima = 0).

El uso de esta herramienta es gratuito. Sin embargo, ten en cuenta que aún no se han establecido normas para el PITQ-t. Si utilizas el PITQ-t en el ámbito de la investigación, por favor, comparte tus comentarios y hallazgos con BBrand@towson.edu y Hugo.Schielke@ gmail.com.

CUESTIONARIO DE PROGRESO EN EL TRATAMIENTO - VERSIÓN PARA PACIENTES (PITQ-P)

Hugo Schielke y Bethany Brand

Marca con un círculo el número que refleja el porcentaje de tiempo que cada una de las siguientes afirmaciones ha sido cierta para ti en la **última semana**.

1. Me han diagnosticado un trastorno disociativo y estoy de acuerdo en que este diagnóstico es correcto.

   0% 10 20 30 40 50 60 70 80 90 100%
   (nunca es cierto) (siempre es cierto)

2. Colaboro bien con mi terapeuta y, cuando hay problemas entre nosotros, hablo con él para resolverlos juntos.

   0% 10 20 30 40 50 60 70 80 90 100%
   (nunca es cierto) (siempre es cierto)

3. Soy compasivo y justo conmigo mismo; es decir, me respondo a mí mismo con tanta empatía como mostraría a otra persona en la misma situación.

   0% 10 20 30 40 50 60 70 80 90 100%
   (nunca es cierto) (siempre es cierto)

4. Soy consciente de los pensamientos, sentimientos y sensaciones corporales que indican que me está entrando ansiedad o me estoy angustiando.

   0% 10 20 30 40 50 60 70 80 90 100%
   (nunca es cierto) (siempre es cierto)

5. Utilizo técnicas de relajación (como ejercicios de relajación, imágenes de lugares seguros, música) para ayudarme de forma segura a relajarme y a sentirme mejor cuando empiezo a sentirme ansioso o sobrepasado.

   0% 10 20 30 40 50 60 70 80 90 100%
   (nunca es cierto) (siempre es cierto)

6. Manejo los recuerdos intrusivos y los flashbacks utilizando estrategias de contención (técnicas de recreación de imágenes utilizadas para contener y gestionar los síntomas del TEPT).

   0% 10 20 30 40 50 60 70 80 90 100%
   (nunca es cierto) (siempre es cierto)

7. Utilizo las técnicas de enraizamiento cuando necesito evitar aturdirme, desconectar o perder la noción del tiempo (ejemplos: centrarme en lo que me rodea; prestar atención a mis cinco sentidos; tensar y relajar los músculos).

   0% 10 20 30 40 50 60 70 80 90 100%
   (nunca es cierto) (siempre es cierto)

8. Si empiezo a confundir el pasado con el presente, me doy cuenta y trabajo para ver las diferencias entre cómo son las cosas ahora y cómo eran cuando estaba traumatizado.

   0% 10 20 30 40 50 60 70 80 90 100%
   (nunca es cierto) (siempre es cierto)

9. Soy consciente de mis emociones y sensaciones corporales.

   0% 10 20 30 40 50 60 70 80 90 100%
   (nunca es cierto) (siempre es cierto)

10. Soy capaz de sentir mis emociones sin agobiarme.

    0% 10 20 30 40 50 60 70 80 90 100%
    (nunca es cierto) (siempre es cierto)

11. Soy consciente de mis impulsos, puedo pensar en ellos y controlarlos (ejemplo: puedo sentirme enfadado o deprimido sin hacer nada malsano).

    0% 10 20 30 40 50 60 70 80 90 100%
    (nunca es cierto) (siempre es cierto)

12. Acudo a los proveedores de tratamiento si tengo dificultades para controlar los impulsos malsanos graves a pesar de utilizar habilidades de afrontamiento centradas en la recuperación (por ejemplo, enraizamiento, pasado frente a presente, contención).

    0% 10 20 30 40 50 60 70 80 90 100%
    (nunca es cierto) (siempre es cierto)

13. Sé que los traumas que sufrí no fueron culpa mía.

    0% 10 20 30 40 50 60 70 80 90 100%
    (nunca es cierto) (siempre es cierto)

14. Llevo bien la vida cotidiana (ejemplos: como, me baño, pago las facturas a tiempo).

    0% 10 20 30 40 50 60 70 80 90 100%
    (nunca es cierto) (siempre es cierto)

15. Soy capaz de dar cuenta de todo lo que hago; es decir, no pierdo la noción del tiempo ni encuentro pruebas de haber hecho algo que no recuerdo.

    0% 10 20 30 40 50 60 70 80 90 100%
    (nunca es cierto) (siempre es cierto)

16. Soy capaz de afrontar situaciones estresantes sin disociarme.

    0% 10 20 30 40 50 60 70 80 90 100%
    (nunca es cierto) (siempre es cierto)

17. Soy capaz de mantener relaciones personales y profesionales sanas.

    0% 10 20 30 40 50 60 70 80 90 100%
    (nunca es cierto) (siempre es cierto)

18. Valoro mi bienestar físico y no hago cosas que dañen mi cuerpo (ejemplos: no me corto ni me quemo el cuerpo ni intento suicidarme).

    0% 10 20 30 40 50 60 70 80 90 100%
    (nunca es cierto) (siempre es cierto)

19. Valoro mi salud y no hago cosas que me pongan en peligro (ejemplos: no abuso de las drogas, no vomito después de comer, no conduzco de forma insegura, no mantengo relaciones sexuales inseguras).

    0% 10 20 30 40 50 60 70 80 90 100%
    (nunca es cierto) (siempre es cierto)

20. Soy capaz de experimentar tristeza y llorar las pérdidas relacionadas con el trauma.

    0% 10 20 30 40 50 60 70 80 90 100%
    (nunca es cierto) (siempre es cierto)

21. La vida tiene sentido y es gratificante.

    0% 10 20 30 40 50 60 70 80 90 100%
    (nunca es cierto) (siempre es cierto)

22. En general, tengo una opinión positiva de mí mismo.

    0% 10 20 30 40 50 60 70 80 90 100%
    (nunca es cierto) (siempre es cierto)

23. En general, tengo una opinión positiva de los demás.

    0% 10 20 30 40 50 60 70 80 90 100%
    (nunca es cierto) (siempre es cierto)

24. Mi sentido de mí mismo abarca muchas cosas importantes más allá de haber sufrido un trauma.

    0% 10 20 30 40 50 60 70 80 90 100%
    (nunca es cierto) (siempre es cierto)

25. Soy capaz de experimentar intimidad sexual sin vergüenza intensa, flashbacks o disociación, y con cierto placer.

    0% 10 20 30 40 50 60 70 80 90 100%
    (nunca es cierto) (siempre es cierto)

26. Puedo explorar el significado y el impacto relacionados con el trauma que he experimentado; puedo sentir y expresar las emociones relacionadas con estos traumas.

    0% 10 20 30 40 50 60 70 80 90 100%
    (nunca es cierto) (siempre es cierto)

Las siguientes preguntas son para personas que tienen partes/estados disociados. Si estos puntos no se aplican a ti, marque "no procede". De lo contrario, marca con un círculo el porcentaje de veces que las afirmaciones se aplican a ti.

27. Todas mis partes saben que formamos parte de la misma persona y que compartimos un mismo cuerpo.

    0% 10 20 30 40 50 60 70 80 90 100%
    (no procede/nunca es cierto) (siempre es cierto)

28. Todas mis partes están orientadas al presente (sé qué día, mes y año es).

    0% 10 20 30 40 50 60 70 80 90 100%
    (no procede/nunca es cierto) (siempre es cierto)

29. Presto atención y siento curiosidad por lo que sienten mis distintas partes.

    0% 10 20 30 40 50 60 70 80 90 100%
    (no procede/nunca es cierto) (siempre es cierto)

30. Soy consciente de qué partes de mí contribuyen a mis acciones.

    0% 10 20 30 40 50 60 70 80 90 100%
    (no procede/nunca es cierto) (siempre es cierto)

31. Todas mis partes conocen y pueden utilizar de forma independiente habilidades de afrontamiento centradas en la recuperación (por ejemplo, enraizamiento, pasado frente a presente, contención).

    0% 10 20 30 40 50 60 70 80 90 100%
    (no procede/nunca es cierto) (siempre es cierto)

32. Todas mis partes se comunican y cooperan bien.

    0% 10 20 30 40 50 60 70 80 90 100%
    (no procede/nunca es cierto) (siempre es cierto)

Puntuación del PITQ-p: para puntuar el PITQ-p, trata los porcentajes como puntos (por ejemplo, 0% = 0 puntos, 100% = 100 puntos). El procedimiento para calcular la puntuación del PITQ-p es diferente para los pacientes con y sin estados disociativos. Para pacientes sin estados disociativos del self, suma los puntos correspondientes a los porcentajes para los ítems 1 a 26 y divide entre 26 (es decir, puntuación máxima = 100, puntuación mínima = 0). Para pacientes con estados disociativos del self, suma los puntos correspondientes a los porcentajes de los ítems 1 a 32 y divide entre 32 (puntuación máxima = 100, puntuación mínima = 0).

El uso de esta medida es gratuito. Sin embargo, ten en cuenta que aún no se han establecido normas para el PITQ-p. Si utilizas el PITQ-p en tu investigación, por favor, comparte tus comentarios y resultados con Hugo.Schielke@gmail.com y BBrand@towson.edu.

ANEXO B
Guion de enraizamiento

Para grupos: como el enraizamiento es la habilidad de afrontamiento fundamental para las personas que luchan con reacciones relacionadas con el trauma, recomendamos practicar el enraizamiento al principio de cada grupo. También recomendamos guiar al grupo en este proceso antes de leer la ficha informativa sobre el enraizamiento. A continuación, se presenta un posible guion para hacerlo.

El enraizamiento es una habilidad centrada en la recuperación que ofrece una poderosa ayuda para controlar y reducir los síntomas relacionados con el trauma, entre los que se encuentra sentir "demasiado" o "demasiado poco".

Hay dos habilidades básicas para enraizarse: *orientarse hacia el presente* y *anclarse en el presente*. Vamos a probarlas.

ENRAIZAMIENTO, PASO 1: ORIENTARSE HACIA EL PRESENTE

Orientarse hacia el presente implica utilizar la mente como ayuda para conectar con el aquí y el ahora. Piensa para tus adentros: "¿Qué año, mes, día y hora es?". "¿Cuántos años tengo?" "¿Dónde estoy?" y "¿Cuál es mi situación?". Orientarte es especialmente bueno para ayudarte a conectar con la parte "ahora" del aquí y ahora.

ENRAIZAMIENTO, PASO 2: ANCLARSE EN EL PRESENTE

Una vez que te hayas orientado hacia el presente, utiliza tus cinco sentidos para percibir y conectar activamente con lo que te rodea en el aquí y ahora. Esto se conoce como *anclarte en el presente*, algo especialmente bueno para ayudarte a conectar con la parte "aquí" del aquí y ahora.

Inténtalo: mira a tu alrededor y descríbete lo que ves. Por ejemplo: ¿qué colores tienen los objetos que ves? ¿De qué materiales están hechos los objetos que ves? ¿Cómo de cerca o lejos están unos objetos de otros? Intenta describirte lo que ves con suficiente detalle como para que, si lo escribes, otra persona pueda imaginárselo.

¿Qué oyes? Describe detalladamente la mezcla de los distintos sonidos del entorno. ¿Son agudos? ¿Son graves? ¿Son silenciosos? ¿Son fuertes? Intenta describirte los sonidos de forma que, si los escribes, otra persona pueda imaginárselos.

¿Qué olores percibes? Descríbelos con detalle. ¿Son sutiles? ¿Fuertes? ¿Dulces? ¿Picantes?

¿Qué sabores percibes? Si estás bebiendo o comiendo algo mientras haces esto, fíjate y descríbete los colores, sabores, texturas y temperaturas de tu comida o bebida. Si tu comida o bebida emite algún sonido, como un crujido (al masticar) o una efervescencia (al beber un refresco), descríbelo también.

¿Qué te parecen las superficies que te rodean? Descríbete sus texturas. ¿Son rugosas o lisas? ¿Son frías o cálidas al tacto? Prueba a elegir intencionadamente distintos tipos de superficies para tocarlas y comparar cómo se sienten mientras te las describes a ti mismo.

Ahora tómate un momento para notar cómo te sientes en comparación con cómo te sentías antes de empezar a enraizarte. Puede que notes que te sientes al menos un poco más conectado con el presente. También puedes notar que te sientes un poco más tranquilo, más "sólido", menos confuso o asustado, y más capaz de notar y pensar en lo que está sucediendo.

Los distintos sentidos funcionan de forma diferente en cada momento. Por ejemplo, muchas personas descubren que el sentido del tacto y notar y describir diferentes texturas y temperaturas les ayuda a anclarse más rápidamente cuando más lo necesitan. A otros les gusta empezar siempre respirando profundamente por la nariz (oliendo el aire) para asegurarse de que respiran mientras se anclan. Olvidarse de respirar es habitual entre las personas con antecedentes traumáticos, y puede llevar al cerebro a pensar que algo malo está ocurriendo, aunque no sea así. Para averiguar qué te va mejor a ti, prueba a experimentar con el orden en que te describes los sentidos en distintas situaciones.

Al igual que ocurre con cualquier cosa nueva, el enraizamiento puede resultar difícil al principio, así que asegúrate de reconocerte el mérito cada vez que practiques y de notar las mejorías a medida que se produzcan. Y sigue practicando: cuanto más tiempo dediques a practicar la orientación y el enraizamiento en el presente, más fácil te resultará y más te ayudará. Además, si practicas cuando no estás abrumado, te resultará mucho más fácil ayudarte a ti mismo a anclarte más rápidamente cuando realmente lo necesites.

ANEXO C

Recursos, formación y lecturas recomendadas

RECURSOS DE FORMACIÓN PARA TRASTORNOS GENERALES RELACIONADOS CON EL TRAUMA

- Teachtrauma.com: web con datos sobre el trauma, como los tipos de trauma, la disociación, la memoria traumática, los debates en el campo del trauma, presentaciones de diapositivas para educadores, evaluaciones de la cobertura del trauma en los libros de texto, actividades en el aula para enseñar sobre el trauma y recursos adicionales.
- Sociedad Internacional de Estudios sobre el Estrés Traumático: istss.org.
- Sociedad Internacional para el Estudio de la Disociación y el Trauma: www.ISST-D.org.
- División de Trauma de la Asociación Americana de Psicología (división 56): apatraumadivision.org.
- Red Nacional de Estrés Traumático Infantil: www.NCTSN.org.
- Sociedad Europea de Trauma y Disociación: www.estd.org.
- Fundación Blue Knot (Australia): www.blueknot.org.au.

RECURSOS DE FORMACIÓN SOBRE TRASTORNOS DISOCIATIVOS

- Sociedad Internacional para el Estudio de la Disociación y el Trauma: www.ISST-D.org.
- Sociedad Europea de Trauma y Disociación: www.estd.org.
- Fundación Blue Knot (Australia): www.blueknot.org.au.
- Teachtrauma.com: web con datos sobre el trauma, como la disociación, los trastornos disociativos, los recuerdos traumáticos y reseñas sobre libros de psicología que abordan la disociación y los trastornos disociativos.

RECURSOS PARA SUPERVIVIENTES DE TRAUMAS

- Instituto Sidran (educación y defensa contra el estrés traumático): www.sidran.org.
- Fundación Blue Knot (Australia): www.blueknot.org.au.
- Supervivientes masculinos (superar la victimización sexual de niños y hombres): www.malesurvivor.org.
- 1in6 (web para hombres que han sufrido abusos o agresiones sexuales): https://1in6.org.
- Adultos supervivientes de maltrato infantil: www.ascasupport.org.
- Páginas de información sobre traumas de David Baldwin: www.trauma-pages.com/support.php.
- Red de supervivientes que han sido víctimas de abusos a manos de sacerdotes: www.snapnetwork.org.
- Teléfono de ayuda nacional sobre agresiones sexuales: https://hotline.rainn.org/online.
- Coach en línea sobre el TEPT: https://www.ptsd.va.gov/apps/ptsdcoachonline/ default.htm.

LIBROS Y DIRECTRICES SOBRE TRASTORNOS COMPLEJOS RELACIONADOS CON EL TRAUMA, ESPECIALMENTE LA DISOCIACIÓN

Allen, J. G. (2005). *Coping with trauma: Hope through understanding* (2nd ed.). American Psychiatric Publishing, Inc.

Allen, J. G. (2013). *Restoring mentalizing in attachment relationships: Treating trauma with plain old therapy* (1st ed.). American Psychiatric Publishing, Inc.

Boon, S., & Draijer, N. (1993). *Multiple personality disorder in the Netherlands: A study on reliability and validity of the diagnosis*. Swets & Zeitlinger Publishers.

Boon, S., Steele, K., & van der Hart, O. (2011). *Coping with trauma-related dissocia- tion: Skills training for patients and therapists*. W. W. Norton & Company.

Brenner, I. (2001). *Dissociation of trauma: Theory, phenomenology, and technique*.

International Universities Press, Inc.

Briere, J. (2004). *Psychological assessment of adult posttraumatic states: Phenomenology, diagnosis, and measurement* (2nd ed.). American Psychological Association.

Briere, J. N., & Scott, C. (2015). *Principles of trauma therapy: A guide to symptoms, eval- uation, and treatment* (2nd ed., DSM-5 update). Sage Publications, Inc.

Brown, D. P., & Elliott, D. S. (2016). *Attachment disturbances in adults: Treatment for comprehensive repair*. W. W. Norton & Co.

Brown, L. S. (2008). *Cultural competence in trauma therapy: Beyond the flashback*.

American Psychological Association.

Chefetz, R. A. (2015). *Intensive psychotherapy for persistent dissociative processes: The fear of feeling real.* W. W. Norton & Co.

Chu, J. A. (2011). *Rebuilding shattered lives: Treating complex PTSD and dissociative disorders* (2nd ed.). John Wiley & Sons Inc.

Cloitre, M., Courtois, C. A., Charuvastra, A., Carapezza, R., Stolbach, B. C., & Green, B.

L. (2011). Treatment of complex PTSD: Results of the ISTSS expert clinician survey on best practices. *Journal of Traumatic Stress, 24*(6), 615–627.

Cloitre, M., Courtois, C. A., Ford, J. D., Green, B. L., Alexander, P., Briere, J., Herman, J. L., Lanius, R., Stolbach, B. C., Spinazzola, J., Van der Kolk, B. A., & Van der Hart, O. (2012a). The ISTSS Expert Consensus Treatment Guidelines for Complex PTSD in Adults. https://istss.org/ISTSS_Main/media/Documents/ComplexPTSD.pdf

Cook, J. M., & Newman, E. (2017). Training in trauma: New Haven Consensus Conference conclusions on core competencies. In S. N. Gold (Ed.), *APA handbook of trauma psychology: Foundations in knowledge* (Vol. 1, pp. 145–157). American Psychological Association.

Courtois, C. A. (2010). *Healing the incest wound: Adult survivors in therapy* (rev. ed.).

W. W. Norton.

Courtois, C. A., & Ford, J. D. (Eds.). (2009). *Treating complex traumatic stress disorders: An evidence-based guide.* Guilford Press.

Courtois, C. A., & Ford, J. D. (2013). *Treatment of complex trauma: A sequenced, relationship-based approach.* Guilford Press.

Courtois, C. A., Ford, J. D., & Cloitre, M. (2009). Best practices in psychotherapy for adults. In C. A. Courtois & J. D. Ford (Eds.), *Treating complex traumatic stress disorders: An evidence-based guide* (pp. 82–103). Guilford Press.

Daitch, C. (2007). *Affect regulation toolbox: Practical and effective hypnotic interventions for the over-reactive client.* W. W. Norton & Co.

Dalenberg, C. J. (2000). *Countertransference and the treatment of trauma.* American Psychological Association.

Davies, J. M., & Frawley, M. G. (1994). *Treating the adult survivor of childhood sexual abuse: A psychoanalytic perspective.* Basic Books.

Dell, P. F., & O'Neil, J. A. (Eds.). (2009). *Dissociation and the dissociative disorders: DSM- 5 and beyond.* Routledge.

Dorahy, M. J., Gold, S., & O'Neil, J. (Eds.). (2022). *Dissociation and the Dissociative Disorders: Past, Present, Future (2nd Ed).* New York: Routledge Press

Fisher, J. (2017). *Healing the fragmented selves of trauma survivors: Overcoming internal self-alienation.* Taylor & Francis.

Forner, C. C. (2017). *Dissociation, mindfulness, and creative meditations: Trauma- informed practices to facilitate growth.* Routledge/Taylor & Francis Group.

Frewen, P. A., & Lanius, R. (2015). *Healing the traumatized self: Consciousness, neurosci- ence, treatment.* W. W. Norton & Co.

Freyd, J. J. (1996). *Betrayal trauma: The logic of forgetting childhood abuse.* Harvard.

Freyd, J. J., & Birrell, P. J. (2013). *Blind to betrayal: Why we fool ourselves we aren't being fooled.* John Wiley & Sons Inc.

Gartner, R. B. (1999). *Betrayed as boys: Psychodynamic treatment of sexually abused men.*

Guilford Press.

Gartner, R. B. (Ed.). (2018). *Healing sexually betrayed men and boys: Treatment for sexual abuse, assault, and trauma.* Routledge/Taylor & Francis Group.

Gold, S. N. (2000). *Not trauma alone: Therapy for child abuse survivors in family and so- cial context.* Brunner-Routledge.

Gold, S. N. (2017a). *APA handbook of trauma psychology: Foundations in knowledge*

(Vol. 1). American Psychological Association.

Gold, S. N. (2017b). *APA handbook of trauma psychology: Trauma practice* (Vol. 2).

American Psychological Association.

Gold, S. N. (2020). *Contextual trauma therapy : overcoming traumatization and reaching full potential:* American Psychological Association.

Herman, J. L. (1997). *Trauma and recovery: The aftermath of violence—from domestic abuse to political terror.* Basic Books.

Howell, E. F. (2005). *The dissociative mind.* Analytic Press/Taylor & Francis Group. Howell, E. F. (2011). *Understanding and treating dissociative identity disorder: A rela-*

tional approach. Routledge/Taylor & Francis Group.

Hunter, M. E. (2004). *Understanding dissociative disorders: A guide for family physicians and healthcare workers.* Crown House Publishing Limited.

International Society for the Study of Dissociation. (2011). Guidelines for treating disso- ciative identity disorder in adults, third revision. *Journal of Trauma and Dissociation, 12*(2), 115–187. doi:10.1080/15299732.2011.537247

Johnson, S.(2005). *Emotionallyfocusedcoupletherapywithtraumasurvivors: Strengthening attachment bonds*. Guilford.

Kezelman, C., & Stavropoulos, P. (2019). *Practice guidelines for treatment of complex trauma and trauma-informed care and service delivery*. Blue Knot Foundation (ASCA). www.blueknot.org.au

Kinsler, P. J. (2018). *Complex psychological trauma: The centrality of the relationship*.

Routledge.

Kluft, R. P. (Ed.). (1985). *Childhood antecedents of multiple personality*. American Psychiatric Press.

Kluft, R. P. (2013). *Shelter from the storm: Processing the traumatic memories of DID/ DDNOS patients with the fractionated abreaction technique (a vademecum for the treatment of DID/DDNOS)*. CreateSpace Independent Publishing Platform.

Kluft, R. P., & Fine, C. G. (Eds.). (1993). *Clinical perspectives on multiple personality dis- order*. American Psychiatric Press.

Lanius, U. F., Paulsen, S. L., & Corrigan, F. M. (2014). *Neurobiology and treatment of traumatic dissociation: Toward an embodied self*. Springer Publishing Company.

Levine, P. A. (1997). *Waking the tiger: Healing trauma: The innate capacity to transform overwhelming experiences*. North Atlantic Books.

Lewis, L., Kelly, K., & Allen, J. G. (2004). *Restoring hope and trust: An illustrated guide to mastering trauma*. Sidran Press.

Ogden, P., & Fisher, J. (2015). *Sensorimotor psychotherapy: Interventions for trauma and attachment*. W. W. Norton & Co.

Putnam, F. W. (1989). *Diagnosis and treatment of multiple personality disorder*. Guilford. Putnam, F. W. (1997). *Dissociation in children and adolescents: A developmental perspec-*

tive. Guilford Press.

Putnam, F. W. (2016). *The way we are: How states of mind influence our identities, person- ality, and potential for change*. International Psychoanalytic Books.

Ross, C. A. (1997). *Dissociative identity disorder: Diagnosis, clinical features, and treat- ment of multiple personality*. Wiley.

Rothschild, B. (2000). *The body remembers: The psychophysiology of trauma and trauma treatment*. W. W. Norton & Company.

Rothschild, B. (2017). *The body remembers: Revolutionizing trauma treatment* (Vol. 2).

W. W. Norton & Co.

Schore, A. N. (2003). *Affect dysregulation and disorders of the self.* W. W. Norton & Company.

Siegel, D. J. (1999). *The Developing Mind:* Guilford Press.

Siegel, D. J. (2007). *The mindful brain: Reflection and attunement in the cultivation of well-being.* W. W. Norton & Company.

Siegel, D. J. (2010). *Mindsight: The new science of personal transformation.* Bantam.

Siegel, D. J. (2015). *The developing mind: How relationships and the brain interact to shape who we are.* Guilford Press.

Silberg, J. L. (2013). *The child survivor: Healing developmental trauma and dissociation.*

Routledge/Taylor & Francis Group.

Steele, K., Boon, S., & van der Hart, O. (2017). *Treating trauma-related dissociation: A practical, integrative approach.* W. W. Norton & Co.

Steinberg, M. (1994). *Interviewer's guide to the Structured Clinical Interview for DSM-IV Dissociative Disorders (SCID-D)* (rev. ed.). American Psychiatric Association.

Steinberg, M. (1995). *Handbook for the assessment of dissociation: A clinical guide.*

American Psychiatric Press.

Steinberg, M. (2000). *The stranger in the mirror: Dissociation—the hidden epidemic* (Vol.

2). Cliff Street/Harper-Collins.

van der Hart, O., Nijenhuis, E. R. S., & Steele, K. (2006). *The haunted self* (Vol. 2). W.

W. Norton & Co.

van der Kolk, B. A. (2014). *The body keeps the score: Brain, mind, and body in the healing of trauma.* Viking.

Walker, D., Courtois, C. A., & Aten, J. (Eds.). (2015). *Spirituality oriented psychotherapy for trauma.* American Psychological Association Press.

Watkins, J. G., & Watkins, H. H. (1997). *Ego states: Theory and therapy* (1st ed.). W.

W. Norton.

REFERENCIAS BIBLIOGRÁFICAS

Addy, P. H., Garcia-Romeu, A., Metzger, M., & Wade, J. (2015). The subjective expe- rience of acute, experimentally-induced *Salvia divinorum* inebriation. *Journal of Psychopharmacology*, *29*(4), 426–435.

Ainsworth, M. D. S., Blehar, M. C., Waters, E., & Wall, S. (1978). *Patterns of attach- ment: A psychological study of the strange situation*. Lawrence Erlbaum.

Akiki, T. J., Averill, C. L., & Abdallah, C. G. (2017). A network-based neurobiological model of PTSD: Evidence from structural and functional neuroimaging studies. *Current Psychiatry Reports*, *19*(11), 81.

Allen, J. G. (2005). *Coping with trauma: Hope through understanding* (2nd ed.). American Psychiatric Publishing, Inc.

American Psychiatric Association. (2000). *Diagnostic and statistical manual of mental disorders* (4th ed., text revision). American Psychiatric Press.

American Psychiatric Association. (2013). *Diagnostic and statistical manual of mental disorders* (5th ed.). American Psychiatric Press.

Anda, R. F., Porter, L. E., & Brown, D. W. (2020). Inside the adverse childhood experience score: Strengths, limitations, and misapplications. *American Journal of Preventive Medicine*, *59*(2), 293–295. doi:10.1016/j. amepre.2020.01.009

Armour, C., Elklit, A., Lauterbach, D., & Elhai, J. D. (2014a). The DSM-5 dissociative- PTSD subtype: Can levels of depression, anxiety, hostility, and sleeping difficulties differentiate between dissociative-PTSD and PTSD in rape and sexual assault victims? *Journal of Anxiety Disorders*, *28*(4), 418–426. doi:http://dx.doi.org/10.1016/ j.janxdis.2013.12.008

Armour, C., Karstoft, K.-I., & Richardson, J. D. (2014b). The co-occurrence of PTSD and dissociation: Differentiating severe PTSD from dissociative-PTSD. *Social Psychiatry and Psychiatric Epidemiology*, *49*(8), 1297–1306. doi:10.1007/s00127-014-0819-y

Bakermans-Kranenburg, M. J., & van Ijzendoorn, M. H. (2009). The first 10,000 adult attachment interviews: Distributions of adult attachment representations in clin- ical and non-clinical groups. *Attachment & Human Development*, *11*(3), 223–263. doi:10.1080/14616730902814762

Barach, P. M. (1991). Multiple personality disorder as an attachment disorder.

Dissociation: Progress in the Dissociative Disorders, 4(3), 117–123.

Battle, C. L., Shea, M. T., Johnson, D. M., Yen, S., Zlotnick, C., Zanarini, M. C., Sanislow, C. A., Skodol, A. E., Gunderson, J. G., Grilo, C. M., McGlashan, T. H., & Morey, L. C. (2004). Childhood maltreatment associated with adult personality

disorders: Findings from the collaborative longitudinal personality disorders study.

Journal of Personality Disorders, 18(2), 193–211. doi:10.1521/ pedi.18.2.193.32777 Baumeister, D., Akhtar, R., Ciufolini, S., Pariante, C. M., & Mondelli, V. (2016).

Childhood trauma and adulthood inflammation: A meta-analysis of peripheral C- reactive protein, interleukin-6 and tumour necrosis factor-α. *Molecular Psychiatry, 21*(5), 642–649. doi:10.1038/mp.2015.67

Bellis, M. A., Hughes, K., Leckenby, N., Perkins, C., & Lowey, H. (2014). National household survey of adverse childhood experiences and their relationship with resilience to health-harming behaviors in England. *BMC Medicine, 12*, 72. doi:10.1186/1741-7015-12-72

Bernstein, E. M., & Putnam, F. W. (1986). Development, reliability, and validity of a dis- sociation scale. *Journal of Nervous and Mental Disease, 174*, 727–735.

Blevins, C. A., Weathers, F. W., Davis, M. T., Witte, T. K., & Domino, J. L. (2015). The Posttraumatic Stress Disorder Checklist for DSM-5 (PCL-5): Development and ini- tial psychometric evaluation. *Journal of Traumatic Stress, 28*(6), 489–498. doi:https:// doi.org/10.1002/jts.22059

Blevins, C. A., Weathers, F. W., & Witte, T. K. (2014). Dissociation and posttraumatic stress disorder: A latent profile analysis. *Journal of Traumatic Stress, 27*(4), 388–396. doi:10.1002/jts.21933

Blizard, R. A. (2003). Disorganized attachment, development of dissociated self states, and a relational approach to treatment. *Journal of Trauma & Dissociation, 4*(3), 27–

50. doi:10.1300/J229v04n03_03

Bluhm, R. L., Williamson, P. C., Osuch, E. A., Frewen, P. A., Stevens, T. K., Boksman, K., Neufeld, R. W. J., Thebérge, J., & Lanius, R. A. (2009). Alterations in default network connectivity in posttraumatic stress disorder related to early-life trauma. *Journal of Psychiatry & Neuroscience, 34*(3), 187.

Boon, S.,& Draijer, N.(1991). Diagnosingdissociativedisordersinthe Netherlands: Apilot study with the Structured Clinical Interview for DSM-III-R Dissociative Disorders. *American Journal of Psychiatry, 148*, 458–462.

Boon, S., & Draijer, N. (1993a). Multiple personality disorder in the Netherlands: A clinical investigation of 71 patients. *American Journal of Psychiatry, 150*, 489–494.

Boon, S., & Draijer, N. (1993b). The differentiation of patients with MPD or DDNOS from patients with a cluster B personality disorder. *Dissociation: Progress in the Dissociative Disorders, 6*(2–3), 126–135.

Boon, S., Steele, K., & van der Hart, O. (2011). *Coping with trauma-related dissocia- tion: Skills training for patients and therapists.* W. W. Norton & Company.

Bowlby, J. (1969). *Attachment.* Basic Books. Bowlby, J. (1980). *Attachment and loss.* Basic Books.

Brand, B. L. (2001). Establishing safety with patients with dissociative identity disorder.

Journal of Trauma & Dissociation, 2(4), 133–155. doi:10.1300/J229v02n04_07 Brand, B. L. (2016). The necessity of clinical training in trauma and dissociation. *Journal*

of Anxiety and Depression, 5(4), 251. doi:10.4172/2167-1044.1000251

Brand, B. L., Armstrong, J. A., Loewenstein, R. J., & McNary, S. W. (2009a). Personality differences on the Rorschach of dissociative identity disorder, borderline person- ality disorder, and psychotic inpatients. *Psychological Trauma: Theory, Research, Practice, and Policy, 1*(3), 188–205.

Brand, B., Classen, C., Lanius, R., Loewenstein, R., McNary, S., Pain, C., & Putnam, F. (2009b). A naturalistic study of dissociative identity disorder and dissociative dis- order not otherwise specified patients treated by community clinicians. *Psychological Trauma: Theory, Research, Practice, and Policy, 1*(2), 153–171.

Brand, B. L., Classen, C. C., McNary, S. W., & Zaveri, P. (2009c). A review of dissociative disorders treatment studies. *Journal of Nervous and Mental Disease, 197*(9), 646– 654. doi:10.1097/NMD.0b013e3181b3afaa

Brand, B. L., Dalenberg, C. J., Frewen, P. A., Loewenstein, R. J., Schielke, H. J., Brams, J. S., & Spiegel, D. (2018). Trauma-related dissociation is no fantasy: Addressing the errors of omission and commission in Merckelbach and Patihis (2018). *Psychological Injury and Law, 11*, 377–393. doi:10.1007/s12207-018-9336-8

Brand, B. L., & Frewen, P. (2017). Dissociation as a trauma-related phenomenon. In S.

N. Gold & S. N. Gold (Eds.), *APA handbook of trauma psychology: Foundations in knowledge* (pp. 215–241). American Psychological Association.

Brand, B. L., Kumar, S. A., & McEwen, L. E. (2019a). Coverage of child maltreatment and adult trauma in graduate psychopathology textbooks. *Psychological Trauma: Theory, Research, Practice, and Policy*, *11*(8), 919–926. https://doi.org/10.1037/tra0000454

Brand, B. L., & Lanius, R. A. (2014). Chronic complex dissociative disorders and borderline personality disorder: Disorders of emotion dysregulation? *Borderline Personality Disorder and Emotion Dysregulation*, *1*, 13. doi:10.1186/2051-6673-1-13 Brand, B. L., Lanius, R., Vermetten, E., Loewenstein, R. J., & Spiegel, D. (2012a). Where are we going? An update on assessment, treatment, and neurobiological research

in dissociative disorders as we move toward the DSM-5. *Journal of Trauma & Dissociation*, *13*(1), 9–31.

Brand, B. L., Loewenstein, R. J., & Lanius, R. A. (2014a). Dissociative identity dis- order. In G. O. Gabbard (Ed.), *Gabbard's treatments of psychiatric disorders* (5th ed., pp. 439–458). American Psychiatric Publishing, Inc.

Brand, B. L., Loewenstein, R. J., & Speigel, D. (2014b). Dispelling myths about disso- ciative identity disorder treatment: An empirically based approach. *Psychiatry*, *77*, 169–189.

Brand, B. L., McNary, S. W., Myrick, A. C., Classen, C. C., Lanius, R., Loewenstein, R. J., Pain, C., & Putnam, F. W. (2013). A longitudinal naturalistic study of patients with dissociative disorders treated by community clinicians. *Psychological Trauma: Theory, Research, Practice, and Policy*, *5*(4), 301–308. doi:10.1037/a0027654 Brand, B. L., Myrick, A. C., Loewenstein, R. J., Classen, C. C., Lanius, R., McNary, S. W., Pain, C., & Putnam, F. W. (2012b). A survey of practices and recommended treatment interventions among expert therapists treating patients with dissociative identity disorder and dissociative disorder not otherwise specified. *Psychological*

Trauma: Theory, Research, Practice, and Policy, *4*(5), 490–500.

Brand, B. L., Sar, V., Stavropoulos, P., Krüger, C., Korzekwa, M., Martínez-Taboas, A., & Middleton, W. (2016a). Separating fact from fiction: An empirical examination of six myths about dissociative identity disorder. *Harvard Review of Psychiatry*, *24*(4), 257–270. doi:10.1097/HRP.0000000000000100

Brand, B. L., Schielke, H. J., & Brams, J. S. (2017a). Assisting the courts in understanding and connecting with experiences of disconnection: Addressing trauma-related dis- sociation as a forensic psychologist, Part I. *Psychological Injury and Law*, *10*(4), 283–

297. doi:10.1007/s12207-017-9304-8

Brand, B. L., Schielke, H. J., Brams, J. S., & DiComo, R. A. (2017b). Assessing trauma- related dissociation in forensic contexts: Addressing trauma-related dissociation as a forensic psychologist, Part II. *Psychological Injury and Law, 10*(4), 298–312. doi:10.1007/s12207-017-9305-7

Brand, B. L., Schielke, H. J., Putnam, K. T., Putnam, F. W., Loewenstein, R. J., Myrick, A., Jepsen, E. K. K., Langeland, W., Steele, K., Classen, C. C., & Lanius, R. A. (2019b). An online educational program for individuals with dissociative disorders and their clinicians: 1-year and 2-year follow-up. *Journal of Traumatic Stress, 32*(1), 156–166. doi:10.1002/jts.22370

Brand, B. L., Webermann, A. R., & Frankel, A. S. (2016b). Assessment of complex dissoci- ative disorder patients and simulated dissociation in forensic contexts. *International Journal of Law and Psychiatry, 49*(Part B), 197–204. doi:10.1016/j.ijlp.2016.10.006

Brandão, M. L., & Lovick, T. A. (2019). Role of the dorsal periaqueductal gray in posttraumatic stress disorder: Mediation by dopamine and neurokinin. *Translational Psychiatry, 9*(1), 1–9.

Briere, J., & Scott, C. (2006). *Principles of trauma therapy: A guide to symptoms, evalua- tion, and treatment.* Sage.

Briere, J. N., & Scott, C. (2015). *Principles of trauma therapy: A guide to symptoms, eval- uation, and treatment* (2nd ed., DSM-5 update). Sage Publications, Inc.

Briere, J., Weathers, F. W., & Runtz, M. (2005). Is dissociation a multidimensional con- struct? Data from the Multiscale Dissociation Inventory. *Journal of Traumatic Stress, 18*(3), 221–231.

Brown, D. P., & Elliott, D. S. (2016). *Attachment disturbances in adults: Treatment for comprehensive repair.* W. W. Norton & Co.

Butler, L. D. (2006). Normative dissociation. *Psychiatric Clinics of North America, 29*(1), 45–62.

Butler, L. D., Duran, E. F. D., Jasiukatis, P., Koopman, C., & Spiegel, D. (1996). Hypnotizability and traumatic experience: A diathesis-stress model of dissociative symptomatology. *American Journal of Psychiatry, 153*(7), 42–63.

Byun, S., Brumariu, L. E., & Lyons-Ruth, K. (2016). Disorganized attachment in young adulthood as a partial mediator of relations between severity of childhood abuse and dissociation. *Journal of Trauma & Dissociation, 17*(4), 460–479. doi:10.1080/ 15299732.2016.1141149

Calati, R., & Courtet, P. (2016). Is psychotherapy effective for reducing suicide attempt and non-suicidal self-injury rates? Meta-analysis and meta-regression of literature data. *Journal of Psychiatric Research, 79*, 8–20. doi:10.1016/j.jpsychires.2016.04.003 Carlson, E. A. (1998). A prospective longitudinal study of attachment disorganization/

disorientation. *Child Development, 69*, 1107–1128.

Carlson, E. B., Putnam, F. W., Ross, C. A., Torem, M., Coons, P., Dill, D. L., Lowenstein,

R. J., & Braun, B. G. (1993). Validity of the Dissociative Experiences Scale in screening for multiple personality disorder: A multicenter study. *American Journal of Psychiatry, 150*(7), 1030–1036.

Chartier, M. J., Walker, J. R., & Naimark, B. (2010). Separate and cumulative effects of adverse childhood experiences in predicting adult health and health care utilization. *Child Abuse & Neglect, 34*(6), 454–464. doi:10.1016/j.chiabu.2009.09.020

Chefetz, R. A. (2015). *Intensive psychotherapy for persistent dissociative processes: The fear of feeling real.* W. W. Norton & Co.

Cheit, R. E., & Krishnaswami, L. A. (2014). *The witch-hunt narrative: Politics, psychology, and the sexual abuse of children.* Oxford University Press.

Chu, J. A. (1988). Ten traps for therapists in the treatment of trauma survivors.

Dissociation, 1(4), 24–32.

Chu, J. A. (2011). *Rebuilding shattered lives: Treating complex PTSD and dissociative disorders* (2nd ed.). John Wiley & Sons Inc.

Cicchetti, D., Brett, Z. H., Humphreys, K. L., Fleming, A. S., Kraemer, G. W., & Drury,

S. S. (2015). Using cross-species comparisons and a neurobiological framework to understand early social deprivation effects on behavioral development. *Development and Psychopathology, 27*(2), 347–367. doi:http://dx.doi.org/10.1017/ S0954579415000036

Clark, C., Classen, C. C., Fourt, A., & Shetty, M. (2015). *Treating the trauma survivor: An essential guide to trauma-informed care.* Routledge/Taylor & Francis Group.

Cloitre, M., Courtois, C. A., Ford, J. D., Green, B. L., Alexander, P., Briere, J., Herman, J. L., Lanius, R., Stolbach, B. C., Spinazzola, J., Van der Kolk, B. A., & Van der Hart, O. (2012a). The ISTSS Expert Consensus Treatment Guidelines for Complex PTSD in Adults. https://istss.org/ISTSS_Main/media/Documents/ComplexPTSD.pdf

Cloitre, M., Petkova, E., Wang, J., & Lu Lassell, F. (2012b). An examination of the in- fluence of a sequential treatment on the course and impact of dissociation among women with PTSD related to childhood abuse. *Depression and Anxiety, 29*, 709– 717. doi:10.1002/da.21920

Conklin, C. Z., Bradley, R., & Westen, D. (2006). Affect regulation in borderline person- ality disorder. *Journal of Nervous and Mental Disease, 194*(2), 69–77. doi:10.1097/ 01.nmd.0000198138.41709.4f

Cook, J. M., Simiola, V., Ellis, A. E., & Thompson, R. (2017). Training in trauma psy- chology: A national survey of doctoral graduate programs. *Training and Education in Professional Psychology, 11*(2), 108–114. doi:10.1037/tep0000150

Coons, P. M., & Milstein, V. (1990). Self-mutilation associated with dissociative disorders.

Dissociation: Progress in the Dissociative Disorders, 3(2), 81–87.

Courtois, C. A., & Ford, J. D. (Eds.). (2009). *Treating complex traumatic stress disorders: An evidence-based guide*. Guilford Press.

Courtois, C. A., & Ford, J. D. (2013). *Treatment of complex trauma: A sequenced, relationship-based approach*. Guilford Press.

Courtois, C. A., Ford, J. D., & Cloitre, M. (2009). Best practices in psychotherapy for adults. In C. A. Courtois & J. D. Ford (Eds.), *Treating complex traumatic stress disorders: An evidence-based guide* (pp. 82–103). Guilford Press.

Courtois, C. A., & Gold, S. N. (2009). The need for inclusion of psychological trauma in the professional curriculum: A call to action. *Psychological Trauma: Theory, Research, Practice, and Policy, 1*(1), 3–23.

Cozolino, L. (2017). *The neuroscience of psychotherapy: Healing the social brain*. W.

W. Norton & Company.

Dalenberg, C. J. (1996). Accuracy, timing, and circumstances of disclosure in therapy of recovered and continuous memories of abuse. *Journal of Psychiatry and Law, 24*(2), 229–276.

Dalenberg, C. J. (2006). Recovered memory and the Daubert criteria: Recovered memory as professionally tested, peer reviewed, and accepted in the relevant scientific com- munity. *Trauma, Violence, and Abuse, 7*(4), 274–310. doi:10.1177/1524838006294572

Dalenberg, C. J., Brand, B. L., Gleaves, D. H., Dorahy, M. J., Loewenstein, R. J., Cardeña, E., Frewen, P. A., Carlson, E. B., & Spiegel, D. (2012). Evaluation of the evidence for the trauma and fantasy models of dissociation. *Psychological Bulletin, 138*(3), 550–

588. doi:10.1037/a0027447

Dalenberg, C. J., Brand, B. L., Loewenstein, R. J., Gleaves, D. H., Dorahy, M. J., Cardeña, E., Frewen, P. A., Carlson, E. B., & Spiegel, D. (2014). Reality versus fantasy: Reply to Lynn et al. (2014). *Psychological Bulletin, 140*(3), 911–920.

Dalenberg, C. J., Loewenstein, R., Spiegel, D., Brewin, C., Lanius, R., Frankel, S., Gold, S., Van der Kolk, B., Simeon, D., Vermetten, E., Butler, L., Koopman, C., Courtois, C., Dell, P., Nijenhuis, E., Chu, J., Sar, V., Palesh, O., Cuevas, C., & Paulson, K. (2007). Scientific study of the dissociative disorders. *Psychotherapy and Psychosomatics, 76*(6), 400–401. doi:10.1159/000107570

Daniels, J. K., McFarlane, A. C., Bluhm, R. L., Moores, K. A., Clark, C. R., Shaw, M. E., Williamson, P. C., Densmore, M., & Lanius, R. A. (2010). Switching between executive and default mode networks in posttraumatic stress disorder: Alterations in functional connectivity. *Journal of Psychiatry & Neuroscience, 35*(4), 258–266. doi:10.1503/jpn.090175

DeCou, C. R., Comtois, K. A., & Landes, S. J. (2019). Dialectical behavior therapy is effective for the treatment of suicidal behavior: A meta-analysis. *Behavior Therapy, 50*(1), 60–72. doi:10.1016/j.beth.2018.03.009

Dell, P. F. (1998). Axis II pathology in outpatients with dissociative identity disorder.

Journal of Nervous and Mental Disease, 186(6), 352–356.

Dell, P. F. (2002). Dissociative phenomenology of dissociative identity disorder. *Journal of Nervous and Mental Disease, 190*(1), 10–15.

Dell, P. F. (2006a). The Multidimensional Inventory of Dissociation (MID): A compre- hensive measure of pathological dissociation. *Journal of Trauma & Dissociation, 7*(2), 77–106.

Dell, P. F. (2006b). A new model of dissociative identity disorder. *Psychiatric Clinics of North America, 29*(1), 1–26.

Dell, P. F. (2009). The phenomena of pathological dissociation. In P. F. Dell & J. A. O'Neil (Eds.), *Dissociation and the dissociative disorders: DSM-5 and beyond* (pp. 225–237). Routledge/Taylor & Francis Group.

Dell, P. F., & O'Neil, J. A. (Eds.). (2009). *Dissociation and the dissociative disorders: DSM- 5 and beyond.* Routledge/Taylor & Francis Group.

Dixon-Gordon, K. L., Tull, M. T., & Gratz, K. L. (2014). Self-injurious behaviors in posttraumatic stress disorder: An examination of potential moderators. *Journal of Affective Disorders, 166*, 359–367. doi:10.1016/j.jad.2014.05.033

Dorahy, M. J., Brand, B. L., Şar, V., Krüger, C., Stavropoulos, P., Martínez-Taboas, A., Lewis-Fernández, R., & Middleton, W. (2014). Dissociative identity disorder: An em- pirical overview. *Australian and New Zealand Journal of Psychiatry, 48*(5), 402–417. Dorahy, M. J., Gorgas, J., Seager, L., & Middleton, W. (2017a). Engendered responses to, and interventions for, shame in dissociative disorders: A survey and experimental investigation. *Journal of Nervous and Mental Disease, 205*(11), 886–892.

doi:10.1097/NMD.0000000000000740

Dorahy, M. J., Lewis-Fernández, R., Krüger, C., Brand, B. L., Şar, V., Ewing, J., Martínez- Taboas, A., Stravropoulos, & Middleton, W. (2017b). The role of clinical experi- ence, diagnosis, and theoretical orientation in the treatment of posttraumatic and

dissociative disorders: A vignette and survey investigation. *Journal of Trauma & Dissociation, 18*(2), 206–222. doi:10.1080/15299732.2016.1225626

Dorahy, M. J., Shannon, C., Seagar, L., Corr, M., Stewart, K., Hanna, D., . . . Middleton,

W. (2009a). Auditory hallucinations in dissociative identity disorder and schiz- ophrenia with and without a childhood trauma history: Similarities and differences. *Journal of Nervous and Mental Disease, 197*(12), 892–898. doi:10.1097/ NMD.0b013e3181c299ea

Dorrepaal, E., Thomaes, K., Smit, J. H., van Balkom, A. J. L. M., Veltman, D. J., Hoogendoorn, A. W., & Draijer, N. (2012). Stabilizing group treatment for com- plex posttraumatic stress disorder related to child abuse based on psychoeducation and cognitive behavioural therapy: A multisite randomized controlled trial. *Psychotherapy and Psychosomatics, 81*(4), 217–225. doi:10.1159/000335044

Ehlers, A. (2006). More evidence for the role of persistent dissociation in PTSD.

American Journal of Psychiatry, 163(6), 1112. doi:10.1176/appi.ajp.163.6.1112 Ehlers, A., & Clark, D. M. (2000). A cognitive model of posttraumatic stress disorder.

Behaviour Research and Therapy, 38(4), 319–345. doi:10.1016/S0005-7967(99)00123-0 Ellason, J. W., & Ross, C. A. (1995). Positive and negative symptoms in dissociative iden- tity disorder and schizophrenia: A comparative analysis. *Journal of Nervous and*

Mental Disease, 183(4), 236–241. doi:10.1097/00005053-199504000-00009

Ellason, J. W., Ross, C. A., & Fuchs, D. L. (1996). Lifetime Axis I and II comorbidity and childhood trauma history in dissociative identity disorder. *Psychiatry: Interpersonal and Biological Processes, 59*(3), 255–266.

Emerson, D. (2015). *Trauma-sensitive yoga in therapy: Bringing the body into treatment.*

W. W. Norton & Co.

Engelberg, J. C., & Brand, B. L. (2012). The effect of depression on self-harm and treat- ment outcome in patients with severe dissociative disorders. *Psi Chi Journal of Psychological Research, 17*(3), 115–124.

Espirito-Santo, H., & Pio-Abreu, J. L. (2009). Psychiatric symptoms and dissociation in conversion, somatization and dissociative disorders. *Australian and New Zealand Journal of Psychiatry, 43*(3), 270–276. doi:10.1080/00048670802653307

Evren, C., Şar, V., & Dalbudak, E. (2008). Temperament, character, and dissociation among detoxified male inpatients with alcohol dependency. *Journal of Clinical Psychology, 64*(6), 717–727.

Felitti, V. J., Anda, R. F., Nordenberg, D., Williamson, D. F., Spitz, A. M., Edwards, V., Koss, M. P., & Marks, J. S. (1998). Relationship of childhood abuse and household dysfunction to many of the leading causes of death in adults: The Adverse Childhood Experiences (ACE) study. *American Journal of Preventive Medicine, 14*(4), 245–258. Fenster, R. J., Lebois, L. A., Ressler, K. J., & Suh, J. (2018). Brain circuit dysfunction in post-traumatic stress disorder: From mouse to man. *Nature Reviews Neuroscience,*

19(9), 535.

Ferdinand, R. F., van der Reijden, M., Verhulst, F. C., Nienhuis, J., & Giel, R. (1995). Assessment of the prevalence of psychiatric disorder in young adults. *British Journal of Psychiatry, 166*(4), 480–488.

Ferry, F. R., Brady, S. E., Bunting, B. P., Murphy, S. D., Bolton, D., & O'Neill, S. M. (2015). The economic burden of PTSD in Northern Ireland. *Journal of Traumatic Stress, 28*(3), 191–197. doi:10.1002/jts.22008

Fisher, J. (2017). *Healing the fragmented selves of trauma survivors: Overcoming internal self-alienation.* Taylor & Francis.

Folger, A. T., Putnam, K. T., Putnam, F. W., Peugh, J. L., Eismann, E. A., Sa, T., Shapiro,

R. A., Van Ginkel, J. B., & Ammerman, R. T. (2017). Maternal interpersonal trauma and child social-emotional development: An intergenerational effect. *Paediatric and Perinatal Epidemiology, 31*(2), 99–107. doi:10.1111/ppe.12341

Foote, B., & Orden, K. V. (2016). Adapting dialectical behavior therapy for the treatment of dissociative identity disorder. *American Journal of Psychotherapy, 70*(4), 343–364. doi:10.1176/appi. psychotherapy.2016.70.4.343

Foote, B., Smolin, Y., Kaplan, M., Legatt, M. E., & Lipschitz, D. (2006). Prevalence of dissociative disorders in psychiatric outpatients. *American Journal of Psychiatry, 163*(4), 623–629.

Foote, B., Smolin, Y., Neft, D. I., & Lipschitz, D. (2008). Dissociative disorders and suicidality in psychiatric outpatients. *Journal of Nervous and Mental Disease, 196*(1), 29–36.

Ford, J. D., & Courtois, C. A. (2009). Defining and understanding complex trauma and complex traumatic stress disorders. In C. A. Courtois & J. D. Ford (Eds.), *Treating complex traumatic stress disorders: An evidence-based guide* (pp. 13–30). Guilford Press.

Ford, J. D., & Gómez, J. M. (2015). The relationship of psychological trauma, and dis- sociative and posttraumatic stress disorders to non-suicidal self-injury and sui- cidality: A review. *Journal of Trauma & Dissociation, 16*, 232–271. doi:10.1080/ 15299732.2015.989563

Fraser, G. A., & Raine, D. (1992). *Cost analysis of the treatment of MPD.* Paper presented at the Ninth Annual International Conference on Multiple Personality/Dissociative States, Chicago, Illinois.

Frewen, P. A., Dozois, D. J. A., Neufeld, R. W. J., & Lanius, R. A. (2008). Meta-analysis of alexithymia in posttraumatic stress disorder. *Journal of Traumatic Stress, 21*(2), 243–246. doi:10.1002/jts.20320

Frewen, P. A., Kleindienst, N., Lanius, R., & Schmahl, C. (2014). Trauma-related altered states of consciousness in women with BPD with or without co-occurring PTSD. *European Journal of Psychotraumatology, 5*, 1–10. doi:10.3402/ejpt.v5.24863

Frewen, P. A., & Lanius, R. (2015). *Healing the traumatized self: Consciousness, neurosci- ence, treatment.* W. W. Norton & Co.

Freyd, J. J. (1996). *Betrayal Trauma: The Logic of Forgetting Childhood Abuse.* Cambridge: Harvard.

Friedl, M. C., Draijer, N., & de Jonge, P. (2000). Prevalence of dissociative disorders in psychiatric in-patients: The impact of study characteristics. *Acta Psychiatrica Scandinavica, 102*(6), 423–428.

Ginzburg, K., Koopman, C., Butler, L. D., Palesh, O., Kraemer, H. C., Classen, C. C., & Spiegel, D. (2006). Evidence for a dissociative subtype of post-traumatic stress dis- order among help-seeking childhood sexual abuse survivors. *Journal of Trauma & Dissociation, 7*(2), 7–27.

Gleaves, D. H., & Eberenz, K. P. (1995). Correlates of dissociative symptoms among women with eating disorders. *Journal of Psychiatric Research, 29*(5), 417–426.

Golier, J. A., Yehuda, R., Bierer, L. M., Mitropoulou, V., New, A. S., Schmeidler, J., Silverman, J. M., & Siever, L. J. (2003). The relationship of borderline personality disorder to posttraumatic stress disorder and traumatic events. *American Journal of Psychiatry, 160*(11), 2018–2024. doi:10.1176/appi.ajp.160.11.2018

Grubaugh, A. L., Zinzow, H. M., Paul, L., Egede, L. E., & Frueh, B. C. (2011). Trauma exposure and posttraumatic stress disorder in adults with severe mental illness: A critical review. *Clinical Psychology Review, 31*(6), 883–899. doi:http://dx.doi.org/ 10.1016/j.cpr.2011.04.003

Halligan, S. L., Michael, T., Clark, D. M., & Ehlers, A. (2003). Posttraumatic stress disorder following assault: The role of cognitive processing, trauma memory, and appraisals. *Journal of Consulting and Clinical Psychology, 71*(3), 419–431. doi:10.1037/0022-006X.71.3.419

Hansen, N. B., Lambert, M. J., & Forman, E. M. (2002). The psychotherapy dose-response effect and its implications for treatment delivery services. *Clinical Psychology: Science and Practice, 9*(3), 329–343. doi:10.1093/clipsy/9.3.329

Harned, M. S., Korslund, K. E., & Linehan, M. M. (2014). A pilot randomized controlled trial of dialectical behavior therapy with and without the dialectical behavior therapy prolonged exposure protocol for suicidal and self-injuring women with borderline personality disorder and PTSD. *Behaviour Research and Therapy, 55*(1), 7–17. doi:10.1016/j.brat.2014.01.008

Harricharan, S., Rabellino, D., Frewen, P. A., Densmore, M., Théberge, J., McKinnon,

M. C., Schore, A. N., & Lanius, R. A. (2016). fMRI functional connectivity of the periaqueductal gray in PTSD and its dissociative subtype. *Brain and Behavior, 6*(12), e00579.

Heim, C., & Nemeroff, C. B. (2001). The role of childhood trauma in the neurobiology of mood and anxiety disorders: Preclinical and clinical studies. *Biological Psychiatry, 49*(12), 1023–1039. doi:10.1016/S0006-3223(01)01157-X

Hepworth, I., & McGowan, L. (2013). Do mental health professionals enquire about childhood sexual abuse during routine mental health assessment in acute mental health settings? A substantive literature review. *Journal of Psychiatric and Mental Health Nursing, 20*(6), 473–483. doi:10.1111/j.1365–2850.2012.01939.x

Herman, J. L. (1992). *Trauma and recovery*. Basic Books.

Herman, J. L. (1997). *Trauma and recovery: The aftermath of violence—from domestic abuse to political terror*. Basic Books.

Herman, J. L. (2011). Posttraumatic stress disorder as a shame disorder. In R. L. Dearing & J. P. Tangney (Eds.), *Shame in the therapy hour* (pp. 261–275). American Psychological Association.

Hesse, E., & Main, M. (2000). Disorganized infant, child, and adult attachment: Collapse in behavioral and attentional strategies. *Journal of the American Psychoanalytic Association*, *48*(4), 1097–1127. doi:10.1177/00030651000480041101

Hollander, E., Carrasco, J. L., Mullen, L. S., Trungold, S., DeCaria, C. M., & Towey, J. (1992). Left hemispheric activation in depersonalization disorder: A case report. *Biological Psychiatry*, *31*(11), 1157–1162.

Holmes, E. A., Brown, R. J., Mansell, W., Fearon, R. P., Hunter, E. C. M., Frasquilho, F., & Oakley, D. A. (2005). Are there two qualitatively distinct forms of dissociation? A review and some clinical implications. *Clinical Psychology Review*, *25*(1), 1–23.

Hopper, J. W., Frewen, P. A., Van der Kolk, B. A., & Lanius, R. A. (2007). Neural correlates of reexperiencing, avoidance, and dissociation in PTSD: Symptom dimensions and

emotion dysregulation in responses to script-driven trauma imagery. *Journal of Traumatic Stress*, *20*(5), 713–725.

Horevitz, R. P., & Braun, B. G. (1984). Are multiple personalities borderline; An analysis of 33 cases. *Psychiatric Clinics of North America*, *7*, 69–83.

Howell, E. F. (2011). *Understanding and treating dissociative identity disorder: A rela- tional approach*. Routledge/Taylor & Francis Group.

Huang, L. N., Flatow, R., Biggs, T., Afayee, S., Smith, K., Clark, T., & Blake, M. (2014). *SAMHSA's concept of trauma and guidance for a trauma-informed approach*. Substance Abuse and Mental Health Services Administration.

Hyland, P., Shevlin, M., Fyvie, C., & Karatzias, T. (2018). Posttraumatic stress disorder and complex posttraumatic stress disorder in DSM-5 and ICD-11: Clinical and behavioral correlates. *Journal of Traumatic Stress*, *31*(2), 174–180. doi:10.1002/ jts.22272

International Society for the Study of Dissociation. (2011). Guidelines for treating disso- ciative identity disorder in adults, third revision. *Journal of Trauma & Dissociation*, *12*(2), 115–187. doi:10.1080/15299732.2011.537247

International Society for the Study of Trauma and Dissociation. (2004). Guidelines for the evaluation and treatment of dissociative symptoms in children and adolescents. *Journal of Trauma & Dissociation*, *5*(3), 119–150. doi:10.1300/ J229v05n03_09

Jepsen, E. K. K., Langeland, W., Sexton, H., & Heir, T. (2014). Inpatient treatment for early sexually abused adults: A naturalistic 12-month follow-up study. *Psychological Trauma: Theory, Research, Practice, and Policy*, *6*(2), 142–151.

Johnson, J. G., Cohen, P., Kasen, S., & Brook, J. S. (2006). Dissociative disorders among adults in the community, impaired functioning, and Axis I and II comorbidity. *Journal of Psychiatric Research, 40*(2), 131–140.

Kandel, E. R., Schwartz, J. H., & Jessell, T. M. (2000). *Principles of neural science.*

McGraw-Hill, Health Professions Division.

Karadag, F., Şar, V., Tamar-Gurol, D., Evren, C., Karagoz, M., & Erkiran, M. (2005). Dissociative disorders among inpatients with drug or alcohol dependency. *Journal of Clinical Psychiatry, 66*(10), 1247–1253.

Karpman, S. B. (2011). Fairy tales and script drama analysis. *Group Facilitation: A Research & Applications Journal, 11*, 49–52.

Kessler, R. C. (2000). Posttraumatic stress disorder: The burden to the individual and to society. *Journal of Clinical Psychiatry, 61*(Suppl. 5), 4–14.

Kessler, R. C., Sonnega, A., Bromet, E., Hughes, M., & Nelson, C. B. (1995). Posttraumatic stress disorder in the National Comorbidity Survey. *Archives of General Psychiatry, 52*, 1048–1060.

Kessler, R. C., Warner, C. H., Ivany, C., Petukhova, M. V., Rose, S., Bromet, E. J., Brown,

M. 3rd, Cai, T., Colpe, L. J., Cox, K. L., Fullerton, C. S., Gilman, S. E., Gruber, M. J., Heeringa, S. G., Lewandowski-Romps, L., Li, J., Millikan-Bell, A. M., Naifeh, J. A., Nock, M. K., . . . Ursano, R. J.; Army STARRS Collaborators. (2015). Predicting suicides after psychiatric hospitalization in US Army soldiers: The Army Study to Assess Risk and Resilience in Service Members (Army STARRS). *JAMA Psychiatry, 72*(1), 49–57.

Kezelman, C. A., & Stavropoulos, P. A. (2012). *Practice guidelines for treatment of complex trauma and trauma-informed care and service delivery.* Adults Surviving Child Abuse.

Kissee, J. L., Isaacson, L. J., & Miller-Perrin, C. (2014). An analysis of child maltreatment content in introductory psychology textbooks. *Journal of Aggression, Maltreatment & Trauma, 23*(3), 215–228. doi:10.1080/10926771.2014.878891

Klein, B., Mitchell, J., Abbott, J., Shandley, K., Austin, D., Gilson, K., Kiropoulos, L., Cannard, G., & Redman, T. (2010). A therapist-assisted cognitive behavior therapy internet intervention for posttraumatic stress disorder: Pre-, post- and 3-month follow-up results from an open trial. *Journal of Anxiety Disorders, 24*(6), 635–644. doi:10.1016/j.janxdis.2010.04.005

Kleindienst, N., Limberger, M. F., Ebner-Priemer, U. W., Keibel-Mauchnik, J., Dyer, A., Berger, M., Schmahl, C., & Bohus, M. (2011). Dissociation predicts poor re- sponse to dialectical behavioral therapy in female patients with borderline per- sonality disorder. *Journal of Personality Disorders, 25*(4), 432–447. doi:10.1521/ pedi.2011.25.4.432

Kleindienst, N., Priebe, K., Görg, N., Dyer, A., Steil, R., Lyssenko, L., Winter, D., Schmahl, C., & Bohus, M. (2016). State dissociation moderates response to dialectical behavior therapy for posttraumatic stress disorder in women with and without borderline personality disorder. *European Journal of Psychotraumatology, 7*, 30375. doi:10.3402/ejpt. v7.30375

Kluft, R. P. (Ed.). (1985). *Childhood antecedents of multiple personality disorder*. American Psychiatric Press.

Kluft, R. P. (1987). First-rank symptoms as a diagnostic clue to multiple personality dis- order. *American Journal of Psychiatry, 144*(3), 293–298.

Kluft, R. P. (1992). Paradigm exhaustion and paradigm shift: Thinking through the therapeutic impasse. *Psychiatric Annals, 22*(10), 502–508. doi:10.3928/ 0048-5713-19921001-06

Kluft, R. P. (1993a). Basic principles in conducing the psychotherapy of multiple per- sonality disorder. In R. P. Kluft & C. G. Fine (Eds.), *Clinical perspectives on multiple personality disorder* (pp. 19–50). American Psychiatric Press.

Kluft, R. P. (1993b). Clinical approaches to the integration of personalities. In R. P. Kluft & C. G. Fine (Eds.), *Clinical perspectives on multiple personality disorder* (pp. 101–133). American Psychiatric Press.

Kluft, R. P. (1993c). The initial stages of psychotherapy in the treatment of multiple per- sonality disorder patients. *Dissociation: Progress in the Dissociative Disorders, 6*(2– 3), 145–161.

Kluft, R. P. (1994a). Countertransference in the treatment of multiple personality dis- order. In J. P. Wilson & J. D. Lindy (Eds.), *Countertransference in the treatment of PTSD* (pp. 122–150). Guilford.

Kluft, R. P. (1994b). Treatment trajectories in multiple personality disorder. *Dissociation, 7*, 63–76.

Kluft, R. P. (2006). Dealing with alters: A pragmatic clinical perspective. *Psychiatric Clinics of North America, 29*(1), 281–304.

Kluft, R. P. (2007). Applications of innate affect theory to the understanding and treat- ment of dissociative identity disorder. In E. Vermetten, M. Dorahy, D. Spiegel, E.

Vermetten, M. Dorahy, & D. Spiegel (Eds.), *Traumatic dissociation: Neurobiology and treatment* (pp. 301–316). American Psychiatric Publishing, Inc.

Kluft, R. P. (2009). A clinician's understanding of dissociation: Fragments of an ac- quaintance. In P. F. Dell & J. A. O'Neil (Eds.), *Dissociation and the dissociative disorders: DSM-5 and beyond* (pp. 599–623). Routledge/ Taylor & Francis Group.

Kluft, R. P., & Fine, C. G. (1993). *Clinical perspectives on multiple personality disorder.*

American Psychiatric Association.

Knaevelsrud, C., & Maercker, A. (2007). Internet-based treatment for PTSD reduces dis- tress and facilitates the development of a strong therapeutic alliance: A randomized controlled clinical trial. *BMC Psychiatry, 7*, Article 13. doi:10.1186/1471-244X-7-13 Korzekwa, M. I., Dell, P. F., & Pain, C. (2009a). Dissociation and borderline personality

disorder: An update for clinicians. *Current Psychiatry Reports, 11*(1), 82–88.

Korzekwa, M. I., Dell, P. F., Links, P. S., Thabane, L., & Fougere, P. (2009b). Dissociation in borderline personality disorder: A detailed look. *Journal of Trauma & Dissociation, 10*(3), 346–367. doi:10.1080/15299730902956838

Kozlowska, K., Walker, P., McLean, L., & Carrive, P. (2015). Fear and the defense cas- cade: Clinical implications and management. *Harvard Review of Psychiatry, 23*(4), 263.

Krüger, C., & Fletcher, L. (2017). Predicting a dissociative disorder from type of childhood maltreatment and abuser-abused relational tie. *Journal of Trauma & Dissociation, 18*(3), 356–372. doi:10.1080/15299732.2017.12 95420

Kumar, S. A., Brand, B. L.,& Courtois, C. A.(2019). Theneedfortraumatraining: Clinicians' reactions to training on complex trauma. *Psychological Trauma: Theory, Research, Practice, and Policy*. Advance online publication. doi:10.1037/tra0000515

Lab, D. D., Feigenbaum, J. D., & De Silva, P. (2000). Mental health professionals' attitudes and practices towards male childhood sexual abuse. *Child Abuse & Neglect, 24*(3), 391–409. doi:10.1016/ S0145-2134(99)00152-0

Laddis, A., & Dell, P. F. (2012). Dissociation and psychosis in dissociative identity disorder and schizophrenia. *Journal of Trauma & Dissociation, 13*(4), 397–413. doi:10.1080/15299732.2012.664967

Laddis, A., Dell, P. F., & Korzekwa, M. (2017). Comparing the symptoms and mechanisms of "dissociation" in dissociative identity disorder and borderline per- sonality disorder. *Journal of Trauma & Dissociation, 18*(2), 139–173. doi:10.1080/ 15299732.2016.1194358

Land, B. B., Bruchas, M. R., Lemos, J. C., Xu, M., Melief, E. J., & Chavkin, C. (2008). The dysphoric component of stress is encoded by activation of the dynorphin κ-opioid system. *Journal of Neuroscience, 28*(2), 407–414.

Langeland, W., Jepsen, E. K. K., Brand, B. L., Kleven, L., Loewenstein, R. J., Putnam,

F. W., Schielke, H. J., Myrick, A., Lanius, R. A., & Heir, T. (2020). The economic burden of dissociative disorders: A qualitative systematic review of empirical studies. *Psychological Trauma: Theory, Research, Practice, and Policy, 12*(7), 730– 738. doi: 10.1037/tra0000556

Lanius, R. A., Bluhm, R. L., & Frewen, P. A. (2011). How understanding the neurobi- ology of complex post-traumatic stress disorder can inform clinical practice: A so- cial cognitive and affective neuroscience approach. *Acta Psychiatrica Scandinavica, 124*(5), 331–348. doi:10.1111/j.1600–0447.2011.01755.x

Lanius, R. A., Bluhm, R., Lanius, U., & Pain, C. (2006). A review of neuroimaging studies in PTSD: Heterogeneity of response to symptom provocation. *Journal of Psychiatric Research, 40*(8), 709–729.

Lanius, R. A., Boyd, J. E., McKinnon, M. C., Nicholson, A. A., Frewen, P., Vermetten, E., Jetly, R., & Spiegel, D. (2018). A review of the neurobiological basis of trauma-related dissociation and its relation to cannabinoid- and opioid-mediated stress response:. A transdiagnostic, translational approach. *Current Psychiatry Reports, 20*(12), 118.

Lanius, R. A., Brand, B., Vermetten, E., Frewen, P. A., & Spiegel, D. (2012). The dissocia- tive subtype of posttraumatic stress disorder: Rationale, clinical and neurobiological evidence, and implications. *Depression and Anxiety, 29*(8), 701–708. doi:10.1002/ da.21889

Lanius, R. A., Frewen, P. A., Tursich, M., Jetly, R., & McKinnon, M. C. (2015). Restoring large-scale brain networks in PTSD and related disorders: A proposal for neuroscientifically-informed treatment interventions. *European Journal of Psychotraumatology, 6*(1), 27313.

Lanius, R. A., Rabellino, D., Boyd, J. E., Harricharan, S., Frewen, P. A., & McKinnon,

M. C. (2017). The innate alarm system in PTSD: Conscious and subconscious pro- cessing of threat. *Current Opinion in Psychology, 14*, 109–115.

Lanius, R. A., Vermetten, E., Loewenstein, R. J., Brand, B., Christian, S., Bremner, J. D., & Spiegel, D. (2010). Emotion modulation in PTSD: Clinical and neurobiological ev- idence for a dissociative subtype. *American Journal of Psychiatry, 167*(6), 640–647. doi:10.1176/appi. ajp.2009.09081168

Lanius, R. A., Williamson, P. C., Densmore, M., Boksman, K., Gupta, M. A., Neufeld, R. W., Gati, J. S., & Menon, R. S. (2001). Neural correlates of traumatic memories in posttraumatic stress disorder: A functional MRI investigation. *American Journal of Psychiatry, 158*(11), 1920–1922. doi:10.1176/appi.ajp.158.11.1920

Lanius, R. A., Wolf, E. J., Miller, M. W., Frewen, P. A., Vermetten, E., Brand, B. L., & Spiegel, D. (2014). The dissociative subtype of PTSD. In M. J. Friedman, T. M. Keane, & P. A. Resick (Eds.), *Handbook of PTSD: Science and practice* (2nd ed., pp. 234–250). Guilford Press.

Leichsenring, F., Steinert, C., & Ioannidis, J. P. A. (2019). Toward a paradigm shift in treatment and research of mental disorders. *Psychological Medicine, 49*(13), 2111–2117. doi:10.1017/S0033291719002265

Lemche, E., Surguladze, S. A., Giampietro, V. P., Anilkumar, A., Brammer, M. J., Sierra, M., Chitnis, X., Williams, S. C., Gasston, D., Joraschky, P., David, A. S., & Phillips,

M. L. (2007). Limbic and prefrontal responses to facial emotion expressions in de- personalization. *Neuroreport, 18*(5), 473–477.

Leonard, D., Brann, S., & Tiller, J. (2005). Dissociative disorders: Pathways to diag- nosis, clinician attitudes and their impact. *Australian and New Zealand Journal of Psychiatry, 39*(10), 940–946.

Lewis, C., Pearce, J., & Bisson, J. I. (2012). Efficacy, cost-effectiveness and acceptability of self-help interventions for anxiety disorders: Systematic review. *British Journal of Psychiatry, 200*(1), 15–21. doi:10.1192/bjp.bp.110.084756

Lewis, C., Roberts, N. P., Simon, N., Bethell, A., & Bisson, J. I. (2019). Internet-delivered cognitive behavioural therapy for post-traumatic stress disorder: Systematic review and meta-analysis. *Acta Psychiatrica Scandinavica, 140*(6), 508–521. doi:10.1111/ acps.13079

Lewis, L., Kelly, K., & Allen, J. G. (2004). *Restoring hope and trust: An illustrated guide to mastering trauma.* Sidran Press.

Lieb, R., Pfister, H., Mastaler, M., & Wittchen, H.-U. (2000). Somatoform syndromes and disorders in a representative population sample of adolescents and young adults: Prevalence, comorbidity and impairments. *Acta Psychiatrica Scandinavica, 101*(3), 194–208.

Lilly, M. M., London, M. J., & Bridgett, D. J. (2014). Using SEM to examine emotion reg- ulation and revictimization in predicting PTSD symptoms among childhood abuse survivors. *Psychological Trauma: Theory, Research, Practice, and Policy, 6*(6), 644– 651. doi:10.1037/a0036460

Linehan, M. M. (1993). *Cognitive-behavioral treatment of borderline personality disorder.*

Guilford Press.

Linehan, M. (2014). *DBT skills training manual.* Guilford Publications.

Liotti, G. (1992). Disorganized/disoriented attachment in the etiology of the dissociative disorders. *Dissociation: Progress in the Dissociative Disorders, 5*(4), 196–204.

Liotti, G. (1999). Disorganization of attachment as a model for understanding dissocia- tive psychopathology. In J. Solomon & C. George (Eds.), *Attachment disorganization* (pp. 291–317). Guilford Press.

Liotti, G. (2004). Trauma, dissociation, and disorganized attachment: Three strands of a single braid. *Psychotherapy: Theory, Research, Practice, Training, 41*(4), 472–486. doi:10.1037/0033-3204.41.4.472

Lloyd, C. S., Lanius, R. A., Brown, M. F., Neufeld, R. J., Frewen, P. A., & McKinnon, M.

C. (2019). Assessing posttraumatic tonic immobility responses: The Scale for Tonic Immobility Occurring Post-Trauma. *Chronic Stress, 3.* doi:2470547018822492

Lloyd, M. (2011). How investing in therapeutic services provides a clinical cost saving in the long term. *Health Service Journal.*

Lloyd, M. (2016). Reducing the cost of dissociative identity disorder: Measuring the effectiveness of specialised treatment by frequency of contacts with mental health services. *Journal of Trauma & Dissociation, 17*(3), 362–370. doi:10.1080/ 15299732.2015.1108947

Loewenstein, R. J. (1991). An office mental status examination for complex chronic dis- sociative symptoms and multiple personality disorder. *Psychiatric Clinics of North America, 14*(3), 567–604.

Loewenstein, R. J. (1993). Dissociative and posttraumatic aspects of transference and countertransference in the treatment of multiple personality disorder. In R. P. Kluft & C. G. Fine (Eds.), *Clinical perspectives on multiple personality disorder* (pp. 51–85). American Psychiatric Press.

Loewenstein, R. J. (1994). Diagnosis, epidemiology, clinical course, treatment, and cost effectiveness of treatment for Dissociative Disorders and MPD: Report submitted to the Clinton Administration Task Force on Health Care Financing Reform. *Dissociation: Progress in the Dissociative Disorders, 7*(1), 3–11.

Loewenstein, R. J. (2005). Psychopharmacologic treatments for dissociative identity dis- order. *Psychiatric Annals, 35*(8), 666–673.

Loewenstein, R. J. (2006). DID 101: A hands-on clinical guide to the stabilization phase of dissociative identity disorder treatment. *Psychiatric Clinics of North America, 29*(1), 305–332.

Loewenstein, R. J., & Putnam, F. W. (1990). The clinical phenomenology of males with MPD: A report of 21 cases. *Dissociation: Progress in the Dissociative Disorders*, *3*(3), 135–143.

Longden, E., Madill, A., & Waterman, M. G. (2012). Dissociation, trauma, and the role of lived experience: Toward a new conceptualization of voice hearing. *Psychological Bulletin, 138*(1), 28–76. doi:10.1037/a0025995

Lu, S., Pan, F., Gao, W., Wei, Z., Wang, D., Hu, S., Huang, M., Xu, Y., & Li, L. (2017).

Neural correlates of childhood trauma with executive function in young healthy adults. *Oncotarget*, *8*(45), 79843.

Ludascher, P., Valerius, G., Stiglmayr, C., Mauchnik, J., Lanius, R. A., Bohus, M., & Schmahl, C. (2010). Pain sensitivity and neural processing during dissociative states in patients with borderline personality disorder with and without comorbid posttraumatic stress disorder: A pilot study. *Journal of Psychiatry & Neuroscience*, *35*(3), 177–184. doi:10.1503/jpn.090022

Lynch, S. M., Forman, E., Mendelsohn, M., & Herman, J. (2008). Attending to dissocia- tion: Assessing change in dissociation and predicting treatment outcome. *Journal of Trauma & Dissociation*, *9*(3), 301–319. doi:10.1080/15299730802139063

Lynn, S. J., Lilienfeld, S. O., Merckelbach, H., Giesbrecht, T., McNally, R. J., Loftus, E. F., Bruck, M., Garry, M., & Malaktaris, A. (2014). The trauma model of dissoci- ation: Inconvenient truths and stubborn fictions: Comment on Dalenberg et al. (2012). *Psychological Bulletin, 140*(3), 896–910. doi:10.1037/a0035570

Lyons-Ruth, K., Dutra, L., Schuder, M. R., & Bianchi, I. (2006). From infant attach- ment disorganization to adult dissociation: Relational adaptations or traumatic experiences? *Psychiatric Clinics of North America*, *29*(1), 63–86.

Lyssenko, L., Schmahl, C., Bockhacker, L., Vonderlin, R., Bohus, M., & Kleindienst,

N. (2018). Dissociation in psychiatric disorders: A meta-analysis of studies using the Dissociative Experiences Scale. *American Journal of Psychiatry*, *175*(1), 37–46. doi:10.1176/appi.ajp.2017.17010025

MacLean, P. D. (1990). *The triune brain in evolution: Role in paleocerebral functions*.

Springer Science & Business Media.

Main, M., & Hesse, E. (1990). Parents' unresolved traumatic experiences are related to infant disorganized attachment status: Is frightened and/ or frightening pa- rental behavior the linking mechanism? In M. T. Greenberg, D. Cicchetti, E. M. Cummings, M. T. Greenberg, D. Cicchetti, & E. M. Cummings (Eds.), *Attachment in the preschool years: Theory, research, and intervention* (pp. 161–182). University of Chicago Press.

Mansfield, A. J., Kaufman, J. S., Marshall, S. W., Gaynes, B. N., Morrissey, J. P., & Engel, C.

C. (2010). Deployment and the use of mental health services among U.S. army wives.

New England Journal of Medicine, 362(2), 101–109. doi:10.1056/ NEJMoa0900177 Mayou, R. A., Ehlers, A., & Bryant, B. (2002). Posttraumatic stress disorder after motor

vehicle accidents: 3-year follow-up of a prospective longitudinal study. *Behaviour Research and Therapy, 40*(6), 665–675. doi:10.1016/ S0005-7967(01)00069-9

McFetridge, M., Hauenstein Swan, A., Heke, S., Karatzias, T., Greenberg, N., Kitchiner, N., & Morley, R. (2017). *Guideline for the treatment and planning of services for com- plex post-traumatic stress disorder in adults.* UK Psychological Trauma Society.

McGowan, P. O., Sasaki, A., D'Alessio, A. C., Dymov, S., Labonte, B., Szyf, M., Turecki, G., & Meaney, M. J. (2009). Epigenetic regulation of the glucocorticoid receptor in

human brain associates with childhood abuse. *Nature Neuroscience, 12*(3), 342–348. doi: 10.1038/nn.2270

McKinnon, M. C., Boyd, J. E., Frewen, P. A., Lanius, U. F., Jetly, R., Richardson, J. D., & Lanius, R. A. (2016). A review of the relation between dissociation, memory, executive functioning and social cognition in military members and civilians with neuropsychiatric conditions. *Neuropsychologia, 90*, 210–234. doi:10.1016/ j.neuropsychologia.2016.07.017

McTavish, J. R., Sverdlichenko, I., MacMillan, H. L., & Wekerle, C. (2019). Child sexual abuse, disclosure and PTSD: A systematic and critical review. *Child Abuse & Neglect, 92*, 196–208. doi:10.1016/j. chiabu.2019.04.006

Mendelsohn, M., Herman, J. L., Schatzow, E., Coco, M., Kallivayalil, D., & Levitan, J. (2011). *The trauma recovery group: A guide for practitioners.* Guilford Press.

Menon, V. (2011). Large-scale brain networks and psychopathology: A unifying triple network model. *Trends in Cognitive Sciences, 15*(10), 483–506.

Merckelbach, H., & Patihis, L. (2018). Why "trauma-related dissociation" is a misnomer in courts: A critical analysis of Brand et al. (2017a, b). *Psychological Injury and Law, 11*, 370–376. doi:10.1007/s12207-018-9328-8

Michael, T., Schanz, C. G., Mattheus, H. K., Issler, T., Frommberger, U., Köllner, V., & Equit, M. (2019). Do adjuvant interventions improve treatment outcome in adult patients with posttraumatic stress disorder receiving trauma-focused psy- chotherapy? A systematic review. *European Journal of Psychotraumatology, 10*(1), 1634938. doi:10.1080/20008198.2019.1634938

Michelson, L., June, K., Vives, A., Testa, S., & Marchione, N. (1998). The role of trauma and dissociation in cognitive-behavioral psychotherapy outcome and maintenance for panic disorder with agoraphobia. *Behaviour Research and Therapy, 36*(11), 1011–1050. doi:10.1016/S0005-7967(98)00073-4

Morland, L. A., Mackintosh, M.-A., Greene, C. J., Rosen, C. S., Chard, K. M., Resick, P., & Frueh, B. C. (2014). Cognitive processing therapy for posttraumatic stress disorder delivered to rural veterans via telemental health: A randomized noninferiority clinical trial. *Journal of Clinical Psychiatry, 75*(5), 470–476. doi:10.4088/JCP.13m08842

Morrison, K. H., Bradley, R., & Westen, D. (2003). The external validity of controlled clinical trials of psychotherapy for depression and anxiety: A naturalistic study. *Psychology and Psychotherapy: Theory, Research and Practice, 76*(2), 109–132. doi:10.1348/147608303765951168

Mosquera, D. (2019). *Working with voices and dissociative parts: A trauma-informed ap- proach*. Instituto INTRA-TP, S.L.

Mosquera, D., & Ross, C. (2017). A psychotherapy approach to treating hostile voices.

Psychosis, 9(2), 167–175.

Mueller, C., Moergeli, H., Assaloni, H., Schneider, R., & Rufer, M. (2007). Dissociative disorders among chronic and severely impaired psychiatric outpatients. *Psychopathology, 40*(6), 470–471.

Mueller-Pfeiffer, C., Rufibach, K., Perron, N., Wyss, D., Kuenzler, C., Prezewowsky, C., Pitman, R. K., & Rufer, M. (2012). Global functioning and disability in dissociative disorders. *Psychiatry Research, 200*(2–3), 475–481.

Mychailyszyn, M. P., Brand, B. L., Webermann, A. R. Şar, V., & Draijer, N. (2021). Differentiating dissociative from non-dissociative disorders: A meta-analysis of the

Structured Clinical Interview for DSM Dissociative Disorders (SCID-D). *Journal of Trauma & Dissociation, 22*(1), 19–34. doi:10.1080/15299732.2020.1760169

Myrick, A. C., Brand, B. L., McNary, S. W., Classen, C. C., Lanius, R., Loewenstein, R. J., Pain, C., & Putnam, F. W. (2012). An exploration of young adults' progress in treat- ment for dissociative disorder. *Journal of Trauma & Dissociation, 13*(5), 582–595.

Myrick, A. C., Brand, B. L., & Putnam, F. W. (2013). For better or worse: The role of revictimization and stress in the course of treatment for dissociative disorders. *Journal of Trauma & Dissociation, 14*(4), 375–389.

Myrick, A. C., Chasson, G. S., Lanius, R. A., Leventhal, B., & Brand, B. L. (2015). Treatment of complex dissociative disorders: A comparison of interventions re- ported by community therapists versus those recommended by experts. *Journal of Trauma & Dissociation, 16*(1), 51–67. doi:10.1080/15299732.2014.949020

Myrick, A. C., Webermann, A. R., Langeland, W., Putnam, F. W., & Brand, B. L. (2017a). Treatment of dissociative disorders and reported changes in inpatient and outpatient cost estimates. *European Journal of Psychotraumatology, 8*(1), 1375829. doi:10.1080/20008198.2017.1375829

Myrick, A. C., Webermann, A. R., Loewenstein, R. J., Lanius, R., Putnam, F. W., & Brand, B. L. (2017b). Six-year follow-up of the treatment of patients with disso- ciative disorders study. *European Journal of Psychotraumatology, 8*(1), 1344080. doi:10.1080/20008198.2017.1344080

Najavits, L. M., & Hien, D. (2013). Helping vulnerable populations: A comprehensive review of the treatment outcome literature on substance use disorder and PTSD. *Journal of Clinical Psychology, 69*(5), 433–479. doi:10.1002/jclp.21980

Najavits, L. M., & Walsh, M. (2012). Dissociation, PTSD, and substance abuse: An em- pirical study. *Journal of Trauma & Dissociation, 13*(1), 115–126.

Narang, D. S., & Contreras, J. M. (2005). The relationships of dissociation and affective family environment with the intergenerational cycle of child abuse. *Child Abuse & Neglect, 29*(6), 683–699. doi:10.1016/j.chiabu.2004.11.003

Nester, M. S., Boi, C., Brand, B. L., & Schielke, H. J. (2022). The reasons dissociative dis- order patients self-injure. *European Journal of Psychotraumatology, 13*(1), 2026738. doi:10.1080/20008198.2022.2026738

Nester, M. S., Hawkins, S. L., & Brand, B. L. (2022). Barriers to accessing and continuing mental health treatment among individuals with dissociative symptoms. *European Journal of Psychotraumatology, 13*(1), 2031594. doi:10.1080/20008198.2022.2031594 Nicholson, A. A., Friston, K. J., Zeidman, P., Harricharan, S., McKinnon, M. C., Densmore, M., Neufeld, R. W. J., Théberge, J., Corrigan, F., Jetly, R., Spiegel, D., & Lanius, R. A. (2017). Dynamic causal modeling in PTSD and its dissociative sub- type: Bottom-up versus top-down processing within fear and emotion regulation

circuitry. *Human Brain Mapping*, 38(11), 5551–5561.

Nijenhuis, E. R. S. (2010). The scoring and interpretation of the SDQ-20 and SDQ-5.

Activitas Nervosa Superior, 52(1), 24–28.

Nijenhuis, E. R. S., Spinhoven, P., vn Dyck, R., van der Hart, O., & Vanderlinden, J. (1996). The development and psychometric characteristics of the Somatoform Dissociation Questionnaire (SDQ-20). *Journal of Nervous and Mental Disease, 184*(11), 688–694. doi:10.1097/00005053-199611000-00006

Nijenhuis, E. R. S., Spinhoven, P., van Dyck, R., van der Hart, O., & Vanderlinden,

J. (1998a). Psychometric characteristics of the Somatoform Dissociation Questionnaire: A replication study. *Psychotherapy and Psychosomatics, 67*(1), 17–23.

Nijenhuis, E. R. S., & van der Hart, O. (2011). Dissociation in trauma: A new defini- tion and comparison with previous formulations. *Journal of Trauma & Dissociation, 12*(4), 416–445. doi:10.1080/15299732.2011.570592

Nijenhuis, E. R. S., van der Hart, O., Kruger, K., & Steele, K. (2004). Somatoform dissocia- tion, reported abuse and animal defence-like reactions. *Australian and New Zealand Journal of Psychiatry, 38*(9), 678–686. doi:10.1111/j.1440–1614.2004.01441.x

Nijenhuis, E. R. S., Vanderlinden, J., & Spinhoven, P. (1998b). Animal defensive reactions as a model for trauma-induced dissociative reactions. *Journal of Traumatic Stress, 11*(2), 243–260. doi:10.1023/A:1024447003022

Noll, J. G., Trickett, P. K., Harris, W. W., & Putnam, F. W. (2009). The cumulative burden borne by offspring whose mothers were sexually abused as children: Descriptive results from a multigenerational study. *Journal of Interpersonal Violence, 24*(3), 424–

449. doi:10.1177/0886260508317194

Nummenmaa, L., Glerean, E., Hari, R., & Hietanen, J. K. (2014). Bodily maps of emotions. *Proceedings of the National Academy of Sciences of the United States of America, 111*(2), 646–651. doi:10.1073/pnas.1321664111

Ogawa, J. R., Sroufe, L. A., Weinfield, N. S., Carlson, E. A., & Egeland, B. (1997). Development and the fragmented self: Longitudinal study of dissociative symptom- atology in a nonclinical sample. *Development and Psychopathology, 9*(4), 855–879. doi:10.1017/S0954579497001478

Ogden, P., Minton, K., & Pain, C. (2006a). *Trauma and the body: A sensorimotor ap- proach to psychotherapy*. W. W. Norton & Company.

Ogden, P., Pain, C., & Fisher, J. (2006b). A sensorimotor approach to the treatment of trauma and dissociation. *Psychiatric Clinics of North America, 29*(1), 263–279.

Olivé, I., Densmore, M., Harricharan, S., Théberge, J., McKinnon, M. C., & Lanius, R. (2018). Superior colliculus resting state networks in post-traumatic stress disorder and its dissociative subtype. *Human Brain Mapping, 39*(1), 563–574.

Ozer, E. J., Best, S. R., Lipsey, T. L., & Weiss, D. S. (2003). Predictors of posttraumatic stress disorder and symptoms in adults: A meta-analysis. *Psychological Bulletin, 129*(1), 52–73.

Panksepp, J. (2004). *Affective neuroscience: The foundations of human and animal emotions*. Oxford University Press.

Pasquini, P., Liotti, G., Mazzotti, E., Fassone, G., & Picardi, A. (2002). Risk factors in the early family life of patients suffering from dissociative disorders. *Acta Psychiatrica Scandinavica, 105*(2), 110–116.

Passardi, S., Peyk, P., Rufer, M., Plichta, M. M., Mueller-Pfeiffer, C., Wingenbach, T.

S. H., Hassanpour, K., Schnyder, U., & Pfaltz, M. C. (2018). Impaired recognition of positive emotions in individuals with posttraumatic stress disorder, cumulative traumatic exposure, and dissociation. *Psychotherapy and Psychosomatics, 87*(2), 118–120. doi:10.1159/000486342

Pietrzak, R. H., Naganawa, M., Huang, Y., Corsi-Travali, S., Zheng, M. Q., Stein, M. B., Henry, S., Lim, K., Ropchan, J., Lin, S. F., Carson, R. E., & Neumeister, A. (2014). Association of in vivo κ-opioid receptor availability and the transdiagnostic dimen- sional expression of trauma-related psychopathology. *JAMA Psychiatry, 71*(11), 1262–1270.

Polak, A. R., Witteveen, A. B., Denys, D., & Olff, M. (2015). Breathing biofeedback as an adjunct to exposure in cognitive behavioral therapy hastens the reduction of PTSD symptoms: A pilot study. *Applied Psychophysiology and Biofeedback, 40*(1), 25–31. doi:10.1007/s10484-015-9268-y

Pollock, B. E., Macfie, J., & Elledge, L. C. (2017). Evidence for phase-based psychotherapy as a treatment for dissociative identity disorder comorbid with major depressive dis- order and alcohol dependence. *Journal of Trauma & Dissociation, 18*(4), 595–609.

Price, M., Kearns, M., Houry, D., & Rothbaum, B. O. (2014). Emergency department predictors of posttraumatic stress reduction for trauma-exposed individuals with and without early intervention. *Journal of Consulting & Clinical Psychology, 82*(2), 336–341. doi:10.1037/a0035537

Price, M., Spinazzola, J., Musicaro, R., Turner, J., Suvak, M., Emerson, D., & van der Kolk, B. (2017). Effectiveness of an extended yoga treatment for women with chronic posttraumatic stress disorder. *Journal of Alternative and Complementary Medicine, 23*(4), 300–309. doi:10.1089/acm.2015.0266

Putnam, F. W. (1985). Dissociation as a response to extreme trauma. In R. P. Kluft (Ed.), *Childhood antecedents of multiple personality* (pp. 65–97). American Psychiatric Press.

Putnam, F. W. (1989). *Diagnosis and treatment of multiple personality disorder.* Guilford. Putnam, F. W. (1997). *Dissociation in children and adolescents: A developmental model.*

Guilford.

Putnam, F. W. (2016). *The way we are: How states of mind influence our identities, person- ality, and potential for change.* International Psychoanalytic Books.

Putnam, F. W., Guroff, J. J., Silberman, E. K., Barban, L., & Post, R. M. (1986). The clin- ical phenomenology of multiple personality disorder: A review of 100 recent cases. *Journal of Clinical Psychiatry, 47*, 285–293.

Rabellino, D., Densmore, M., Harricharan, S., Jean, T., McKinnon, M. C., & Lanius,

R. A. (2018a). Resting-state functional connectivity of the bed nucleus of the stria terminalis in post-traumatic stress disorder and its dissociative subtype. *Human Brain Mapping, 39*(3), 1367–1379.

Rabellino, D., Densmore, M., Théberge, J., McKinnon, M. C., & Lanius, R. A. (2018b). The cerebellum after trauma: Resting-state functional connectivity of the cere- bellum in posttraumatic stress disorder and its dissociative subtype. *Human Brain Mapping, 39*(8), 3354–3374.

Reinders, A. A T. S., Nijenhuis, E. R. S., Quak, J., Korf, J., Haaksma, J., Paans, A. M. J., Willemsen, A. T. M., & den Boer, J. A. (2006). Psychobiological characteristics of dissociative identity disorder: A symptom provocation study. *Biological Psychiatry, 60*(7), 730–740. doi:10.1016/j.biopsych.2005.12.019

Resick, P. A., Suvak, M. K., Johnides, B. D., Mitchell, K. S., & Iverson, K. M. (2012). The impact of dissociation on PTSD treatment with cognitive processing therapy. *Depression and Anxiety, 29,* 718–730. doi:10.1002/da.21938 B

Rodewald, F., Wilhelm-Gößling, C., Emrich, H. M., Reddemann, L., & Gast, U. (2011). Axis-I comorbidity in female patients with dissociative identity disorder and dis- sociative identity disorder not otherwise specified. *Journal of Nervous and Mental Disease, 199*(2), 122–131.

Roesler, T. A., & Wind, T. W. (1994). Telling the secret: Adult women describe their disclosures of incest. *Journal of Interpersonal Violence, 9*(3), 327–338. doi:10.1177/ 088626094009003003

Romano, E., Moorman, J., Ressel, M., & Lyons, J. (2019). Men with childhood sexual abuse histories: Disclosure experiences and links with mental health. *Child Abuse & Neglect, 89,* 212–224. doi:10.1016/j.chiabu.2018.12.010

Ross, C. A. (1991). Epidemiology of multiple personality disorder and dissociation.

Psychiatric Clinics of North America, 14(3), 503–517.

Ross, C. A. (n.d.). The Dissociative Disorders Interview Schedule—DSM-5 version. http://www.rossinst.com/downloads/DDIS-DSM-5.pdf

Ross, C. A., & Dua, V. (1993). Psychiatric health care costs of multiple personality dis- order. *American Journal of Psychotherapy, 47*(1), 103–112.

Ross, C. A., & Ellason, J. W. (2005). Discriminating between different diagnostic categories using the Dissociative Disorders Interview Schedule. *Psychological Reports,* 96, 445–453.

Ross, C. A., Ferrell, L., & Schroeder, E. (2014). Co-occurrence of dissociative identity disorder and borderline personality disorder. *Journal of Trauma & Dissociation, 15*(1), 79–90. doi:10.1080/15299732.2013.834861

Ross, C. A., Heber, S., Norton, G. R., & Anderson, D. (1989a). The Dissociative Disorders Interview Schedule: A structured interview. *Dissociation: Progress in the Dissociative Disorders, 2*(3), 169–189.

Ross, C. A., Miller, S. D., Bjornson, L., Reagor, P., Fraser, G. A., & Anderson, G. (1991). Abuse histories in 102 cases of multiple personality disorder. *Canadian Journal of Psychiatry, 36,* 97–101.

Ross, C. A., Miller, S. D., Reagor, P., Bjornson, L., Fraser, G. A., & Anderson, G. (1990). Schneiderian symptoms in multiple personality disorder and schizophrenia. *Comprehensive Psychiatry, 31,* 111–118.

Ross, C. A., & Norton, G. R. (1989). Suicide and parasuicide in multiple personality dis- order. *Psychiatry: Interpersonal and Biological Processes, 52*(3), 365–371.

Ross, C. A., Norton, G. R., Fraser, G. A., & Anderson, G. (1989b). Somatic symptoms in multiple personality disorder. *Psychosomatics, 30*(2), 154–160.

Rossiter, A., Byrne, F., Wota, A. P., Nisar, Z., Ofuafor, T., Murray, I., Byrne, C., & Hallahan,

B. (2015). Childhood trauma levels in individuals attending adult mental health services: An evaluation of clinical records and structured measurement of child- hood trauma. *Child Abuse & Neglect, 44*, 36–45. doi:10.1016/j.chiabu.2015.01.001

Rothschild, B. (2000). *The body remembers: The psychophysiology of trauma and trauma treatment.* W. W. Norton & Company.

Rufer, M., Held, D., Cremer, J., Fricke, S., Moritz, S., Peter, H., & Hand, I. (2006). Dissociation as a predictor of cognitive behavior therapy outcome in patients with obsessive-compulsive disorder. *Psychotherapy and Psychosomatics, 75*(1), 40–46.

Sack, M., Sachsse, U., Overkamp, B., & Dulz, B. (2013). Trauma-related disorders in patients with borderline personality disorders: Results of a multicenter study. *Der Nervenarzt, 84*(5), 608–614. doi:10.1007/s00115-012-3489-6

Şar, V., Akyüz, G., & Doğan, O. (2007). Prevalence of dissociative disorders among women in the general population. *Psychiatry Research, 149*(1-3), 169–176.

Şar, V., Akyuz, G., Kugu, N., Ozturk, E., & Ertem-Vehid, H. (2006). Axis I dissociative disorder comorbidity in borderline personality disorder and reports of childhood trauma. *Journal of Clinical Psychiatry, 67*(10), 1583–1590.

Şar, V., Kundakci, T., Kiziltan, E., Yargic, I. L., Tutkun, H., Bakim, B., Bozkurt, O., Özpulat, T., Keser, V., & Özdemir, Ö. (2003). The Axis-I dissociative disorder co- morbidity of borderline personality disorder among psychiatric outpatients. *Journal of Trauma & Dissociation, 4*(1), 119–136. doi:10.1300/J229v04n01_08

Saxe, G. N., Chinman, G., Berkowitz, R., Hall, K., Lieberg, G., Schwartz, J., & van der Kolk, B. A. (1994). Somatization in patients with dissociative disorders. *American Journal of Psychiatry, 151*(9), 1329–1334.

Schauer, M., & Elbert, T. (2010). Dissociation following traumatic stress: Etiology and treatment. *Zeitschrift für Psychologie/Journal of Psychology, 218*(2), 109–127.

Schiavone, F. L., Frewen, P., McKinnon, M., & Lanius, R. A. (2018a). The dissociative subtype of PTSD: An update of the literature. *PTSD Research Quarterly, 29*(3), 1–4. Schiavone, F. L., McKinnon, M. C., & Lanius, R. A. (2018b). Psychotic-like symptoms and the temporal lobe in trauma-related disorders: Diagnosis, treatment, and assess-

ment of potential malingering. *Chronic Stress, 2.* doi:10.1177/2470547018797046 Schielke, H. J., & Brand, B. L. (2019, April). Therapists' and patients' change in know-

ledge: Did TOP DD Network Study participants' knowledge related to symptom management and stabilization change over the course of the study? Paper presented at the 36th Annual Conference of the International Society for the Study of Trauma and Dissociation, New York, NY.

Schielke, H. J., Brand, B. L., & Lanius, R. A. (2020). *The Finding Solid Ground work- book: Overcoming obstacles in trauma treatment.* Oxford University Press.

Schielke, H. J., Brand, B. L., & Marsic, A. (2017). Assessing therapeutic change in patients with severe dissociative disorders: The Progress in Treatment Questionnaire, therapist and patient measures. *European Journal of Psychotraumatology, 8*(1), 12. doi:10.1080/20008198.2017.1380471

Schlumpf, Y. R., Nijenhuis, E. R. S., Chalavi, S., Weder, E. V., Zimmermann, E., Luechinger, R., La Marca, R., Reinders, A. A. T. S. , & Jäncke, L. (2013). Dissociative part-dependent biopsychosocial reactions to backward masked angry and neutral faces: An fMRI study of dissociative identity disorder. *NeuroImage: Clinical, 3*(0), 54–64. doi:http://dx.doi.org/10.1016/j.nicl.2013.07.002

Schore, A. N. (2003). *Affect dysregulation and disorders of the self.* W. W. Norton & Company.

Schlumpf, Y. R., Nijenhuis, E. R. S., Klein, C., Jäncke, L., & Bachmann, S. (2019). Functional reorganization of neural networks involved in emotion regulation fol- lowing trauma therapy for complex trauma disorders. *Neuroimage Clinical, 23*, 101807. doi:10.1016/j.nicl.2019.101807

Shin, L. M., Orr, S. P., Carson, M. A., Rauch, S. L., Macklin, M. L., Lasko, N. B., Peters, P. M., Metzger, L. J., Dougherty, D. D., Cannistraro, P. A., Alpert, N. M., Fischman, A. J., & Alpert, N. M. (2004). Regional cerebral blood flow in the amygdala and medial prefrontal cortex during traumatic imagery in male and female Vietnam veterans with PTSD. *Archives of General Psychiatry, 61*(2), 168–176.

Siegel, D. J. (1999). *The Developing Mind:* Guilford Press.

Siegel, D. J. (2007). *The mindful brain: Reflection and attunement in the cultivation of well-being.* W. W. Norton & Company.

Siegel, D. J. (2010). *Mindsight: The new science of personal transformation.* Bantam.

Siegel, D. J. (2015). *The developing mind: How relationships and the brain interact to shape who we are.* Guilford Press.

Sijbrandij, M., Kunovski, I., & Cuijpers, P. (2016). Effectiveness of internet-delivered cognitive behavioral therapy for posttraumatic stress disorder: A systematic re- view and meta-analysis. *Depression and Anxiety, 33*(9), 783–791. doi:10.1002/ da.22533

Simeon, D., & Loewenstein, R. J. (2009). Dissociative disorders. In B. J. Sadock, V. A. Sadock, & P. Ruiz (Eds.), *Comprehensive textbook of psychiatry* (9th ed., Vol. 1, pp. 1965–2026). Wolters Kluwer/Lippincott Williams & Wilkens.

Simon, N., McGillivray, L., Roberts, N. P., Barawi, K., Lewis, C. E., & Bisson, J. I. (2019). Acceptability of internet-based cognitive behavioural therapy (i-CBT) for post-traumatic stress disorder (PTSD): A systematic review. *European Journal of Psychotraumatology, 10*(1), 1646092. doi:10.1080/20008198.2019.1646092

Spiegel, D. (1984). Multiple personality as a post-traumatic stress disorder. *Psychiatric Clinics of North America, 7*, 101–110.

Spiegel, D. (1991). Dissociation and trauma. In A. Tasman & S. Goldfinger (Eds.), *American Psychiatric Press annual review of psychiatry* (Vol. 10, pp. 261–275). American Psychiatric Press.

Spiegel, D., Loewenstein, R. J., Lewis-Fernández, R., Şar, V., Simeon, D., Vermetten, E., Cardeña, E., Brown, R. J., & Dell, P. F. (2011). Dissociative disorders in DSM-5. *Depression and Anxiety, 28*(12), E17–E45. doi:10.1002/da.20923

Steele, K., Boon, S., & van der Hart, O. (2017). *Treating trauma-related dissociation: A practical, integrative approach.* W. W. Norton & Co.

Steele, K., van der Hart, O., & Nijenhuis, E. R. (2001). Dependency in the treatment of complex posttraumatic stress disorder and dissociative disorders. *Journal of Trauma & Dissociation, 2*(4), 79–116.

Stein, D. J., Koenen, K. C., Friedman, M. J., Hill, E. M., McLaughlin, K. A., Petukhova, M., Ruscio, A. M., Shahly, V., Spiegel, D., Borges, G., Bunting, B., Caldas-de-Almeida,

J. M., de Girolamo, G., Demyttenaere, K., Florescu, S., Haro, J. M., Karam, E. G., Kovess-Masfety, V., Lee, S., . . . Kessler, R. C. (2013). Dissociation in posttraumatic stress disorder: Evidence from the world mental health surveys. *Biological Psychiatry, 73*(4), 302–312.

Steinberg, M. (1994). *The Structured Clinical Interview for DSM-IV Dissociative Disorders—revised (SCID-D-R)*. American Psychiatric Press.

Steinberg, M. (2000). Advances in the clinical assessment of dissociation: The SCID-D-

R. *Bulletin of the Menninger Clinic, 64*(2), 146–163.

Steinberg, M. (in press). *The SCID-D Interview: Diagnostic and therapeutic assessment for dissociative symptoms and disorders*. American Psychiatric Association Publishing. Steuwe, C., Lanius, R. A., & Frewen, P. A. (2012). Evidence for a dissociative subtype of PTSD by latent profile and confirmatory factor analyses in a civilian sample.

Depression and Anxiety, 29(8), 689–700. doi:10.1002/da.21944

Stevens, N. R., Gerhart, J., Goldsmith, R. E., Heath, N. M., Chesney, S. A., & Hobfoll, S.

E. (2013). Emotion regulation difficulties, low social support, and interpersonal vio- lence mediate the link between childhood abuse and posttraumatic stress symptoms. *Behavior Therapy, 44*(1), 152–161. doi:10.1016/j.beth.2012.09.003

Stiglmayr, C. E., Ebner-Priemer, U. W., Bretz, J., Behm, R., Mohse, M., Lammers, C. H., Anghelescu, I. G., Schmahl, C., Schlotz, W., Kleindienst, N., & Bohus, M. (2008). Dissociative symptoms are positively related to stress in borderline personality dis- order. *Acta Psychiatrica Scandinavica, 117*(2), 139–147.

Stiglmayr, C. E., Shapiro, D. A., Stieglitz, R. D., Limberger, M. F., & Bohus, M. (2001). Experience of aversive tension and dissociation in female patients with borderline personality disorder: A controlled study. *Journal of Psychiatric Research, 35*(2), 111–

118. doi:10.1016/S0022-3956(01)00012-7

Tanner, J., Zeffiro, T., Wyss, D., Perron, N., Rufer, M., & Mueller-Pfeiffer, C. (2019). Psychiatric symptom profiles predict functional impairment. *Frontiers in Psychiatry, 10*, 37. doi:10.3389/fpsyt.2019.00037

Terpou, B. A., Harricharan, S., McKinnon, M. C., Frewen, P., Jetly, R., & Lanius, R. A. (2019). The effects of trauma on brain and body: A unifying role for the midbrain periaqueductal gray. *Journal of Neuroscience Research, 97*(9), 1110–1140.

van der Hart, O., Nijenhuis, E. R. S., & Steele, K. (2006). *The haunted self: Structural dis- sociation and the treatment of chronic traumatization*. W. W. Norton & Co.

van der Kolk, B. (1989). Compulsion to repeat the trauma: Re-enactment, revictimization, and masochism. *Psychiatric Clinics of North America, 12*, 389–411.

van der Kolk, B. A. (2005). Developmental trauma disorder: Toward a rational diagnosis for children with complex trauma histories. *Psychiatric Annals, 35*(5), 401–408.

Van der Kolk, B. (2014). *The body keeps the score: Mind, brain and body in the transfor- mation of trauma*. Penguin UK.

van der Kolk, B., Pelcovitz, D., Roth, S., Mandel, F. S., McFarlane, A., & Herman, J. L. (1996). Dissociation, somatization, and affect dysregulation: The complexity of ad- aptation to trauma. *American Journal of Psychiatry, 153*(Suppl.), 83–93.

van der Velden, P. G., & Wittmann, L. (2008). The independent predictive value of peritraumatic dissociation for PTSD symptomatology after type I trauma: A sys- tematic review of prospective studies. *Clinical Psychology Review, 28*(6), 1009–1020. doi:10.1016/j.cpr.2008.02.006

Waelde, L. C., Silvern, L., & Fairbank, J. A. (2005). A taxometric investigation of dissoci- ation in Vietnam veterans. *Journal of Traumatic Stress, 18*(4), 359–369.

Wagner, A. W., Rizvi, S. L., & Harned, M. S. (2007). Applications of dialectical behavior therapy to the treatment of complex trauma-related problems: When one case for- mulation does no[illegible] *Journal of Traumatic Stress, 20*(4), 391–400.

Waller, N. G., & Ross, C. A. (19[illegible] nd biometric structure of patho- logical dissociat[illegible] ulation: Taxometric and behavioral genetic fin[illegible] *rmal Psychology, 106*, 499–510.

Wang, C.-T., & Holton, J. (2007). To[illegible] hild abuse and neglect in the United States. C[illegible] Abuse America.

Weathers, F. W., Blake, D. D., Schnurr, [illegible] Marx, B. P., & Keane, T. M. (2013). The Life Ev[illegible] M-5 (LEC–5). U.S. Department of Veterans Affa[illegible] va.gov/ professional/assessment/te-measu[illegible] klist.asp

Webermann, A. R., Brand, B. L., & Chasso[illegible] (2014). Childhood maltreatment and intimate partner violence in dissociative disorder patients. *European Journal of Psychotraumatology, 5*. doi:10.3402/ejpt. v5.24568

Webermann, A. R., Brand, B. L., Schielke, H. J., Kumar, S., & Myrick, A. C. (2017). Depression and culture in the TOP DD Network study: Assessing depressive symptoms, self-harm, and hospitalization among dissociative patients across four cultures. *Acta Psychopathologica, 3*, 39. doi:10.4172/2469-6676.100111

Weiss, N. H., Walsh, K., DiLillo, D. D., Messman-Moore, T. L., & Gratz, K. L. (2019). A longitudinal examination of posttraumatic stress disorder symptoms and risky sexual behavior: Evaluating emotion dysregulation dimensions as mediators. *Archives of Sexual Behavior, 48*(3), 975–986. doi:10.1007/s10508-019-1392-y

Wilgus, S. J., Packer, M. M., Lile-King, R., Miller-Perrin, C. L., & Brand, B. L. (2016). Coverage of child maltreatment in abnormal psychology textbooks: Reviewing the adequacy of the content. *Psychological Trauma: Theory, Research, Practice, and Policy, 8*(2), 188–197. doi:10.1037/tra0000049

Williams, L. M. (1995). Recovered memories of abuse in women with documented child sexual victimization histories. *Journal of Traumatic Stress, 8*(4), 649–673. doi:10.1002/jts.2490080408

Wolf, E. J., Lunney, C. A., Miller, M. W., Resick, P. A., Friedman, M. J., & Schnurr, P. P. (2012a). The dissociative subtype of PTSD: A replication and extension. *Depression and Anxiety, 29*(8), 679–688. doi:10.1002/da.21946

Wolf, E. J., Miller, M., Reardon, A. F., Ryabchenko, K. A., Castillo, D., & Freund, R. (2012b). A latent class analysis of dissociation and posttraumatic stress dis- order: Evidence for a dissociative subtype. *Archives of General Psychiatry, 69*(7), 698–705. doi:10.1001/archgenpsychiatry.2011.1574

World Health Organization. (2020). *ICD-11: International statistical classification of diseases and related health problems* (11th ed.). https://icd.who.int/

Xiao, C. L., Gavrilidis, E., Lee, S., & Kulkarni, J. (2016). Do mental health clinicians elicit a history of previous trauma in female psychiatric inpatients? *Journal of Mental Health, 25*(4), 359–365.

Yang, B., & Lester, D. (2007). Recalculating the economic cost of suicide. *Death Studies, 31*(4), 351–361. doi:10.1080/07481180601187209

Yeager, C. A., & Lewis, D. O. (1996). The intergenerational transmission of violence and dissociation. *Child and Adolescent Psychiatric Clinics of North America, 5*(2), 393–430. Yehuda, R., Hoge, C. W., McFarlane, A. C., Vermetten, E., Lanius, R. A., Nievergelt,

C. M., Hobfoll, S. E., Koenen, K. C., Neylan, T. C., & Hyman, S. E. (2015). Post- traumatic stress disorder. *Nature Reviews Disease Primers, 1*(1), 1–22.

Zanarini, M. C., Frankenburg, F. R., Dubo, E. D., Sickel, A. E., Trikha, A., Levin, A., & Reynolds, V. (1998). Axis I comorbidity of borderline personality disorder. *American Journal of Psychiatry, 155*(12), 1733–1739.

Zanarini, M. C., Gunderson, J. G., Marino, M. F., Schwartz, E. O., & Frankenburg, F.

R. (1989). Childhood experiences of borderline patients. *Comprehensive Psychiatry*, *30*(1), 18–25.

Zittel Conklin, C., & Westen, D. (2005). Borderline personality disorder in clinical prac- tice. *American Journal of Psychiatry*, *162*(5), 867–875. doi:10.1176/appi.ajp.162.5.867 Zlotnick, C., Mattia, J. I., & Zimmerman, M. (2001). The relationship between posttraumatic stress disorder, childhood trauma and alexithymia in an outpatient sample. *Journal of Traumatic Stress*, *14*(1), 177–188. doi:10.1023/A:1007899918410 Zlotnick, C., Shea, M. T., Pearlstein, T., Simpson, E., Costello, E., & Begin, A. (1996). The relationship between dissociative symptoms, alexithymia, impulsivity, sexual abuse, and self-mutilation. *Comprehensive Psychiatry*, *37*(1), 12–16. doi:10.1016/S0010-440X(96)90044-9 doi.org/10.1007/s11920-018-0983-y

SOBRE LOS AUTORES

Bethany L. Brand, Doctora y profesora de la Universidad de Towson, es experta en trastornos traumáticos y disociación. Forma parte de grupos de trabajo internacionales y nacionales que desarrollan directrices para la evaluación y el tratamiento de los trastornos traumáticos. La investigación de la Dra. Brand se centra en una serie de estudios internacionales sobre el tratamiento de los trastornos disociativos (estudios TOP DD), en métodos de evaluación para distinguir los trastornos disociativos de otras afecciones, la formación de terapeutas sobre el tratamiento del trauma y la evaluación de la precisión y adecuación de la cobertura del trauma en los libros de texto. En su consulta privada, la Dra. Brand trata a pacientes con traumas complejos y ejerce como experta forense en casos relacionados con traumas.

Hugo J. Schielke, Doctor, es jefe de desarrollo de servicios de relacionados con el trauma del Centro de Salud Homewood y del programa de lesiones por estrés traumático y concurrentes que dicho centro tiene en Guelph, Ontario. Está especializado en la evaluación y el tratamiento de trastornos relacionados con el trauma, y su trabajo se basa en su beca posdoctoral en el Programa de Trastornos Traumáticos del Sistema de Salud Sheppard Pratt y en su participación en el Proyecto de Atención Centrada en el Trauma del Departamento de Hospitales Estatales de California. Su investigación se centra en el tratamiento de trastornos relacionados con el trauma, el proceso psicoterapéutico y los componentes relacionales de la psicoterapia.

Francesca Schiavone, médica, Miembro del Real Colegio de Médicos de Canadá, es psiquiatra del Centro de Adicciones y Salud Mental de Toronto, Ontario, Canadá, en la Clínica de Trastornos Límite de la Personalidad y en el Programa de Trauma de la Mujer. También es profesora en la Universidad de Toronto. Su trabajo aborda la evaluación diagnóstica y el tratamiento de una serie de trastornos relacionados con el trauma, así como la enseñanza y supervisión de estudiantes de posgrado.

Ruth A. Lanius, médica y Doctora, es catedrática de Psiquiatría y titular de la cátedra Harris-Woodman en la Western University de Canadá, donde dirige el Programa de Investigación Clínica sobre el TEPT. Ruth cuenta con más de 25 años de experiencia clínica e investigadora en trastornos relacionados con el trauma. Ha recibido numerosos premios de investigación y docencia, entre ellos, el Banting Award for Military Health Research. Ha publicado más de 150 artículos de investigación y capítulos de libros centrados en las adaptaciones cerebrales al trauma psicológico y en nuevos tratamientos complementarios para el TEPT. Es coautora de *The Effects of Early Life Trauma on Health and Disease: The Hidden Epidemic* y *Healing the Traumatized Self: Consciousness, Neuroscience, Treatment.*

ÍNDICE POR PALABRAS

Las tablas, figuras y recuadros se indican con *t*, *f* y *r* a continuación del número de página.